westermann

Sebastian Mauelshagen, Dirk Overbeck, Markus Schajek

Herausgeber: Dirk Overbeck

Handlungsfeld: Handels- und Arbeitsrecht

Lernsituationen für einen kompetenzorientierten Unterricht

1. Auflage

Bestellnummer 58217

Die in diesem Produkt gemachten Angaben zu Unternehmen (Namen, Internet- und E-Mail-Adressen, Handelsregistereintragungen, Bankverbindungen, Steuer-, Telefon- und Faxnummern und alle weiteren Angaben) sind i. d. R. fiktiv, d. h., sie stehen in keinem Zusammenhang mit einem real existierenden Unternehmen in der dargestellten oder einer ähnlichen Form. Dies gilt auch für alle Kunden, Lieferanten und sonstigen Geschäftspartner der Unternehmen wie z. B. Kreditinstitute, Versicherungsunternehmen und andere Dienstleistungsunternehmen. Ausschließlich zum Zwecke der Authentizität werden die Namen real existierender Unternehmen und z. B. im Fall von Kreditinstituten auch deren IBANs und BICs verwendet.

Die in diesem Werk aufgeführten Internetadressen sind auf dem Stand zum Zeitpunkt der Drucklegung. Die ständige Aktualität der Adressen kann vonseiten des Verlages nicht gewährleistet werden. Darüber hinaus übernimmt der Verlag keine Verantwortung für die Inhalte dieser Seiten.

service@westermann.de
www.westermann.de

Bildungshaus Schulbuchverlage Westermann Schroedel Diesterweg Schöningh Winklers GmbH,
Postfach 33 20, 38023 Braunschweig

ISBN 978-3-427-**58217**-5

westermann GRUPPE

© Copyright 2020: Bildungshaus Schulbuchverlage Westermann Schroedel Diesterweg Schöningh Winklers GmbH, Braunschweig

Das Werk und seine Teile sind urheberrechtlich geschützt. Jede Nutzung in anderen als den gesetzlich zugelassenen Fällen bedarf der vorherigen schriftlichen Einwilligung des Verlages.

Bildquellenverzeichnis

Berghahn, Matthias, Bielefeld: 9.

Bergmoser + Höller Verlag AG, Aachen: Zahlenbilder 70, 85, 141.

Foto Stephan – Behrla Nöhrbaß GbR, Köln: 36, 60, 97, 110.

fotolia.com, New York: autofocus67 74; B. Wylezich 22; FM2 140; gustavofrazao 130.

Galas, Elisabeth, Bad Breisig: 11.

Grigo, Pe, Bielefeld: 9.

IHK Nord Westfalen, Münster: 98.

iStockphoto.com, Calgary: Stock photo © Exkalibur 17; xyno 12.

Picture-Alliance GmbH, Frankfurt/M.: Geisler-Fotopress 84.

Raimo Bergt Illustration, Wanfried: 134.

stock.adobe.com, Dublin: Coloures-Pic 122; DDRockstar 103; DOC RABE Media 104; industrieblick 43, 70; Mitmachfoto 44; Wissmann Design 106.

Wir arbeiten sehr sorgfältig daran, für alle verwendeten Abbildungen die Rechteinhaberinnen und Rechteinhaber zu ermitteln. Sollte uns dies im Einzelfall nicht vollständig gelungen sein, werden berechtigte Ansprüche selbstverständlich im Rahmen der üblichen Vereinbarungen abgegolten.

Vorwort

Liebe Schülerinnen und Schüler,
liebe Kolleginnen und Kollegen,

mit dem vorliegenden Arbeitsbuch wollen wir **kompetenzorientiertes Lernen in vollständigen Lernhandlungen unterstützen**.

Insgesamt finden Sie **14 Lernsituationen**, welche die Umsetzung eines problem- und handlungsorientierten Unterrichts erleichtern und **selbstständiges schülerorientiertes Arbeiten** ermöglichen. Die Lernsituationen und Übungen dieses Lehrbuchs sind konsequent an einem **Modellunternehmen**, den Westfälischen Fahrradwerken (WFW AG), ausgerichtet.

Jeder Lernsituation steht eine **problemorientierte Ausgangssituation** voran. Sämtliche Informationen, welche zur Bearbeitung der Arbeitsaufträge erforderlich sind, sind in einer „**Infobox**" zusammengefasst. Als Möglichkeit zur **Binnendifferenzierung** schließen sich **vertiefende** und/oder **ergänzende Übungen** an. Vertiefende Übungen beschäftigen sich dabei mit bereits bekanntem Stoff, wohingegen ergänzende Übungen neue zusätzliche Aspekte der Ausgangssituation thematisieren, die nicht zwingend bearbeitet werden müssen.

Eine selbstständig zu vervollständigende **Zusammenfassung** der wesentlichen Inhalte dient der Wiederholung und Festigung des erworbenen Wissens. Jede Lernsituation schließt mit einer **Schülerselbsteinschätzung**, mit deren Hilfe die erworbenen Kompetenzen eingeschätzt werden können. Am Buchende findet sich ein – nach den vorangegangenen Lernsituationen gegliedertes – Kapitel mit **Aufgaben zur Klausur- und Prüfungsvorbereitung**.

Bei der Konzeption dieses Arbeitsbuches haben wir Wert darauf gelegt, dass ein bildungsgangübergreifender **Einsatz unabhängig vom eingeführten Lehrbuch** möglich ist. Das Buch eignet sich für den Einsatz in Bildungsgängen, die zum Fachabitur oder zur allgemeinen Hochschulreife führen, kann aber auch im Rahmen der Berufsausbildung eingesetzt werden. Explizit haben wir dabei die Ausbildung der Kaufleute für Büromanagement, der Groß- und Außenhandelskaufleute und der Industriekaufleute im Blick gehabt.

Weitere ergänzende Inhalte zu diesem Band gibt es kostenfrei unter BuchPlusWeb. Auf der Internetseite www.westermann.de die ISBN in das Suchfeld eingeben und auf den Schriftzug BuchPlusWeb klicken. Der Zugangscode lautet BPWC-YV10-Z6GE-52AF.

Wir wünschen Ihnen viel Spaß und viel Erfolg bei der Nutzung dieses Arbeitsbuches!

Das Autorenteam

Inhaltsverzeichnis

Bildquellenverzeichnis 3

Vorwort 4

Unternehmensbeschreibung 6

Organigramm der Westfälischen Fahrradwerke AG (WFW AG) 7

Die Hauptlieferer der Westfälischen Fahrradwerke AG 8

Die Hauptkunden der Westfälischen Fahrradwerke AG 8

Lernsituation 1: Die Kaufmannseigenschaft bestimmen 9

Lernsituation 2: Eine Firma auswählen 17

Lernsituation 3: Eine Firma in das Handelsregister eintragen 22

Lernsituation 4: Vollmachten erteilen – Prokura und Handlungsvollmacht 28

Lernsituation 5: Ein Unternehmen gründen 36

Lernsituation 6: Einen neuen Gesellschafter aufnehmen – die offene Handelsgesellschaft (OHG) 43

Lernsituation 7: Die Haftung teilweise begrenzen – die Kommanditgesellschaft (KG) 52

Lernsituation 8: Die Haftung aller Gesellschafter beschränken – die Gesellschaft mit beschränkter Haftung (GmbH) 60

Lernsituation 9: Viele Eigentümer beteiligen – die Aktiengesellschaft (AG) 74

Trainingsmodul: Unternehmensformen 94

Lernsituation 10: Einen Ausbildungsvertrag schließen – das Berufsbildungsgesetz 97

Lernsituation 11: Den Arbeitsschutz Jugendlicher berücksichtigen – das Jugendarbeitsschutzgesetz 110

Lernsituation 12: Im Betrieb mitbestimmen 120

Lernsituation 13: Einen Tarifvertrag verhandeln und abschließen 130

Lernsituation 14: Personal freisetzen – die Kündigung 138

Aufgaben zur Vertiefung, Wiederholung und Klausur- bzw. Prüfungsvorbereitung 148

Unternehmensbeschreibung

1.	Firma Geschäftssitz Internet E-Mail	Westfälische Fahrradwerke AG (WFW AG) Kanalstr. 48–52, 48159 Münster www.wfw.de mail@wfw.de
2.	Geschäftsjahr	1. Januar bis 31. Dezember
3.	Bankverbindungen	Deutsche Bank Münster, IBAN DE76 4007 0080 0055 2034 88 Postbank Dortmund, IBAN DE81 4401 0046 0286 7783 41
4.	Produktionsprogramm	diverse Fahrräder, unterteilt in die Produktgruppen 1 Rennräder 2 Touringräder 3 Mountainbikes 4 E-Bikes
5.	Handelswaren	Fahrradbekleidung, Fahrradhelme, Satteltaschen, Fahrradanhänger
6.	Kundengruppen	Fahrradeinzel- und -großhandel, Fahrradverleiher
7.	Lieferanten	metallverarbeitende Industriebetriebe, Spezialgroßhändler
8.	Absatzgebiet	Deutschland, Belgien, Niederlande, Luxemburg
9.	Maschinen und Anlagen	Bohrmaschinen, Schleifmaschinen, Schweißgeräte, Lackierautomaten
10.	Fertigungsarten	Serienfertigung
11.	Fertigungsorganisation	Fließfertigung (Montage), Gruppen- und Werkstättenfertigung (Rahmenbau)
12.	Stoffe und Teile – Rohstoffe – Hilfsstoffe – Betriebsstoffe – Fremdbauteile	 Bleche und Rohre aus Stahl und Aluminium Lacke, Beschichtungsmittel, Grundierungen, Schrauben Lösemittel, Fette, Schmierstoffe Bremsen, Sättel, Gangschaltungen, Lampen, Federgabeln, Akkus und Elektromotoren für E-Bikes
13.	Beschäftigte	Mitarbeiter: 300 Auszubildende: 14
14.	Arbeitstage	Montag bis Freitag, 8 Stunden täglich im Einschichtbetrieb
15.	Rechtsform und Gesellschaftsverhältnisse	Aktiengesellschaft Vorstand: Anne Wessels und Rainer Flender Aufsichtsrat: Heike Brügge, Yassir Murak, Heinz Bast Grundkapital: 4 000 000,00 €
16.	Verbände	IHK Nord Westfalen Zweirad-Industrie-Verband (ZIV)
17.	Betriebsnummer	48 575 839
18.	USt-Identifikationsnummer	DE455612796
19.	Handelsregistereintrag	Amtsgericht Münster HR B 564-054

Organigramm der Westfälischen Fahrradwerke AG (WFW AG)

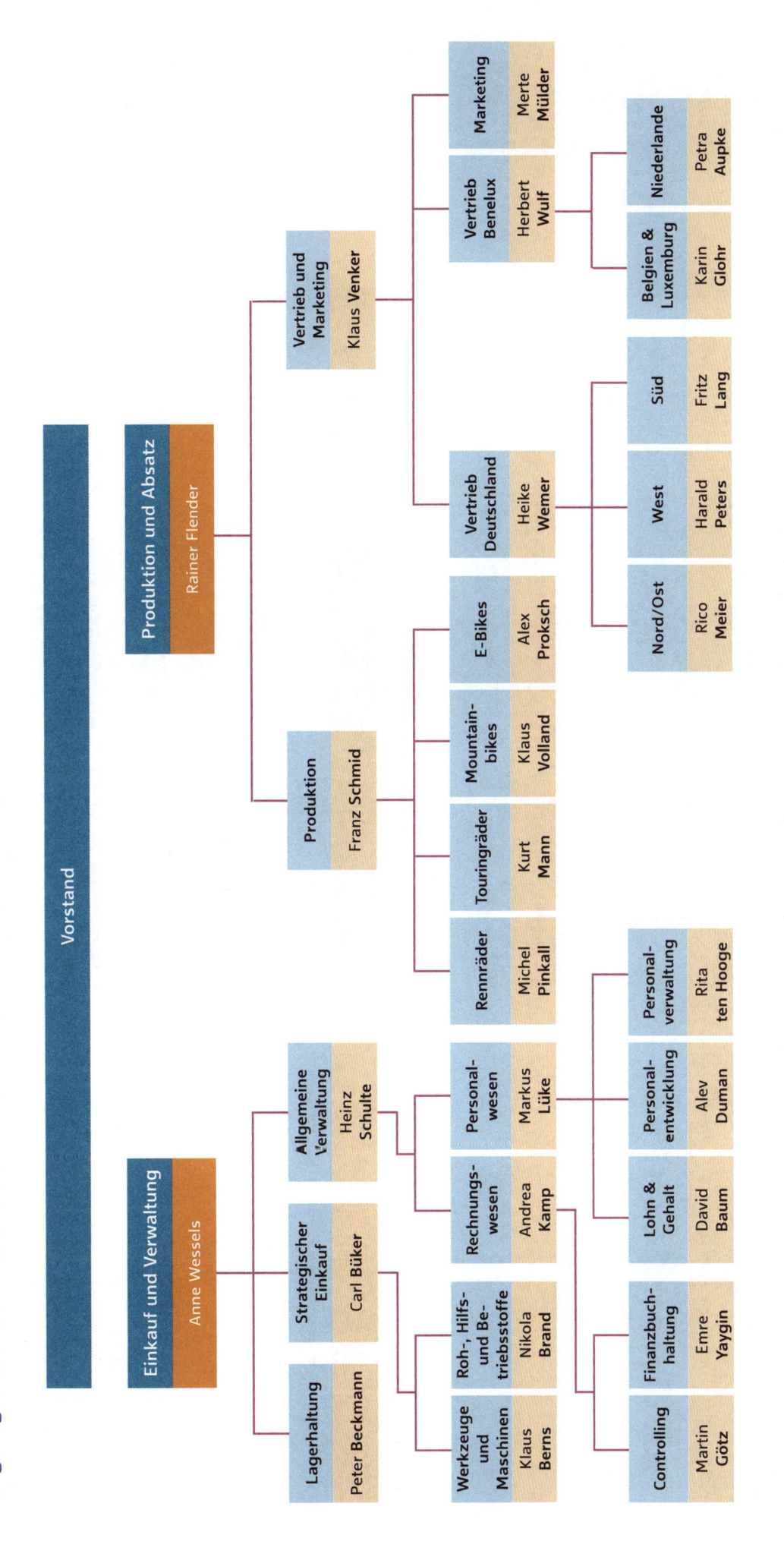

Vorstand

Einkauf und Verwaltung — Anne Wessels

- **Lagerhaltung** — Peter Beckmann
- **Strategischer Einkauf** — Carl Büker
  - Werkzeuge und Maschinen — Klaus Berns
  - Roh-, Hilfs- und Betriebsstoffe — Nikola Brand
- **Allgemeine Verwaltung** — Heinz Schulte
  - Rechnungswesen — Andrea Kamp
    - Finanzbuchhaltung — Emre Yaygin
    - Controlling — Martin Götz
  - Personalwesen — Markus Lüke
    - Lohn & Gehalt — David Baum
    - Personalentwicklung — Alev Duman
    - Personalverwaltung — Rita ten Hooge

Produktion und Absatz — Rainer Flender

- **Produktion** — Franz Schmid
  - Rennräder — Michel Pinkall
  - Touringräder — Kurt Mann
  - Mountainbikes — Klaus Volland
  - E-Bikes — Alex Proksch
- **Vertrieb und Marketing** — Klaus Venker
  - Vertrieb Deutschland — Heike Wemer
    - Nord/Ost — Rico Meier
    - West — Harald Peters
    - Süd — Fritz Lang
  - Vertrieb Benelux — Herbert Wulf
    - Belgien & Luxemburg — Karin Glohr
    - Niederlande — Petra Aupke
  - Marketing — Merte Mülder

Auszubildende

Maik Balster	Industriekaufmann
Leonie Gremme	Industriekauffrau
Malte Wiege	Kaufmann für Büromanagement
Omar Guetat	Groß- und Außenhandelskaufmann

Die Hauptlieferer der Westfälischen Fahrradwerke AG

Lieferer-Nr.	Firma	Ansprechpartner	Adresse	Tel./Fax	Kreditinstitut	Produkte	Umsatz lfd. Jahr in €
33001	Farbenwerke-Weller GmbH	Frau Betzen	Taubenweg 9–1 22525 Hamburg	040 221235 - 42 040 221235 - 99	Hamburger Kontorsbank IBAN DE67 6003 4662 0001 8756 04	Lacke, Grundierung, Härter, Kleber, Beschichtungsmittel	370000,00
33002	Schuppert Metallerzeugnisse OHG	Herr Hinkel	Industriepark 130–134 44265 Dortmund	0231 505 340 - 0 0231 505 34 777	Postbank Dortmund IBAN DE44 6110 2323 0023 7449 11	Stahlrohre, Stahlprofile,	5900000,00
33003	De Kuiper BV Aluminiumwerke	Herr de Jong	Verwersstraat 79 NL-5505 AV Venlo	0031 870 889 65 0031 870 889 99	ABN-Amro Venlo IBAN NL31 1001 8900 0000 1234 05	Aluminiumrohre, Aluminiumprofile	2050000,00
33004	H & T Fahrradgroßhandel AG	Frau Möllers	Turmstr. 36 12033 Berlin	030 101 670 - 11 030 101 670 - 22	Targobank Berlin IBAN DE72 0335 9090 0124 8803 34	Sättel, Beleuchtungssysteme, Bremssysteme, Schaltungen	1730000,00
33005	Trimano GmbH	Herr Klein	Waldstadion 8–12 59073 Hamm	02381 7373 77 0 02381 7373 77 93	Volksbank Hamm IBAN DE45 9902 2002 0004 9943 33	Schaltungen	2650000,00
33006	Güttler GmbH & Co. KG	Herr Lang	Margaretenweg 44 39111 Magdeburg	0391 6063 155 24 0391 6063 155 66	Deutsche Bank Magdeburg IBAN DE82 9034 7666 0316 1001 11	Sättel, Satteltaschen	1000000,00
33007	Becke Bürobedarfs GmbH	Frau Madert	Wedauerring 75–76 47059 Duisburg	0203 720 720 0 0203 720 720 99	Stadtsparkasse Duisburg IBAN DE84 8809 2707 0000 0505 21	Büroartikel aller Art	130000,00
33008	VEKUMA AG	Herr Munir	Buchenweg 10–18 48282 Emsdetten	02572 990 13 02572 990 33	Sparkasse Emsdetten IBAN DE13 4015 3768 0023 5599 17	Kunststoffteile (Griffe, Kettenschutz)	310000,00

Die Hauptkunden der Westfälischen Fahrradwerke AG

Kunden-Nr.	Firma	Ansprechpartner	Adresse	Tel./Fax	Kreditinstitut	Umsatz lfd. Jahr in €
D24001	Fahrradfachhandel Krüger GmbH	Frau Green	Am Brunnen 28–32 45133 Essen	0201 786543 0 0201 786543876	Sparkasse Essen IBAN DE46 3605 0105 0024 5636 36	7500000,00
D24002	Radsport Beike GmbH	Herr Beike	Rheiner Str. 34–36 48282 Emsdetten	02572 86750 02572 86758746	Sparkasse Emsdetten IBAN DE36 4015 3768 0066 5353 67	2500000,00
D24003	Zweirad Nentwig GmbH	Frau Nentwig	Albersloher Weg 75 48155 Münster	0251 67560 0251 67567437	Volksbank Münster IBAN DE23 4016 0050 0005 5888 34	3500000,00
D24004	Zweirad MOBI KG	Herr Bingöl	Waldstr. 456 51147 Köln	0221 4646660 0221 4646665747	Deutsche Bank Köln IBAN DE49 3707 0060 0039 3679 16	1500000,00
D24005	Dieter Deutel Fahrradgroßhandel OHG	Frau Derbe	Brunostr. 70 45889 Gelsenkirchen	0209 626340 0209 626346536	Postbank Dortmund IBAN DE18 4401 0046 0000 7589 70	2500000,00
D24006	TriBike Danker GmbH	Herr Danker	Am Bauhof 41 48431 Rheine	05971 16240 05971 162436136	Commerzbank Rheine IBAN DE78 4034 0030 0006 4476 78	500000,00
D24007	Zweirad Fritsche GmbH	Herr Fritsche	Johann-Krane-Weg 142 48149 Münster	0251 67990 0251 679347	Volksbank Münster IBAN DE23 4016 0050 0005 5999 55	1500000,00

LERNSITUATION 1
Die Kaufmannseigenschaft bestimmen

Ausgangssituation: Wer ist hier eigentlich Kaufmann?

Rainer Flender ist ein ehemaliger Schulfreund von Carla Müller. Nach seiner Lehre als Metallbauer und seinem Maschinenbaustudium war er bei der Brüggeschen Fahrradmanufaktur beschäftigt. Nun hat er sich entschlossen, sich mit einer kleinen Fahrradmanufaktur selbstständig zu machen. Als Mitglied der Radsportgemeinschaft Münster hat er jede Menge Erfahrungen im Radsport gesammelt und schon als Kind hat er gerne gebastelt und gewerkelt. Jetzt möchte er seine Hobbys zum Beruf machen und eigene Rennräder bauen. Mittlerweile läuft das Geschäft ganz gut, Rainer Flender hat schon einige Aufträge erhalten und abgewickelt.

In diesem Zusammenhang erhält Carla Müller folgende Einladung:

Wir heiraten!

Anna Möricke
Industriekauffrau

Rainer Flender
Kaufmann

Die kirchliche Hochzeit findet am 13. September 20(0) um 15:00 Uhr im Paulus Dom zu Münster statt. Anschließend möchten wir gerne im Ratskeller Münster gemeinsam feiern.

„Kaufmann, dass ich nicht lache! Großspurig war der Rainer schon immer. Der Rainer ist doch kein Kaufmann. Wenn jemand Kauffrau ist, dann ist es die Anna. Schließlich hat sie die Prüfung vor der Industrie- und Handelskammer bestanden", meint Carla Müller.

LERNSITUATION 1

Arbeitsaufträge:

1 Vervollständigen Sie die Übersicht „Der Kaufmann nach dem HGB" auf Seite 13 unter Zuhilfenahme der Info-Box.

2 Nehmen Sie zur Aussage von Carla Müller Stellung.

Info 1: Kaufmann nach dem HGB

Umgangssprachlich bezeichnet man Menschen, die eine kaufmännische Ausbildung abgeschlossen haben, als Kaufleute (z.B. Industriekaufmann/-frau, Kaufmann/-frau für Büromanagement, Einzelhandelskaufmann/-frau). Im juristischen Sinne sind diese jedoch keine Kaufleute. Wer im juristischen Sinne Kaufmann ist, regelt das Handelsgesetzbuch (HGB).

Konsequenzen der Kaufmannseigenschaft
Für den Kaufmann ergeben sich besondere **Konsequenzen** für die Teilnahme am Wirtschaftsleben. Neben dem BGB gelten für den Kaufmann auch die besonderen Vorschriften des **HGB** in vollem Umfang. Der Kaufmann
- führt eine Firma,
- darf Prokura erteilen,
- kann mündlich bürgen,
- kann Personengesellschaften (Offene Handelsgesellschaft (OHG) oder Kommanditgesellschaft (KG)) gründen,
- muss umfangreiche Buchführungsvorschriften beachten,
- muss bestimmte Pflichtangaben in den Geschäftsbriefen nennen,
- muss die Vorschriften über die Handelsgeschäfte beachten und z.B. unverzüglich rügen,
- muss sich in das Handelsregister eintragen lassen.

Rechtswirkung der Eintragung in das Handelsregister
Die Rechtswirkung der Eintragung in das Handelsregister kann **rechtsbezeugend** (deklaratorisch) oder **rechtserzeugend** (konstitutiv) sein.

Deklaratorische Eintragung	Konstitutive Eintragung
Die Rechtswirkung (hier Kaufmannseigenschaft) ist schon vor der Eintragung eingetreten. Die Eintragung in das Handelsregister **bezeugt** diese Tatsache lediglich.	Die Rechtswirkung (hier Kaufmannseigenschaft) tritt erst mit der Eintragung in das Handelsregister ein. Die Eintragung **erzeugt** die Rechtswirkung.

Gewerbebetrieb
Voraussetzung für die Kaufmannseigenschaft ist das Vorhandensein eines Gewerbes. Ein **Gewerbe** ist eine durch dauerhafte, selbstständige, planmäßige und auf Gewinnerzielung ausgerichtete Tätigkeit gekennzeichnet. **Freiberufler** (z.B. Ärzte, Rechtsanwälte, Steuerberater, Künstler) betreiben kein Gewerbe. Sie sind damit auch **keine Kaufleute**.

Liegt ein Gewerbebetrieb vor, unterscheidet das HGB zwischen einem **Form-, Ist- und Kannkaufmann**.

Formkaufmann nach § 6 HGB

Die Gesellschaft mit beschränkter Haftung (GmbH), die Aktiengesellschaft (AG) und die Kommanditgesellschaft auf Aktien (KGaA) sind die wichtigsten **Kapitalgesellschaften**.

Diese Rechtsformen gelten aufgrund besonderer gesetzlicher Vorschriften als Handelsgesellschaften und sind nach § 6 HGB immer **Kaufleute kraft Rechtsform (Formkaufmann)**. Mit der Eintragung in das Handelsregister werden sie zu juristischen Personen, die Eintragungswirkung ist folglich **konstitutiv**. Kapitalgesellschaften sind damit stets ohne Rücksicht auf den Gegenstand des Unternehmens Kaufleute.

Beispiele: Sommerfeld Bürosysteme GmbH, Deutsche Bank AG, Borussia Dortmund KGaA

Ist der Gewerbebetrieb nicht schon aufgrund der Rechtsform Formkaufmann nach § 6 HGB, dann kann er möglicherweise als Ist- oder Kannkaufmann im Handelsregister eingetragen sein oder ggf. auch ohne Kaufmannseigenschaft als Kleingewerbe betrieben werden.

Istkaufmann (Gewerbetreibender nach § 1 HGB)

> **§ 1 HGB Istkaufmann**
> (1) Kaufmann im Sinne dieses Gesetzbuches ist, wer ein Handelsgewerbe betreibt.
> (2) Handelsgewerbe ist jeder Gewerbebetrieb, es sei denn, dass das Unternehmen nach Art oder Umfang einen in kaufmännischer Weise eingerichteten Geschäftsbetrieb nicht erfordert.

Erfordert der Gewerbebetrieb nach **Art** und **Umfang** eine **kaufmännische Organisation**, so liegt ein **Handelsgewerbe** vor. Kriterien für die Notwendigkeit einer kaufmännischen Organisation sind:

Art des Geschäftsbetriebes	Vielfalt der Produkte und Dienstleistungen, Inanspruchnahme und Gewähren von Lieferantenkrediten, Organisation des Unternehmens, Internationalität des Unternehmens, ...
Umfang des Geschäftsbetriebes	Umsatz und/oder Gewinn, Zahl der Mitarbeiter, Zahl der Niederlassungen, Höhe des Betriebsvermögens, ...

Eindeutige Größenmerkmale für einzelne Kriterien nennt das HGB nicht. Anhand des Gesamtbildes ist zu beurteilen, ob eine kaufmännische Organisation nach Art und Umfang erforderlich ist.

Betreibt der Kaufmann ein **Handelsgewerbe**, ist er Kaufmann nach § 1 HGB. Damit ist er ein **Istkaufmann** und es besteht die Pflicht zur **deklaratorischen Eintragung** in das Handelsregister. Istkaufmann wird man somit – unabhängig von der Eintragung – schon mit Aufnahme der Geschäfte.

Beispiel: Die Metallwerke Bauer & Söhne OHG macht bei einem Eigenkapital von 1 500 000,00 € einen Umsatz von 5 420 000,00 € pro Jahr. Die OHG ist somit Istkaufmann.

Kleingewerbetreibende

Ein Gewerbe, das nach **Art und Umfang keine kaufmännische Organisation** erfordert, ist Kleingewerbe. Der Kleingewerbetreibende ist **kein Kaufmann, sofern** er sich **nicht in das Handelsregister eintragen** lässt (bei Eintragung siehe den folgenden Abschnitt zum Kannkaufmann). Für ihn gilt nur das BGB. Der Kleingewerbetreibende

- ist nur zu eingeschränkter Buchführung verpflichtet,
- kann keine Prokura erteilen,
- gibt Bürgschaftserklärungen schriftlich ab,
- führt keine Firma, hat keine besonderen Prüf- und Rügepflichten
- kann keine Personengesellschaften gründen.

Beispiel: Der Kioskbetreiber Peter Kurscheid erzielt bei einem Eigenkapital von 50 000,00 € einen Umsatz von 200 000,00 € pro Jahr und einen Gewinn von 20 000,00 €. Somit betreibt er ein Kleingewerbe.

Kannkaufmann (Gewerbetreibender nach § 2 oder § 3 HGB)

> **§ 2 HGB Kannkaufmann**
> Ein gewerbliches Unternehmen, dessen Gewerbebetrieb nicht schon nach § 1 Abs. 2 Handelsgewerbe ist, gilt als Handelsgewerbe im Sinne dieses Gesetzbuchs, wenn die Firma des Unternehmens in das Handelsregister eingetragen ist. Der Unternehmer ist berechtigt, aber nicht verpflichtet, die Eintragung nach den für die Eintragung kaufmännischer Firmen geltenden Vorschriften herbeizuführen. Ist die Eintragung erfolgt, so findet eine Löschung der Firma auch auf Antrag des Unternehmers statt, sofern nicht die Voraussetzung des § 1 Abs. 2 eingetreten ist.

Ein Kleingewerbetreibender kann sich **freiwillig** in das Handelsregister **eintragen lassen** (Kannkaufmann). Ab dem Zeitpunkt der Eintragung ist der Gewerbetreibende Kaufmann, folglich ist die Wirkung der **Eintragung konstitutiv**.

Beispiele: Kioske, Blumengeschäfte, Lottoannahmestellen, die sich freiwillig in das Handelsregister eingetragen haben.

> **§ 3 Land- und Forstwirtschaft**
> (1) Auf den Betrieb der Land- und Forstwirtschaft finden die Vorschriften des § 1 keine Anwendung.
> (2) Für ein land- oder forstwirtschaftliches Unternehmen, das nach Art und Umfang einen in kaufmännischer Weise eingerichteten Geschäftsbetrieb erfordert, gilt § 2 mit der Maßgabe, dass nach Eintragung in das Handelsregister eine Löschung der Firma nur nach den allgemeinen Vorschriften stattfindet, welche für die Löschung kaufmännischer Firmen gelten.

Unternehmen der **Land- und Forstwirtschaft** und die damit verbundenen Nebengewerbe eines Land- und Forstwirtes unterliegen ebenfalls den Vorschriften für Kannkaufleute.

Beispiele: Landwirte, Forstwirte, Molkereien, Sägewerke

Allerdings können sie sich nur dann eintragen lassen und damit die Kaufmannseigenschaft erwerben, wenn sie nach Art und Umfang eine kaufmännische Organisation benötigen.

LERNSITUATION 1 13

```
Der Kaufmann nach dem HGB
            ↓
Voraussetzung: Betreiben eines Gewerbes
            ↓
```

Kennzeichen   –
                –
für Gewerbe: –
                –
                – kein freier Beruf

| Kapitalge-sellschaften (AG, GmbH, KGaA) | alle Gewerbetreibende (außer AG, GmbH, KGaA) | Land- und forstwirtschaftliche Betriebe (auch Nebengewerbe) |

| | | | keine kaufmännische Organisation erforderlich |

| | Istkaufleute | Kannkaufleute (Eintragungswahlrecht) | |

| | | Eintrag HR (konstitutiv) | kein Eintrag |

| | | kein Kaufmann |

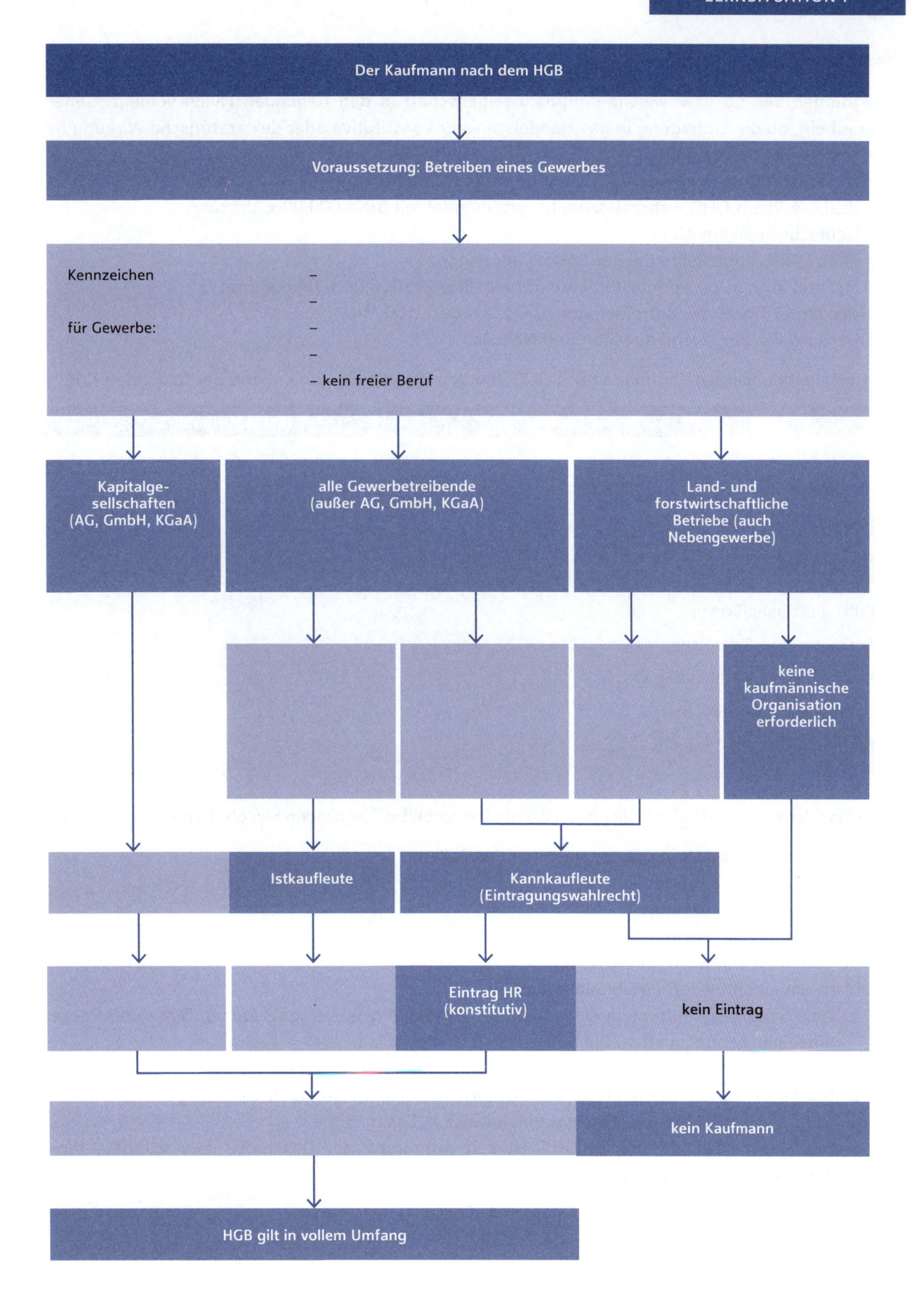

HGB gilt in vollem Umfang

LERNSITUATION 1

Vertiefende Übungen

1. Begründen Sie, ob bzw. welche Kaufmannseigenschaft in den folgenden Fällen vorliegt. Gehen Sie darauf ein, ob die Eintragung in das Handelsregister konstitutive oder deklaratorische Wirkung hat.
   a) Textilwerke Müller GmbH
   b) Landwirt Albert Overbeck e.K., 20 Angestellte, 1 000 ha Land
   c) Vaske & Rhein OHG, Fahrzeugzubehörgroßhandel mit 6 000 000,00 € Umsatz
   d) Deutsche Telekom AG
   e) Thea Weiß, Angestellte bei der Bosch GmbH
   f) Michael Ruther, Bäckermeister, eine Angestellte, 180 000,00 € Jahresumsatz
   g) Alexander Gorjekew, Betreiber von 20 Gaststätten, 100 Mitarbeiter
   h) Gerburg Fischer, Rechtsanwältin und Notarin

2. Unterscheiden Sie den Kaufmann nach HGB und den Nichtkaufmann anhand der folgenden Kriterien:

	Kaufmann	Nichtkaufmann
Gesetzliche Grundlage		
Handelsregistereintragung		
Führen einer Firma		
Gründung einer Personengesellschaft		
Prüf- und Rügepflichten		
Ernennung von Prokuristen		
Kaufmännische Buchführung		
Übernahme einer Bürgschaft		
Pflichtangaben auf Geschäftsbriefen		

3. Der Tischlermeister Wilhelm Müller beschäftigt 50 Mitarbeiter. Begründen Sie, ob Herr Müller Kaufmann ist.

4. Erläutern Sie, ob es sich in den unten stehenden Fällen
   a) um einen Kannkaufmann,
   b) um einen Formkaufmann,
   c) um einen Istkaufmann,
   d) um einen Kleingewerbetreibenden,
   e) nicht um einen Gewerbetreibenden handelt.
   1. Anja Schmitz ist Inhaberin eines nicht im Handelsregister eingetragenen Glas- und Porzellan-Einzelhandelsgeschäftes. Sie betreibt den Betrieb allein.
   2. Beim Schulfest des Berufskollegs Essen verkaufen Schüler Pizza.
   3. Die Autoreparaturwerkstatt Schmitz GmbH ist im Handelsregister eingetragen.
   4. Hans-Hubert Albers e.K. betreibt einen Kiosk in Essen-Kray.
   5. Die Maschinenfabrik Müller OHG ist seit Aufnahme der Geschäfte international tätig und beschäftigt 65 Mitarbeiter.

5. Prüfen und korrigieren Sie ggf. die folgenden Aussagen
   Der Kaufmann
   a) führt keine Firma.
   b) muss einen Prokuristen ernennen.
   c) darf sich in das Handelsregister eintragen lassen.
   d) muss umfangreiche Buchführungspflichten beachten.
   e) muss mündlich bürgen.

6 Prüfen und korrigieren Sie ggf. die folgenden Aussagen
Der Istkaufmann
a) betreibt eine Kapitalgesellschaft.
b) wird nicht in das Handelsregister eingetragen.
c) benötigt nach Art und Umfang eine kaufmännische Organisation.
d) betreibt ein landwirtschaftliches Gewerbe.
e) führt keine Firma.

ZUSAMMENFASSUNG

Gewerbebetrieb
Voraussetzung für die Kaufmannseigenschaft ist das Vorhandensein eines _____. Ein _____ setzt eine dauerhafte, _____, planmäßige und auf _____ ausgerichtete Tätigkeit voraus. _____ Berufe üben kein Gewerbe aus.

Kaufmannseigenschaften	
Formkaufmann	Die _____, z. B. die GmbH oder AG, gelten unabhängig vom _____ des Unternehmens als Kaufleute kraft _____.
_____	Er benötigt nach Art und Umfang seines _____ eine _____ Organisation. Dabei sind u. a. die Vielfalt der Produkte und Dienstleistungen sowie die Internationalität Kriterien für die _____ und die Höhe des Gewinns sowie die Zahl der Mitarbeiter Kriterien für den _____ des Gewerbebetriebes.
_____	Der Kleingewerbetreibende benötigt nach Art und Umfang seines Gewerbebetriebes _____ kaufmännische Organisation. Er kann sich _____ in das Handelsregister eintragen lassen und wird durch die _____ zum Kaufmann. Daneben zählen auch _____ sowie deren Nebengewerbe, die nach Art und Umfang eine kaufmännische Organisation benötigen, als Kannkaufleute.

LERNSITUATION 1

Konsequenzen für einen Kaufmann nach dem HGB
Der Kaufmann • führt eine _____, • darf _____ erteilen, • _____ mündlich bürgen, • kann _____ gründen, • _____ umfangreiche Buchführungsvorschriften beachten, • muss bestimmte Pflichtangaben in den _____ machen, • muss die _____ über die Handelsgeschäfte beachten, • muss sich in das _____ eintragen lassen.

Wirkung einer Eintragung in das Handelsregister	
Deklaratorisch	Die _____ ist schon _____ Eintragung eingetreten. Die Eintragung in das Handelsregister _____ diese Tatsache lediglich. Beispiel: Die Eintragung eines _____ kaufmanns
_____	Die _____ in das Handelsregister _____ die Rechtswirkung. Beispiel: Die Eintragung eines _____ - oder _____ kaufmanns

SELBSTEINSCHÄTZUNG	JA 😊	MIT HILFE 😐	NEIN 🙁
Ich kann die Kennzeichen eines Gewerbetriebes benennen.			
Ich kann fallbezogen prüfen, ob ein Gewerbebetrieb vorliegt.			
Ich kann die unterschiedlichen Kaufmannseigenschaften beschreiben.			
Ich kann fallbezogen die Kaufmannseigenschaft bestimmen und begründen.			
Ich kann die Konsequenzen, die sich für einen Kaufmann nach dem HGB ergeben, benennen.			
Ich kann die Wirkungsweisen einer Eintragung in das Handelsregister unterscheiden und erklären.			

Außerdem habe ich gelernt:

_____

_____

HINWEIS Zur Wiederholung und Vertiefung: Seite 148 f., Aufgabe 1.

LERNSITUATION 2
Eine Firma auswählen

Ausgangssituation: „Wie wollen's denn heißen?"

Die Geschäfte in Rainer Flenders kleinen Fahrradmanufaktur gehen immer besser. „Nach all dem Stress mit der Hochzeit wird es langsam Zeit, dass ich mein Gewerbe zum Handelsregister anmelde und endlich Kaufmann werde. Dies wirkt sich auch positiv auf meine Außendarstellung aus", denkt er. Als er seiner Anna von dem Plan erzählt, meint Sie: „Und wie soll dein Geschäft heißen? Nur unter deinem bürgerlichen Namen kannst du als eingetragener Kaufmann schließlich nicht mehr firmieren?" Schnell setzen sich die beiden zusammen und entwickeln zur Firmierung die folgenden Vorschläge, die Rainer Flender mit einigen Hinweisen versehen hat:

a) Fahrradgeschäft e. K.:
„Der Name ist absolut eingängig und beschreibt unseren Unternehmensgegenstand zutreffend."

b) Rainer Flender Internationale Fahrradmanufaktur e. K.
„Der Name verleiht unserem Unternehmen ein gewisses Ansehen und wirkt verkaufsfördernd."

c) Münsteraner Fahrradmanufaktur e. K.
„Der Name beschreibt sowohl Unternehmensgegenstand als auch Sitz des Unternehmens. Zudem profitieren wir davon, dass es schon ein gleichnamiges Unternehmen in Münster gibt."

d) Flender Fahrradwerke
„Dieser Name ist leicht zu merken und beschreibt sowohl den Inhaber als auch den Unternehmensgegenstand. Überflüssiges wie den Rechtsformzusatz e. K. lassen wir einfach weg."

e) Westfälische Fahrradwerke e. K.
„Dieser Name stellt den Unternehmensgegenstand und die Region, in der das Unternehmen ansässig ist, heraus. Unsere Kundschaft wird eine gewisse Qualität mit unseren Fahrrädern verbinden, da Westfalen als Fahrradregion bekannt ist. Gleichzeitig gefällt es mir, dass ich nicht mit meinem Namen nach außen hin auftrete."

LERNSITUATION 2

Arbeitsaufträge:

1 Begründen Sie mithilfe der Info-Box, ob die von Anna und Rainer Flender vorgeschlagenen Firmierungen zulässig sind.

2 Rainer Flender überlegt, neben seiner Fahrradmanufaktur ein kleines Fahrradhandelsgeschäft zu erwerben, um seine Vertriebswege auszubauen und auf eine breitere Basis zu stellen. In diesem Zusammenhang möchte Rainer Flender das Fahrradfachhandelsgeschäft Markus Strotmeier e. K. vom bisherigen Inhaber, der sich zur Ruhe setzen will, erwerben. Vorerst möchte Rainer Flender das Fahrradgeschäft unter dem bisherigen Namen weiterführen, um die Stammkundschaft auch weiterhin zu binden. Seine Frau Anna gibt zu bedenken, dass dies nicht möglich sei, da Rainer Flender damit gegen den Grundsatz der Firmenwahrheit verstieße. Nehmen Sie Stellung.

Info 1: Firma

§ 17 Abs. 1 u. 2 HGB
(1) Die Firma eines Kaufmanns ist der Name, unter dem er seine Geschäfte betreibt und die Unterschrift abgibt.
(2) Ein Kaufmann kann unter seiner Firma klagen und verklagt werden.

Die **Firma** setzt sich aus dem Firmenkern und dem Firmenzusatz zusammen. Der **Firmenkern** kann entweder aus dem Namen des Kaufmanns, dem Gegenstand des Unternehmens, einer Fantasiebezeichnung oder einer Kombination der vorgenannten Möglichkeiten bestehen.

Beispiel: Chemische Fabriken KG; Heike Nentwig GmbH, Glubofix AG, Müller Chemie OHG

Der **Firmenzusatz** erklärt das Gesellschaftsverhältnis durch einen Rechtsformzusatz und kann zusätzlich über Art und Umfang des Geschäftes Auskunft geben. Auch ermöglicht er eine werbewirksame Unterscheidung von anderen Unternehmen.

Rechtsform	Gebräuchliche Abkürzung
Eingetragener Kaufmann, eingetragene Kauffrau	e. Kfm., e. Kfr., e. K.
Offene Handelsgesellschaft	oHG, OHG
Kommanditgesellschaft	KG
Kommanditgesellschaft auf Aktien	KGaA
Gesellschaft mit beschränkter Haftung	GmbH
Aktiengesellschaft	AG
Eingetragene Genossenschaft	eG

Firmenarten

- **Personenfirma:** Die Firma setzt sich aus dem Namen eines oder ggf. mehrerer Inhaber zusammen.

  Beispiele: Heinrich Schulte e. K., Meike Gehling OHG

- **Sachfirma:** Die Firma wird durch den Unternehmensgegenstand beschrieben und gibt Auskunft darüber, womit sich das Unternehmen beschäftigt.

  Beispiele: Farbwerke AG, Wellpappe GmbH

- **Fantasiefirma:** Fantasienamen oder Abkürzungen werden zur Firmierung genutzt.

  Beispiele: Wollux GmbH, Self-Selling-GmbH

- **Gemischte Firma:** Die Firma besteht aus einer Kombination der vorgenannten Firmenarten.

  Beispiel: Sommerfeld Bürosysteme GmbH

Firmengrundsätze

Die Wahl der Firma ist in der Vergangenheit deutlich vereinfacht worden. Neben den besonderen Vorschriften, die sich aufgrund der Rechtsform ergeben, sind die im Handelsgesetzbuch beschriebenen **Firmengrundsätze zu** beachten.

- **Firmenwahrheit:** Die Firma darf keine Angaben erhalten, die geeignet sind, über Art oder den Umfang des Geschäfts irrezuführen. Sie soll wahrheitsgemäße Informationen über das Unternehmen und seinen Inhaber liefern.
- **Firmenklarheit:** Die Firma muss zur Kennzeichnung geeignet sein und Unterscheidungskraft besitzen. Beschränkt sich die Firma auf die allgemeine Beschreibung des Unternehmensgegenstandes, besitzt sie keine Unterscheidungskraft.

  Beispiel: Nicht erlaubt wäre die Firma „Auto AG".

- **Firmenausschließlichkeit:** Jede neue in das Handelsregister einzutragende Firma muss sich von den bereits an demselben Orte bestehenden Firmen deutlich unterscheiden. Rechtsformzusätze, weitere Namen oder Vornamen können helfen, die eigene neue Firma von bereits bestehenden Firmen abzugrenzen.
- **Firmenbeständigkeit:** Bei einem Inhaberwechsel kann eine bereits existierende Firma fortgeführt werden. Dies kann ohne oder mit einem Zusatz geschehen, der auf das Nachfolgeverhältnis hinweist. Voraussetzung ist, dass der bisherige Inhaber oder die Erben mit der Fortführung der Firma einverstanden sind. Der Grundsatz der Firmenbeständigkeit hat damit Vorrang vor dem Grundsatz der Firmenwahrheit.

  Beispiel: Wenn Klaus Müller die Holzwerke Ralf Herder e.K. erwirbt, sind u.a. folgende Firmen denkbar:
  - Ralf Herder e.K.
  - Ralf Herder, Inhaber Klaus Müller e.K.
  - Ralf Herder Nachfolger Klaus Müller e.K.
  - Klaus Müller e.K.

- **Firmenöffentlichkeit:** Jede Firma muss in das Handelsregister eingetragen werden. Die Einsichtnahme des Handelsregisters ist jedem zu Informationszwecken zu gestatten.

Vertiefende Übungen

1 Erläutern Sie, welcher Firmengrundsatz durch die folgenden Sachverhalte jeweils angesprochen wird.
   a) Wird ein Unternehmen neu gegründet, muss sich die Firma von allen bereits am Ort bestehenden Unternehmen deutlich unterscheiden.
   b) Die Firma soll wahrheitsgemäße Informationen liefern und darf weder über Art noch Umfang des Geschäftes in die Irre führen.
   c) Jede Firma muss ins Handelsregister eingetragen werden.
   d) Wenn ein Unternehmen verkauft wird, das den Namen des bisherigen Inhabers in der Firma enthält, so darf die Firma beibehalten werden, wenn der bisherige Inhaber damit einverstanden ist.
   e) Eine Firma muss Unterscheidungskraft besitzen. Die Firma lediglich auf allgemeine Formulierungen des Unternehmensgegenstandes wie Elektrofachgeschäft e.K. zu reduzieren, ist damit nicht zulässig.

LERNSITUATION 2

2 Geben Sie an, um welche Firmenart es sich in den folgenden Fällen handelt.

Firma	Firmenart
MOFUX AG	
Maximilian Eberl e. K.	
Maschinenfabrik Münster GmbH	
Fahrradgeschäft Ergül Özün KG	

3 Matthias Beike übernimmt die Schreinerei seines bisherigen Chefs Matthias Lüke, der in Rente geht. Begründen Sie, ob Matthias Beike die Firma „Matthias Lüke Emsdettener Schreinerei e. K." unter dem bisherigen Namen weiterführen kann.

ZUSAMMENFASSUNG

Definition Firma
Die _____ eines Kaufmanns ist der _____, unter dem er sein _____ betreibt und die _____ abgibt.

Arten der Firma	
Personenfirma	Die Firma beinhalten den/die _____ des/der Unternehmer/-s.
Sachfirma	Die Firma beinhaltet den _____ des Unternehmens.
Fantasiefirma	Die Firma besteht aus einem _____ namen.
Gemischte Firma	Die Firma besteht aus einer _____ der vorgenannten Firmenarten.

Firmengrundsätze	
Firmenwahrheit	Die Firma darf nicht _____ sein.
Firmenklarheit	Die Firma muss _____ besitzen.
Firmenausschließlichkeit	Jede _____ in das _____einzutragende Firma muss sich von den bereits an demselben Orte _____ Firmen deutlich _____..

Firmengrundsätze	
Firmenbeständigkeit	Eine bereits existierende Firma kann bei einem _____ fortgeführt werden.
Firmenöffentlichkeit	Jede Firma muss ins _____ eingetragen werden.

SELBSTEINSCHÄTZUNG

	JA 😊	MIT HILFE 😐	NEIN 😞
Ich kann den Begriff der Firma erläutern.			
Ich kann Firmenkern und Firmenzusatz unterscheiden.			
Ich kann die unterschiedlichen Firmenarten erläutern.			
Ich kann die verschiedenen Firmengrundsätze erläutern.			
Ich kann beurteilen, ob eine Firma zulässig ist.			

Außerdem habe ich gelernt:

_____

HINWEIS Zur Wiederholung und Vertiefung: Seite 149, Aufgabe 2.

LERNSITUATION 3
Eine Firma in das Handelsregister eintragen

Ausgangssituation: Der Kaufmann und sein Register

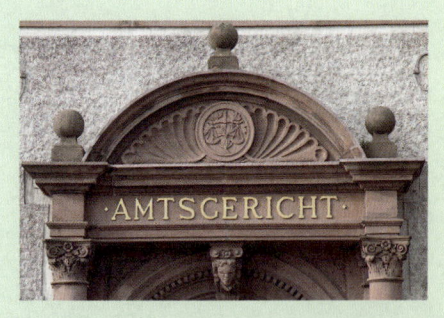

Rainer Flender hat sich entschieden. Als Kannkaufmann möchte er sein Unternehmen unter der Firma „Westfälische Fahrradwerke e.K." in das Handelsregister eintragen lassen. Weil noch einige Dinge im Zusammenhang mit der Eintragung zu klären sind, hat Rainer Flender einen Termin mit Michael Weber, dem zuständigen Betriebsberater der Handwerkskammer Münster, vereinbart. Herr Weber erläutert Rainer Flender, welche Sachverhalte und Rechtsverhältnisse in das Handelsregister einzutragen sind. Als Herr Weber seine Ausführungen beendet hat, meint Rainer Flender: „Wenn ich gewusst hätte, was alles einzutragen ist, hätte ich mich vielleicht dagegen entschieden, Kaufmann zu werden. Ich dachte, es wird lediglich die Firma in das Handelsregister eingetragen und fertig ist die Sache. Es geht doch schließlich niemanden etwas an, dass ich das Unternehmen führe und schon gar nicht, wann ich geboren bin. Wo liegt denn da der Sinn?"

Arbeitsaufträge

1 Erläutern Sie, warum ein Handelsregister geführt wird, in dem wichtige, ein Unternehmen betreffende Sachverhalte eingetragen werden.

2 Nach einigem Hin und Her möchte Rainer Flender die Westfälischen Fahrradwerke e.K. zum Handelsregister anmelden. Ergänzen Sie den nachfolgenden Registerauszug und berücksichtigen Sie die folgenden Angaben:
Diplom-Ingenieur Rainer Flender, geb. am 01.02.19(0), wohnt in Münster und betreibt die Westfälischen Fahrradwerke e.K. als alleiniger Inhaber. Der Sitz der Westfälischen Fahrradwerke e.K. ist in 48159 Münster. Prokura[1] möchte Rainer Flender nicht erteilen. Die Eintragung wird am 01.09.20(0) vorgenommen.

Handelsregister A des Amtsgerichts Münster		Ausdruck Abruf vom 01.09.20(0)		Nummer der Firma: HR A 523 – 0532 Seite 1 von 1	
Nummer der Eintragung	a) Firma b) Sitz, Niederlassung, Zweigniederlassungen	a) Allgemeine Vertretungsregelung b) Inhaber, persönlich haftende Gesellschafter (...),	Prokura	a) Rechtsform, Beginn (...)	a) Tag der Eintragung (...)
1	2	3	4	5	6
		a) _____			

3 Erklären Sie, warum Rainer Flender sein Unternehmen in die Abteilung A des Handelsregisters eintragen lässt.

4 Erläutern Sie, welche Rechtswirkung die Eintragung der Westfälischen Fahrradwerke e.K. hat.

---
[1] Die Prokura ist eine besonders weitreichende handelsrechtliche Vollmacht, siehe auch Lernsituation 4.

5 Beschreiben Sie die Öffentlichkeitswirkung (öffentlichen Glauben) der erfolgten Eintragung in das Handelsregister.

6 Begründen Sie, warum es auch für die Westfälische Fahrradwerke e. K. sinnvoll ist, das Handelsregister und die entsprechenden Bekanntmachungen zu verfolgen.

7 Legen Sie dar, welcher Personenkreis Einsicht in das Handelsregister nehmen kann.

8 Nennen Sie zwei Internetadressen, über die Sie einen Handelsregisterauszug der Westfälischen Fahrradwerke e. K. beziehen können.

Info 1: Handelsregister

Sämtliche Kaufleute eines Amtsgerichtsbezirkes werden in das Handelsregister eingetragen. Das Handelsregister ist ein amtliches Verzeichnis, das von den jeweiligen Amtsgerichten elektronisch geführt wird. Es informiert die Öffentlichkeit über wesentliche Sachverhalte und Rechtsverhältnisse der einzutragenden Kaufleute und schafft so Rechtssicherheit.

> § 9 Abs. 1 HGB
> Die Einsichtnahme in das Handelsregister sowie in die zum Handelsregister eingereichten Dokumente ist jedem zu Informationszwecken gestattet.

Kaufleute sollten das Handelsregister aufmerksam verfolgen, um über wesentliche Veränderungen bei Vertragspartnern informiert zu sein.

Beispiel: Die TSM AG verfolgt regelmäßig die Haftungsverhältnisse und Vertretungsregelungen bei Kunden und Lieferanten.

Das elektronische Handelsregister kann unter www.handelsregister.de eingesehen werden. Der Datenabruf von Handelsregisterauszügen ist kostenpflichtig. Eintragungen in das Handelsregister und deren Änderungen werden durch die Registergerichte unter www.handelsregisterbekanntmachungen.de veröffentlicht.

Zudem gibt es ein elektronisches **Unternehmensregister** (www.unternehmensregister.de). In diesem werden neben den Handelsregistereintragungen weitere wichtige Unternehmensdaten zentral zusammengeführt und veröffentlicht.

Abteilungen
Das Handelsregister gliedert sich in zwei Abteilungen:

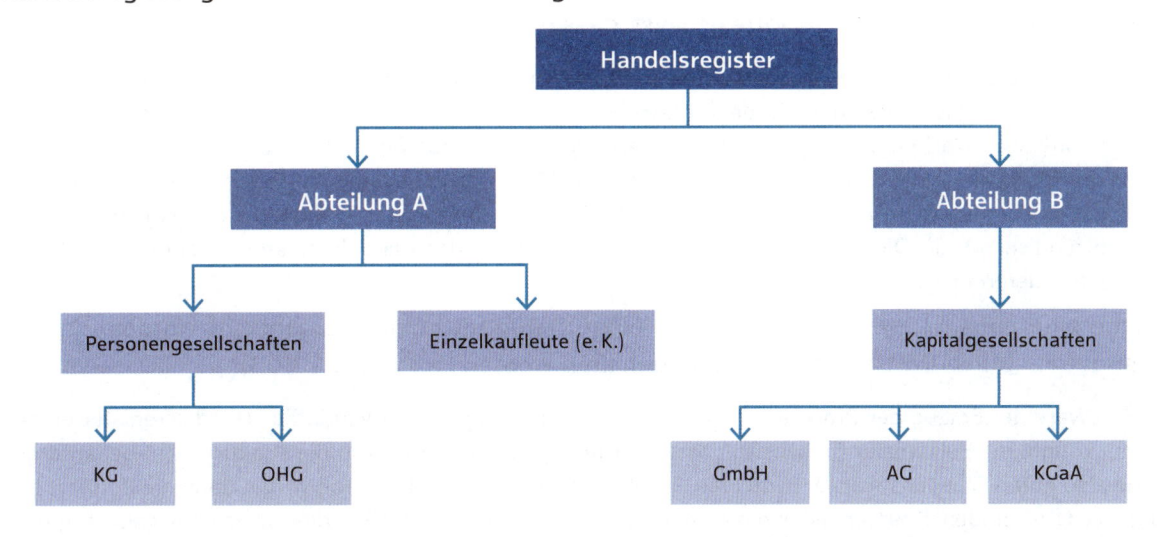

```
                    Handelsregister
                    /            \
            Abteilung A          Abteilung B
            /         \              |
  Personengesellschaften  Einzelkaufleute (e. K.)   Kapitalgesellschaften
       /      \                                    /      |      \
      KG     OHG                                GmbH     AG     KGaA
```

Anmeldung

Anmeldungen zur Eintragung in das Handelsregister müssen **elektronisch in öffentlich beglaubigter Form** eingereicht werden. Hierfür wird das Dokument von einem Notar mit einer elektronischen Signatur versehen und anschließend an das elektronische Gerichtspostfach des Registergerichts übermittelt. Wer seine Pflicht zur Anmeldung versäumt, kann mit einem Zwangsgeld zur Eintragung angehalten werden.

Inhalte der Eintragung

Eingetragen werden u.a.:
- Firma und Sitz des Unternehmens
- Name des Inhabers oder der persönlich haftenden Gesellschafter
- Art der Prokura, Name von Prokuristen
- Rechtsform
- die Eröffnung, Einstellung oder Aufhebung des Insolvenzverfahrens

Zusätzlich eingetragen werden bei **Kapitalgesellschaften**:
- Name der Vorstandsmitglieder bzw. Geschäftsführer
- Gegenstand des Unternehmens
- Höhe des Grund- oder Stammkapitals
- Datum des Gesellschaftsvertrages

Eintragungen im Handelsregister werden gelöscht, indem sie unterstrichen werden. Der ursprüngliche Eintrag bleibt damit weiterhin sichtbar und Änderungen bei einzelnen Sachverhalten können nachvollzogen werden.

Rechtswirkung der Eintragung

Eine Eintragung kann **rechtsbezeugende** (deklaratorische) oder **rechtserzeugende** (konstitutive) Wirkung haben.

Konstitutive Eintragung	= Rechtswirkung tritt mit Eintragung ein	– Kaufmann nach §§ 2,3 HGB (Kannkaufmann) – Entstehung der GmbH – Entstehung der AG
Deklaratorische Eintragung	= Rechtswirkung ist schon vor Eintragung eingetreten	– Istkaufmann nach § 1 HGB – Erteilung und Löschung der Prokura

Öffentlichkeitswirkung des Handelsregisters

Das Handelsregister genießt **öffentlichen Glauben** (§ 15 HGB).

- Ist eine Tatsache **eingetragen und bekannt gemacht**, so muss ein Dritter sie gegen sich gelten lassen, auch wenn er sie nicht kannte (§ 15 Abs. 2 HGB). Dies gilt allerdings nicht innerhalb der ersten 15 Tage ab Bekanntmachung, sofern der Dritte beweist, dass er die Tatsache weder kannte noch kennen musste.

    Beispiel. Martina Schöller ist Prokuristin der Bongart Metallerzeugnisse OHG. Da Herr Bongart nicht mehr mit ihren Leistungen zufrieden ist, entzieht er ihr die Prokura, was auch sogleich im Handelsregister eingetragen und veröffentlicht wird. Vier Wochen später kauft Frau Schöller beim Autohaus Berkemeier GmbH ein neues Fahrzeug im Namen der Bongart Metallerzeugnisse OHG. Die Bongart Metallerzeugnisse OHG wird aus dem Kaufvertrag nicht verpflichtet und muss somit auch keine Zahlung leisten, da der Entzug der Prokura ordnungsgemäß eingetragen und veröffentlicht wurde. Die Berkemeier GmbH hätte sich anhand des Handelsregisters über die Vertretungsregelungen informieren müssen.

- Solange **eine einzutragende Tatsache nicht eingetragen und bekannt gemacht** worden ist, kann sie einem gutgläubigen Dritten nicht entgegengehalten werden (§ 15 Abs. 1 HGB).

    Beispiel: Wäre der Entzug der Prokura für Martina Schöller im obigen Fall nicht in das Handelsregister eingetragen worden, könnte die Berkemeier GmbH sich darauf berufen, dass ihr der Entzug der Prokura nicht bekannt gewesen sei, sie also guten Glaubens war. Der von Frau Schöller geschlossene Kaufvertrag würde dann die Bongart Metallerzeugnisse OHG binden. Deshalb müsste die Bongart Metallerzeugnisse OHG in diesem Fall das Fahrzeug bezahlen.

Vertiefende Übungen

1 Marlies Silies betreibt mit zwei Mitarbeiterinnen einen kleinen Imbiss in Köln-Ehrenfeld. Sie möchte ihren Imbiss als „Ehrenfelder Schlemmerstübchen GmbH" ins Handelsregister eintragen lassen.
   a) Erklären Sie, wo Marlies Silies die Anmeldung zur Eintragung ins Handelsregister vornehmen muss und welche Formvorschrift dabei zu beachten ist.
   b) Nennen Sie die Abteilung des Handelsregisters, in die die Firma eingetragen wird.
   c) Nennen Sie drei Inhalte, die in diesem Fall ins Handelsregister eingetragen werden.
   d) Begründen Sie, um welche Kaufmannsart es sich hier handelt.
   e) Erläutern Sie, welche Wirkung die Eintragung in das Handelsregister hat.

2 Prüfen und korrigieren Sie ggf. die folgenden Aussagen:
   a) Wer das Handelsregister einsehen möchte, muss ein berechtigtes Interesse nachweisen.
   b) Wichtige Eintragungen im Handelsregister werden durch Unterstreichen hervorgehoben.
   c) Änderungen des Handelsregisters werden unter www.handelsregisterbekanntmachungen.de veröffentlicht.
   d) Die Anmeldung zum Handelsregister erfolgt schriftlich.
   e) Manche Kaufleute werden nicht in das Handelsregister eingetragen.
   f) Bei einer konstitutiven Eintragung ist die Rechtswirkung schon vor der Eintragung eingetreten

3 Entscheiden Sie, ob die folgenden Rechtsformen in Abteilung A oder Abteilung B des Handelsregisters eingetragen werden.
   a) Einzelkaufmann (e. K.)
   b) Kommanditgesellschaft (KG)
   c) Aktiengesellschaft (AG)
   d) Offene Handelsgesellschaft (OHG)
   e) Gesellschaft mit beschränkter Haftung (GmbH)

Ergänzende Übungen

1 Vera Lohmann betreibt einen Kiosk in Essen-Kray, den sie von Antonio Moletta übernommen hat. Sofort nach der Übernahme des Kiosks hat sie den Verkaufsraum neu gestaltet. Durch diese Maßnahme und ihr freundliches Wesen ist es ihr gelungen, viele neue Kunden zu gewinnen. Die meiste Arbeit erledigt sie allein. In den Abendstunden und am Wochenende wird sie von vier Mitarbeiterinnen unterstützt, die jeweils einen Teilzeitjob ausüben.
   a) Begründen Sie, ob Vera Lohmann ein Handelsgewerbe betreibt.
   b) Erläutern Sie, ob Vera Lohmann ihren Kiosk ins Handelsregister eintragen lassen muss bzw. eintragen lassen kann.
   c) Beschreiben Sie, was man unter einem Handelsregister versteht.
   d) Das Handelsregister genießt öffentlichen Glauben. Erläutern Sie, was darunter zu verstehen ist.
   e) Definieren Sie den Begriff „Firma".
   f) Unterscheiden Sie die verschiedenen Firmenarten und geben Sie jeweils ein Beispiel, wie Frau Lohmann firmieren kann. Frau Lohmann betreibt den Kiosk als e. Kfr.

2 Dieter Schulte ist Vertriebsleiter bei der KKL AG. Aufgrund eines Beschlusses der Gesellschafterversammlung soll Dieter Schulte die Prokura wieder entzogen werden. Die Gesellschafter Adam Marek und Anne Hinrichs entziehen daraufhin Dieter Schulte am 13.04.20(0) die Prokura und veranlassen die nötige Eintragung in das Handelsregister, die am 20.04.20(0) bekannt gemacht wird. Verärgert über den Entzug der Prokura nimmt Dieter Schulte am 15.04.20(0) ein „upgrade" seines Firmenwagens vor und bestellt für die KKL AG ein Fahrzeug im Wert von 120 000,00 €.
   a) Erläutern Sie die Eintragungswirkung der Erteilung und Löschung einer Prokura.
   b) Begründen Sie, ob der Kaufvertrag für die KKL AG bindend ist.

ZUSAMMENFASSUNG

Definition Handelsregister
Amtliches _____ aller _____, das von den jeweiligen _____ elektronisch geführt wird.

Abteilungen	
Abteilung A	Abteilung B
– _____ (e. K.) – Personengesellschaften (_____ und KG)	– Kapitalgesellschaften (_____, AG, KGaA)

Wirkung der Eintragung	
Konstitutive (_____) Wirkung	_____ (rechtbezeugende) Wirkung
= Rechtswirkung tritt _____ der Eintragung ein.	= Rechtswirkung ist schon _____ Eintragung eingetreten.

Öffentlichkeitswirkung des Handelsregisters	
_____ und bekannt gemachte Tatsachen muss ein _____ gegen sich _____ lassen.	_____ eingetragene Tatsachen können _____ Dritten nicht entgegengehalten werden.

Bekanntmachungen		
www.handelsregister.de	_____	_____

LERNSITUATION 3 27

SELBSTEINSCHÄTZUNG	JA 🙂	MIT HILFE 😐	NEIN ☹
Ich kann erklären, was ein Handelsregister ist.			
Ich kann begründen, warum ein Kaufmann Einsicht in das Handelsregister nehmen sollte.			
Ich kann die Abteilungen des Handelsregisters sowie die in die jeweilige Abteilung einzutragenden Unternehmensformen benennen			
Ich kann die Wirkung von Handelsregistereintragungen unterscheiden und erläutern.			
Ich kann die Öffentlichkeitswirkung von Handelsregistereintragungen erklären.			
Ich kann benennen, wo Handelsregistereintragungen bekannt gemacht werden.			

Außerdem habe ich gelernt:

_____
_____
_____
_____
_____
_____
_____
_____
_____
_____
_____

> **HINWEIS** Zur Wiederholung und Vertiefung: Seite 150, Aufgabe 3.

LERNSITUATION 4
Vollmachten erteilen – Prokura und Handlungsvollmacht

Ausgangssituation: Wie bleibt ein Unternehmen handlungsfähig?

Nachdem der Geschäftsführer Rainer Flender aus seinem Skiurlaub zurückgekehrt ist, trifft er sich zu einer Besprechung mit seiner neuen Assistentin Rita Kersting.

Rita Kersting: „Wie war der Urlaub?"

Rainer Flender: „Alles bestens, super Wetter und erstklassige Bedingungen zum Skifahren. Hier war auch alles in Ordnung?"

Rita Kersting: „Wie man's nimmt. Wir haben die geplante Erweiterung unserer Produktionshalle vorangetrieben. Uns ist kurzfristig ein günstiges Grundstück angeboten worden, das wir leider nicht kaufen konnten. Sie waren ja im Urlaub."

Rainer Flender: „Das verstehe ich nicht. Sie hätten doch das Grundstück ruhig kaufen können. Wir waren uns doch bereits einig, dass wir ein weiteres Grundstück benötigen. Ich wäre schon mit Ihrer Entscheidung einverstanden gewesen."

Rita Kersting: „Das habe ich mir auch gedacht. Aber der Verkäufer wollte schnell handeln und hat den Verkauf mit dem Hinweis auf das Handelsregister abgelehnt."

Rainer Flender: „Hmm, so was soll uns nicht noch einmal passieren. Es kommt schließlich häufiger vor, dass ich außer Haus bin und da müssen wir handlungsfähig bleiben."

Handelsregister A des Amtsgerichts Münster		Ausdruck Abruf vom 08.02.20(1)		Nummer der Firma: HR A 523 – 0532 Seite 1 von 1	
Nummer der Eintragung	a) Firma b) Sitz, Niederlassung, Zweigniederlassungen c)	a) Allgemeine Vertretungsregelung b) Inhaber, persönlich haftende Gesellschafter (...),	Prokura	a) Rechtsform, Beginn, Satzung oder Gesellschaftsvertrag b) Sonstige Rechtsverhältnisse	a) Tag der Eintragung b) Bemerkungen
1	2	3	4	5	6
1	a) Westfälische Fahrradwerke e. K. b) 48159 Münster	a) _____ b) Einzelkaufmann: Dipl.-Ing. Rainer Flender; Münster, geb. am 01.02.19(0)		a) e. K.	a) 01.08.20(0)

Arbeitsaufträge

1 Erläutern Sie mithilfe des Handelsregisterauszuges, warum der Verkäufer den Grundstückskauf durch Frau Kersting abgelehnt hat.

2 Rainer Flender überlegt, für die Zukunft einigen Mitarbeitern Prokura oder Handlungsvollmacht zu erteilen. Stellen Sie die beiden handelsrechtlichen Vollmachten anhand der Kriterien auf der folgenden Seite gegenüber.

	Prokura	Handlungsvollmacht
Umfang		
Erteilung		
Handelsregistereintrag		
Arten		
Zeichnung		
Erlöschen		

3 Begründen Sie, welche Vollmacht Rainer Flender vor seinem Urlaub hätte erteilen müssen, um in Bezug auf den Grundstückskauf handlungsfähig zu bleiben. Machen Sie außerdem einen Vorschlag für die Ausgestaltung dieser Vollmacht.

4 Erläutern Sie, welche weiteren Vor- und Nachteile mit der Erteilung von Vollmachten im Unternehmen verbunden sind.

Info 1: Telefongespräch zwischen Rainer Flender und dem Anwalt Aaron König

Rainer Flender:	„Hallo Herr König, ich möchte einigen Mitarbeitern der Westfälischen Fahrradwerke e.K. besondere Vollmachten erteilen. Ich habe schon im HGB nachgeschaut, welche Möglichkeiten einem Kaufmann zur Verfügung stehen, und bin da auf die Prokura und die Handlungsvollmacht gestoßen. Können Sie mir beide Vollmachten erklären und die wesentlichen Unterschiede deutlich machen?"
Aaron König:	„Gerne, Herr Flender. Nun, fangen wir mit der Prokura nach § 49 HGB an. Sie ist die weitreichendste Vollmacht, die das HGB kennt. Die **Prokura** ermächtigt den Prokuristen zu allen **gerichtlichen und außergerichtlichen** Rechtsgeschäften, die der Betrieb **irgendeines** Handelsgewerbes mit sich bringt. Besondere Vollmachten benötigt der Prokurist lediglich zum Verkauf und zur Belastung von Grundstücken. Übrigens, Herr Flender, die Prokura kann man im Außenverhältnis gegenüber Kunden, Lieferanten, Banken usw. nicht beschränken, denn Beschränkungen der Prokura sind Dritten gegenüber unwirksam. Also Augen auf, wem Sie Prokura erteilen! Im Innenverhältnis kann die Prokura natürlich nach Belieben, z.B. auf eine Abteilung, beschränkt werden."
Rainer Flender:	„Dann darf ein Prokurist ja alles, was ich auch darf."
Aaron König:	„Nein, Herr Flender. Einige Dinge bleiben Ihnen als gesetzlichem Vertreter der Westfälischen Fahrradwerke e.K. allein vorbehalten. Dem Prokuristen ist es verboten, die Bilanz und die Steuererklärung der Gesellschaft zu unterschreiben, Handelsregistereintragungen zu veranlassen, weitere Gesellschafter aufzunehmen, anderen Mitarbeitern Prokura zu erteilen, das Geschäft aufzugeben oder zu verkaufen sowie das Insolvenzverfahren für die Gesellschaft zu beantragen."
Rainer Flender:	„Wo ist nun der Unterschied zur Handlungsvollmacht, Herr König?"
Aaron König:	„Nun, fangen wir mal mit den „Kleinigkeiten" an, Herr Flender. Eine Handlungsvollmacht können Sie auch formlos erteilen. Die Prokura muss hingegen ausdrücklich, d.h. schriftlich oder mündlich, erteilt werden und wird ins Handelsregister eingetragen. Die Eintragung ist allerdings nur deklaratorisch, d.h., die Prokura ist bereits mit der ausdrücklichen Erteilung gültig. Ab diesem Zeitpunkt unterschreibt der Prokurist mit ppa. oder pp. (per procura). Der Handlungsbevollmächtigte unterschreibt dagegen mit i. A. (im Auftrag) oder i. V. (in Vollmacht) und die Handlungsvollmacht wird nicht ins Handelsregister eingetragen."
Rainer Flender:	„Kommen wir nun zum Wesentlichen, Herr König, was darf denn nun ein Handlungsbevollmächtigter?"
Aaron König:	„Nach § 54 (1) erstreckt sich die **allgemeine Handlungsvollmacht** auf alle Geschäfte und Rechtshandlungen, die der Betrieb eines **derartigen** Handelsgewerbes **gewöhnlich** mit sich bringt. Außergewöhnliche Geschäfte und Rechtsgeschäfte, die nicht Gegenstand eines derartigen Handelsgewerbes sind, werden damit im Gegensatz zur Prokura durch eine Handlungsvollmacht nicht abgedeckt. Daneben benötigt der Handlungsbevollmächtigte nach § 54 (2) HGB zudem für die Veräußerung oder Belastung von Grundstücken, die Eingehung von Wechselverbindlichkeiten, die Aufnahme von Darlehen und zur Prozessführung eine gesonderte Vollmacht."
Rainer Flender:	„Sie haben gerade von einer allgemeinen Handlungsvollmacht gesprochen, Herr König. Unterscheidet man weiteren Arten der Handlungsvollmacht?"
Aaron König:	„Ja, Herr Flender, wie bereits geschildert, gilt die allgemeine Handlungsvollmacht für alle gewöhnlichen Geschäfte des betreffenden Handelsgewerbes. Es ist aber nach § 54 (1) auch möglich, die Vollmacht auf bestimmte Arten von Geschäften bzw. auf einzelne Geschäfte zu beschränken. Man spricht in diesen Fällen von einer Arthandlungsvollmacht bzw. einer Spezialhandlungsvollmacht."

Rainer Flender:	„Sie hatten bereits gesagt, dass man den Umfang der Prokura gegenüber Dritten nicht einschränken kann. Gibt es denn bei der Prokura auch unterschiedliche Arten, die mir vielleicht auch mehr Sicherheit bieten?"
Aaron König:	„Ja, bei der Prokura kann man bestimmen, dass nicht ein Prokurist allein (Einzelprokura), sondern mehrere Prokuristen zusammen (Gesamtprokura) (unter-)zeichnen müssen. Auch kann man festlegen, dass ein Prokurist zusammen mit einem weiteren Geschäftsführer (unechte Gesamtprokura) zeichnen muss oder die Prokura auf eine Filiale (Filialprokura) beschränkt bleibt."
Rainer Flender:	„Ich verstehe, durch eine Gesamtprokura oder unechte Gesamtprokura bleibt das Vier-Augen-Prinzip gewahrt. Kann eigentlich ein Prokurist auch einem anderen Mitarbeiter Prokura erteilen?"
Aaron König:	„Nein, Herr Flender, das ist nicht möglich. Man kann immer nur die nächst kleinere Vollmacht erteilen. Also, ein Prokurist kann allgemeine Handlungsvollmacht, ein allgemeiner Handlungsbevollmächtigter kann Arthandlungsvollmacht und ein Arthandlungsbevollmächtigter kann Spezialhandlungsvollmacht erteilen."
Rainer Flender:	„Eine letzte Frage noch, Herr König. Was kann ich tun, wenn ich jemandem die Prokura oder die Handlungsvollmacht wieder entziehen möchte?"
Aaron König:	„Sie müssen die Vollmachten widerrufen. Zudem erlöschen die Vollmachten, wenn das Dienstverhältnis beendet wird, das Insolvenzverfahren eröffnet oder der Geschäftsbetrieb eingestellt wird. Handlungsvollmachten können zudem zeitlich befristet erteilt werden und sie erlöschen dann durch Fristablauf. Das Erlöschen der Prokura muss ebenfalls beim Handelsregister eingetragen werden."
Rainer Flender:	„Vielen Dank, Herr König, Sie haben mir sehr geholfen. Ich werde mich nun entscheiden, wer welche Vollmacht erhalten soll."

Info 2: Auszug aus dem HGB: Prokura und Handlungsvollmacht

§ 48
(1) Die Prokura kann nur von dem Inhaber des Handelsgeschäfts oder seinem gesetzlichen Vertreter und nur mittels ausdrücklicher Erklärung erteilt werden.
(2) Die Erteilung kann an mehrere Personen gemeinschaftlich erfolgen (Gesamtprokura).

§ 49
(1) Die Prokura ermächtigt zu allen Arten von gerichtlichen und außergerichtlichen Geschäften und Rechtshandlungen, die der Betrieb eines Handelsgewerbes mit sich bringt.
(2) Zur Veräußerung und Belastung von Grundstücken ist der Prokurist nur ermächtigt, wenn ihm diese Befugnis besonders erteilt ist.

§ 50
(1) Eine Beschränkung des Umfangs der Prokura ist Dritten gegenüber unwirksam.
(2) Dies gilt insbesondere von der Beschränkung, dass die Prokura nur für gewisse Geschäfte oder gewisse Arten von Geschäften oder nur unter gewissen Umständen oder für eine gewisse Zeit oder an einzelnen Orten ausgeübt werden soll.
(3) Eine Beschränkung der Prokura auf den Betrieb einer von mehreren Niederlassungen des Geschäftsinhabers ist Dritten gegenüber nur wirksam, wenn die Niederlassungen unter verschiedenen Firmen betrieben werden. Eine Verschiedenheit der Firmen im Sinne dieser Vorschrift wird auch dadurch begründet, dass für eine Zweigniederlassung der Firma ein Zusatz beigefügt wird, der sie als Firma der Zweigniederlassung bezeichnet.

§ 51
Der Prokurist hat in der Weise zu zeichnen, dass er der Firma seinen Namen mit einem die Prokura andeutenden Zusatz beifügt.

LERNSITUATION 4

INFOBOX

§ 52
(1) Die Prokura ist ohne Rücksicht auf das der Erteilung zugrunde liegende Rechtsverhältnis jederzeit widerruflich, unbeschadet des Anspruchs auf die vertragsmäßige Vergütung.
(2) Die Prokura ist nicht übertragbar.
(3) Die Prokura erlischt nicht durch den Tod des Inhabers des Handelsgeschäfts.

§ 53
(1) Die Erteilung der Prokura ist von dem Inhaber des Handelsgeschäfts zur Eintragung in das Handelsregister anzumelden. Ist die Prokura als Gesamtprokura erteilt, so muss auch dies zur Eintragung angemeldet werden.
(2) Das Erlöschen der Prokura ist in gleicher Weise wie die Erteilung zur Eintragung anzumelden.

§ 54
(1) Ist jemand ohne Erteilung der Prokura zum Betrieb eines Handelsgewerbes oder zur Vornahme einer bestimmten zu einem Handelsgewerbe gehörigen Art von Geschäften oder zur Vornahme einzelner zu einem Handelsgewerbe gehöriger Geschäfte ermächtigt, so erstreckt sich die Vollmacht (Handlungsvollmacht) auf alle Geschäfte und Rechtshandlungen, die der Betrieb eines derartigen Handelsgewerbes oder die Vornahme derartiger Geschäfte gewöhnlich mit sich bringt.
(2) Zur Veräußerung oder Belastung von Grundstücken, zur Eingehung von Wechselverbindlichkeiten, zur Aufnahme von Darlehen und zur Prozessführung ist der Handlungsbevollmächtigte nur ermächtigt, wenn ihm eine solche Befugnis besonders erteilt ist.
(3) Sonstige Beschränkungen der Handlungsvollmacht braucht ein Dritter nur dann gegen sich gelten zu lassen, wenn er sie kannte oder kennen musste.

§ 56
Wer in einem Laden oder in einem offenen Warenlager angestellt ist, gilt als ermächtigt zu Verkäufen und Empfangnahmen, die in einem derartigen Laden oder Warenlager gewöhnlich geschehen.

§ 57
Der Handlungsbevollmächtigte hat sich bei der Zeichnung jedes eine Prokura andeutenden Zusatzes zu enthalten; er hat mit einem das Vollmachtverhältnis ausdrückenden Zusatz zu zeichnen.

§ 58
Der Handlungsbevollmächtigte kann ohne Zustimmung des Inhabers des Handelsgeschäfts seine Handlungsvollmacht auf einen anderen nicht übertragen.

Vertiefende Übungen

Rainer Flender hat sich entschieden, die Vollmachten seiner Mitarbeiter zu erweitern, und einigen in diesem Zusammenhang Prokura und Allgemeine Handlungsvollmacht erteilt. Die folgenden Mitarbeiter sind schriftlich am 05.03.20(0) mit erweiterten Vollmachten ausgestattet worden. Erforderliche Handelsregistereintragungen und Bekanntmachungen haben am 12.03(0) stattgefunden.

Mitarbeiter	Funktion	Ausgestaltung der Vollmacht
Heinz Schulte	Leiter allgemeine Verwaltung	Gesamtprokura in Gemeinschaft mit einem Geschäftsführer oder einem Prokuristen
Franz Schmid	Leiter Produktion	Gesamtprokura in Gemeinschaft mit einem Geschäftsführer oder einem Prokuristen
Klaus Venker	Leiter Vertrieb	Einzelprokura
Carl Büker	Leiter strategischer Einkauf	allgemeine Handlungsvollmacht

1 Heinz Schulte und Franz Schmid nehmen am 07.03.20(0) bei der Deutschen Bank Essen zur Finanzierung einer neuen Lackieranlage ein mittelfristiges Darlehen in Anspruch und unterzeichnen den Darlehensvertrag noch am gleichen Tag.
   a) Begründen Sie, ob Heinz Schulte und Franz Schmid die Westfälischen Fahrradwerke e. K. wirksam vertreten haben.
   b) Erläutern Sie, wie die beiden Prokuristen den Darlehensvertrag unterzeichnen müssten.

c) Beurteilen Sie den Sachverhalt, wenn Heinz Schulte den Darlehensvertrag allein unterzeichnet hätte.
d) Legen Sie dar, ob Carl Büker das Darlehen hätte aufnehmen können.

2 Um seine neue exponierte Stellung innerhalb des Unternehmens auch gegenüber den Kunden zu demonstrieren, kauft Klaus Venker einen neuen Firmenwagen im Wert von 80 000,00 €. Erläutern Sie, ob der Kaufvertrag für die Westfälischen Fahrradwerke e. K. bindend ist.

3 Auf Anraten eines privaten Vermögensberaters legen Heinz Schulte und Franz Schmid überschüssige Liquidität in Aktien an. Leider entwickeln sich die Kurse schlecht. Rainer Flender möchte das Aktiengeschäft rückgängig machen, da seiner Meinung nach die nötigen Vollmachten nicht vorlagen. Nehmen Sie Stellung.

4 Erläutern Sie die Rechtslage, wenn Carl Büker die Aktien für die Westfälischen Fahrradwerke e. K. erworben hätte.

5 Klaus Müller soll als Sachbearbeiter in der Abteilung strategischer Einkauf eingestellt werden. Carl Büker unterzeichnet einen Arbeitsvertrag, ohne die Geschäftsführung von der Einstellung zu informieren. Begründen Sie, ob der Arbeitsvertrag zustande gekommen ist.

6 Im Zusammenhang mit der Aufnahme des Darlehens (siehe Aufgabe 1) soll das Betriebsgrundstück mit einer Grundschuld belastet werden. Heinz Schulte und Franz Schmid möchten die Eintragung der Grundschuld veranlassen. Erläutern Sie die Rechtslage.

7 Die Bilanz der Westfälischen Fahrradwerke e. K. ist aufgestellt worden, einzig die Unterschrift fehlt noch. Da der Inhaber, Rainer Flender, auf einer Tagung weilt, schlägt Klaus Venker vor, die Bilanz selbst zu unterzeichnen: „Schließlich hat die Inventur zum Großteil auch unter meiner Leitung stattgefunden, da werde ich doch wohl unterschreiben dürfen", meint er. Nehmen Sie Stellung.

8 Ein Großinvestor ist schon seit Längerem am Erwerb der Westfälischen Fahrradwerke e. K. interessiert und legt ein sehr gutes Angebot vor. Da der Großinvestor Kündigungen ausgeschlossen hat, sagt Klaus Venker den Verkauf der Unternehmung zu. Begründen Sie, ob Klaus Venker dazu berechtigt war.

9 Als Heinz Schulte und Franz Schmid im Pausenraum auf Klaus Venker treffen, äußern sie sich empört über sein Verhalten: „Wer den Betrieb verkaufen will, dem vertrauen wir nicht mehr. Wir entziehen Ihnen die Prokura", meinen sie übereinstimmend. Nehmen Sie Stellung.

10 In Zukunft soll die Prokura der Abteilungsleiter im Innenverhältnis auf die jeweilige Abteilung beschränkt werden. Begründen Sie, ob diese Beschränkungen auch im Außenverhältnis wirksam sind.

11 Carl Büker hat den Lieferanten für Stahlrohre gewechselt und gleich einen größeren Posten bestellt. Die Qualität der Stahlrohre genügt jedoch nicht den Ansprüchen, die Rainer Flender erwartet. Ein Fall von mangelhafter Lieferung liegt allerdings nicht vor. Rainer Flender möchte deshalb die Stahlrohre mit der Begründung zurückgeben, dass Carl Büker die Vollmacht zu diesem Geschäft gefehlt hat. Beurteilen Sie die Erfolgsaussichten.

12 Klaus Müller, der neu eingestellte Sachbearbeiter in der Abteilung strategischer Einkauf, wird von Carl Büker in sein neues Aufgabenfeld eingewiesen. Carl Büker meint: „Sie dürfen in unserer Abteilung die üblichen Geschäfte bis zu 5 000,00 € selbstständig tätigen, ohne dass Sie mich benachrichtigen müssen." Erläutern Sie, welche Vollmacht wirksam erteilt wurde.

13 An seinem ersten Arbeitstag bittet Klaus Müller den Auszubildenden Maik Balster, Polstermaterialien im Wert von 2 000,00 € bei verschiedenen Lieferanten einzukaufen. Begründen Sie, ob Maik Balster dies darf.

LERNSITUATION 4

Ergänzende Übungen

1 Klaus Venker führt seine Arbeit in letzter Zeit sehr nachlässig aus. Rainer Flender entzieht daraufhin Klaus Venker am 13.06.20(0) die Prokura und veranlasst die nötige Eintragung in das Handelsregister, die am 22.06.20(0) bekannt gemacht wird. Zwischenzeitlich kauft Klaus Venker am 20.06.20(0) für 60 000 € ein Gemälde im Namen der Westfälische Fahrradwerke e.K. Rainer Flender gefällt das Bild überhaupt nicht und verlangt, dass der Verkäufer das Bild zurücknimmt. Schließlich habe Klaus Venker keine Prokura mehr. Erläutern Sie die Rechtslage.

2 Maik Balster geht nach der Arbeit noch in die Münsteraner Innenstadt einkaufen. Dort trifft er auf seine alte Schulfreundin Lena. Sie hatte heute ihren ersten Arbeitstag in einem exklusiven Bekleidungsgeschäft. Dort hat sie einige wertvolle Kleider verkauft. Eine ausdrückliche Vollmacht ist ihr von der Inhaberin des Geschäftes nicht erteilt worden. Beurteilen Sie, ob die Verkäufe rechtswirksam sind.

ZUSAMMENFASSUNG

Vollmachten des HGB
Die Vollmachten des _____ sind die Prokura und die _____, wobei die _____ die umfangreichere Vollmacht ist.

Umfang der Prokura
Sie ermächtigt den Prokuristen zu allen _____ und _____ Rechtsgeschäften, die der Betrieb _____ Handelsgewerbes mit sich bringt. Für die _____ oder _____ von Grundstücken benötigt der Prokurist eine _____. Bestimmte Geschäfte, wie die Unterzeichnung der Bilanz, sind dem Prokuristen _____. Beschränkungen der Prokura sind _____ gegenüber _____.

Arten der Prokura	
Einzel _____	Unechte _____
_____ prokura	Filialprokura

Umfang der Handlungsvollmacht
Die Handlungsvollmacht erstreckt sich auf alle Geschäfte und Rechtshandlungen, die der Betrieb eines _____ Handelsgewerbes _____ mit sich bringt.

Arten der Handlungsvollmacht

- _____ Handlungsvollmacht
- _____ vollmacht
- Spezialhandlungs _____

Erteilung der Vollmachten

- Die Prokura muss _____ erteilt werden und wird ins _____ eingetragen. Die Wirkung der Eintragung ist _____.
- Die Handlungsvollmacht wird _____ erteilt und nicht ins Handelsregister _____.

Unterschrift der Vollmachtinhaber

Der Prokurist zeichnet mit _____ oder _____ (per procura), wohingegen der Handlungsbevollmächtigte mit _____ (im Auftrag) oder i. V. (_____) zeichnet.

Erlöschen der Vollmachten

_____ und Handlungsvollmacht _____ durch Widerruf, _____ des Dienstverhältnisses, _____ des Insolvenzverfahrens oder _____ des Geschäftsbetriebes. Die Handlungsvollmacht erlischt zudem durch _____, wenn sie zeitlich befristet erteilt wurde.

SELBSTEINSCHÄTZUNG

	JA 😊	MIT HILFE 😐	NEIN ☹
Ich kann den Umfang der Vollmachten (Prokura und der Handlungsvollmacht) erklären.			
Ich kann darlegen, wie die Vollmachten erteilt werden.			
Ich kann die verschiedenen Arten der Vollmachten erläutern.			
Ich kann die Zeichnungszusätze der Vollmachten benennen.			

SELBSTEINSCHÄTZUNG

	JA 😊	MIT HILFE 😐	NEIN ☹
Ich kann die Gründe für das Erlöschen der Vollmachten erläutern.			
Ich kann fallbezogene Aufgaben zur Prokura und Handlungsvollmacht lösen.			
Ich kann mit Gesetzestexten umgehen.			

Außerdem habe ich gelernt:

_____
_____
_____
_____
_____

HINWEIS Zur Wiederholung und Vertiefung: Seite 150 f., Aufgabe 4.

LERNSITUATION 5
Ein Unternehmen gründen

Ausgangssituation: Die Person des Gründers

Rainer Flender wurde 1982 in Münster geboren und wuchs als ältestes von drei Kindern im ländlichen Münsteraner Stadtteil Wolbeck auf. Seine Eltern waren beide berufstätig und als Arbeiter in der Lack- und Farbenindustrie beschäftigt. Da sie bescheiden lebten, gelang es ihnen, sich ein eigenes Einfamilienhaus mit einem kleinen Garten zu erarbeiten.

Rainer Flender verbrachte eine glückliche Kindheit in Wolbeck. Seine Eltern kümmerten sich liebevoll um ihn und vermittelten ihm Werte wie Fleiß, Ausdauer und Verantwortungsbewusstsein. So war er schon früh mit der Bewirtschaftung des kleinen Gartens betraut und musste zudem kleinere Besorgungen für den Haushalt tätigen.

In seiner Freizeit fuhr Rainer Flender leidenschaftlich gerne Rennrad. Schon bald kaufte er Einzelteile verschiedener Hersteller und baute aus diesen optimal abgestimmte Räder für sich und einige seiner Freunde. Als Mitglied des Jugendteams der Radsportgemeinschaft Münster konnte Rainer Flender kleinere Rennen gewinnen. Nach und nach wurde sein Ehrgeiz geweckt und die Erfolge wurden größer. Ihm wäre beinahe der Sprung in den Jugendnationalkader gelungen. Er galt zwar nicht als begnadetes Talent, aber er hatte, wie sein Trainer sagte, den nötigen „Biss". Die große Radsportkarriere blieb Rainer Flender letztlich versagt, aber auch heute noch fühlt sich Rainer Flender dem Radsport verpflichtet. Als Vorstandsmitglied der Radsportgemeinschaft Münster ist er für die Pflege der vereinseigenen Räder zuständig und nimmt auch heute noch regelmäßig an Hobbyrennen teil.

Seine schulische Laufbahn führte Rainer Flender von der Grund- zur Realschule Wolbeck und danach zum Hans-Böckler-Berufskolleg, wo er die Fachhochschulreife in der Fachrichtung Metalltechnik erwarb. Danach machte er bei der Metallbau Schlünz GmbH eine Ausbildung als Metallbauer Fachrichtung Konstruktionstechnik. Schnell stellte Rainer Flender während seiner Ausbildung fest, dass ihm der Beruf des Metallbauers gefiel. Hier konnte er handwerkliches Geschick und Kreativität mit seinen guten mathematischen Fähigkeiten verbinden. Sicherlich war die Ausbildung nicht immer leicht. Gerade mit seinem Chef Walter Schlünz hatte er so manche Meinungsverschiedenheit. Rainer Flender hatte eben seinen eigenen Kopf und ließ sich nicht gern einengen. Mit sehr gutem Erfolg schloss Rainer Flender schließlich seine Ausbildung ab. Da lag es nahe, dass Rainer nach seiner Gesellenzeit 2004 ein Maschinenbaustudium begann, das er im September 2009 mit dem Master abschloss.

Seine Leidenschaft für Fahrräder sorgte schließlich dafür, dass Rainer Flender im Oktober 2009 seinen ersten Job als Ingenieur bei der Brüggeschen Fahrradmanufaktur (BFM) in Rheine antrat. Er war in leitender Position vor allem für den Vertrieb von Rennrädern und Montainbikes verantwortlich. Der Job war stressig, aber Arbeit scheute Rainer Flender nicht und vor allem der Kontakt zu Kunden machte ihm Spaß. Auch die von Rainer Flender betreuten Kunden schätzten seine Arbeit sehr. Im Frühjahr 2012 war es dann so weit. Sein Entschluss reifte. Warum sollte er sich nicht selbstständig machen? Risiko scheute er schließlich nicht und Aufträge für einen bescheidenen Anfang hätte er auch schon, da war er sich ganz sicher. Schließlich verfügte er nach wie vor über ausgezeichnete Kontakte in der Radsport-Szene. 50 000,00 € hatte Rainer zudem gespart und eine Werkstatt mit entsprechenden Maschinen gab es in Münster zu pachten. Nur das Wie der Firmengründung, das war ihm noch nicht klar.

Biografische Daten Rainer Flender

- 08/1988–06/1992 Besuch der Grundschule in Münster-Wolbeck
- 08/1992–06/1998 Realschule Münster-Wolbeck, Abschluss Fachoberschulreife
- 08/1998–06/2000 Wechsel zum Hans-Böckler-Berufskolleg Münster, Abschluss Fachhochschulreife Metalltechnik
- 08/2000–07/2003 Ausbildung als Metallbauer Fachrichtung Konstruktionstechnik bei der Metallbau Schlünz GmbH in Münster-Wolbeck
- 07/2003–09/2004 Gesellentätigkeit bei der Metallbau Schlünz GmbH
- 09/2004–09/2009 Maschinenbaustudium an der FH Steinfurt, Abschluss Master
- 10/2009–03/2012 leitende Tätigkeit bei der Brüggeschen Fahrradmanufaktur KG in Rheine

Arbeitsaufträge:

1 Stellen Sie die fachlichen Qualifikationen und die Persönlichkeitsmerkmale von Rainer Flender heraus. Begründen Sie, ob Rainer Flender Ihrer Meinung nach die notwendige Eignung für eine Unternehmertätigkeit hat.

2 Erläutern Sie die Chancen und die Risiken, die mit einer Unternehmertätigkeit verbunden sind.

3 Rainer Flender ist klar, dass sein Erspartes in Höhe von 50 000,00 € nicht für eine Unternehmensgründung ausreicht. Er bittet deshalb seine Hausbank um einen Kredit in Höhe von 90 000,00 €. Die Hausbank signalisiert grundsätzlich Interesse, Rainer Flender auf seinem Weg in die Selbstständigkeit zu unterstützen und ihn als Geschäftskunden zu gewinnen. Allerdings verlangt sie von Rainer Flender die Aufstellung eines Businessplans. Erklären Sie, welche Punkte ein Businessplan enthalten sollte und warum die Aufstellung eines solchen Plans verlangt wird.

4 Rainer Flender konnte die Hausbank mit seinem Businessplan überzeugen. Nun muss er für sein Unternehmen eine Rechtsform wählen. Beschreiben Sie, welche Kriterien für die Wahl der Rechtsform von Bedeutung sind.

5 Aufgrund der einfachen und kostengünstigen Gründungsmodalitäten möchte Rainer Flender eine Einzelunternehmung betreiben. Stellen Sie die wesentlichen Merkmale dieser Unternehmensform heraus.

6 Erläutern Sie die Vor- und Nachteile, die mit dieser Unternehmensform verbunden sind.

Info1: Unternehmensgründung und Unternehmensformen

- **Chancen und Risiken einer Unternehmensgründung**
  Die Entscheidung, eine selbstständige Tätigkeit auszuüben und ein Unternehmen zu gründen, hat weitreichende Konsequenzen. Auf der einen Seite bietet eine unternehmerische Tätigkeit zahlreiche **Chancen**. So genießt der Unternehmer ein hohes Maß an Entscheidungsfreiheit und hat die Möglichkeit, mit einem florierenden Unternehmen ein hohes Einkommen zu erzielen.

  Auf der anderen Seite ist mit der Ausübung einer unternehmerischen Tätigkeit i. d. R. die Aufgabe des bisherigen Arbeitsverhältnisses verbunden. Auch sind mit der Unternehmertätigkeit finanzielle Verpflichtungen verbunden, die schlimmstenfalls in die Unternehmens- und/oder Privatinsolvenz führen können. Deshalb ist eine vernünftige unternehmerische Planung unabdingbar, um die wirtschaftlichen **Risiken** der Selbstständigkeit richtig abzuschätzen.

- **Unternehmerpersönlichkeit**
  Bevor der angehende Unternehmer eine Entscheidung für die Ausübung einer selbstständigen Tätigkeit trifft, sollte er sich die Frage stellen, ob eine selbstständige Tätigkeit überhaupt zu seiner Person passt. Hier spielen u. a. fachliche Qualifikationen und Persönlichkeitsmerkmale eine Rolle.

  Unternehmerpersönlichkeit

Fachliche Qualifikatione	Persönlichkeitsmerkmale
– Berufsausbildung	– Belastbarkeit
– Studium	– Zielstrebigkeit
– kaufmännische Kenntnisse	– Kontaktfreudigkeit
– Branchenkenntnisse	– Ehrgeiz
– Berufserfahrung	– Disziplin
– Berufliche Fortbildung (Meister, Techniker, Fachwirt …)	– Durchhaltevermögen
	– Fleiß
…	…

- **Geschäftsidee und Businessplan**
  Grundlage eines erfolgreichen Unternehmens ist die Geschäftsidee. Es sollte vor allem Klarheit über die anzubietenden Produkte und Dienstleistungen sowie über die anzusprechenden Zielgruppen herrschen. Die Geschäftsidee wird in einem Businessplan dargelegt. Ein Businessplan sollte u. a. über folgende Punkte Auskunft geben:

  - Geschäftsidee
  - Markteinschätzung
  - Risikoanalyse
  - Unternehmensorganisations- und Personalmanagement
  - Gründerprofil
  - Wettbewerbssituation
  - Standort
  - finanzwirtschaftliche Planungen

- **Wahl der Rechtsform**
  Bei der Gründung des Unternehmens muss der Unternehmer auch eine Entscheidung über die Rechtsform der Unternehmung treffen. Die folgende Abbildung gibt eine Übersicht über wesentliche Rechtsformen[1]:

Rechtsformen der Unternehmung						
Einzelunternehmung	Gesellschaften nach deutschem Recht					Gesellschaften nach europäischem Recht
	Nach bürgerlichem Recht	Nach Handelsrecht				
		Personengesellschaften		Kapitalgesellschaften	Sonstige Gesellschaften	
Eingetragener Kaufmann (e. K.)	Gesellschaft bürgerlichen Rechts (GbR)	Stille Gesellschaft	Offene Handelsgesellschaft (OHG)	Aktiengesellschaft (AG)	Eingetragene Genossenschaft (eG)	Europäische Aktiengesellschaft (SE)
Kleingewerbebetreibender			Kommanditgesellschaft (KG)	Kommanditgesellschaft auf Aktien (KGaA)		Europäische Privatgesellschaft (SPE)
			Sonderform: GmbH & Co. KG	Gesellschaft mit beschränkter Haftung (GmbH)		Europäische Genossenschaft (SCE)
				Unternehmergesellschaft (UG haftungsbeschränkt)		

- **Kriterien für die Wahl der Rechtsform**
  Vor dem Hintergrund der persönlichen Situation und unter Abwägung betriebswirtschaftlicher Interessen ist eine geeignete Rechtsform auszuwählen. Wesentliche Kriterien zur Unterscheidung der Rechtsformen sind:

  - Gründung
  - Kapitalaufbringung (Eigen- und Fremdkapital)
  - Geschäftsführung
  - Gewinn- und Verlustverteilung
  - Besteuerung
  - Auflösung und Liquidation der Gesellschaft
  - Firma
  - Haftung
  - Vertretung
  - Rechnungslegungsvorschriften
  - Publizitätspflichten

  Für jede Rechtsform hat der Gesetzgeber bezüglich der oben genannten Kriterien in entsprechenden Gesetzen (z. B. HGB, Aktiengesetz, GmbH-Gesetz) Regelungen getroffen. Von diesen Regelungen kann aber in vielen Fällen abgewichen werden, da es sich weitgehend um dispositives Recht handelt. Diese Abweichungen werden im **Gesellschaftsvertrag** festgehalten.

---

[1] Die wesentlichen Rechtsformen nach deutschem Recht werden in dieser und den folgenden Lernsituationen thematisiert.

Info 2: Einzelunternehmung

Die einfachste Rechtsform des Handelsrechts ist die Einzelunternehmung. Da die Einzelunternehmung immer nur von **einer Person** (ohne die Beschränkung einer Haftung) betrieben wird, trägt der Einzelunternehmer sämtliche Chancen und Risiken der unternehmerischen Tätigkeit allein.

Gründung
Die Gründung einer Einzelunternehmung ist verhältnismäßig einfach und erfolgt **formlos**. Falls der Einzelunternehmer Kaufmann im Sinne des HGB ist, wird er in das Handelsregister Abteilung A eingetragen und muss eine Firma wählen. Ansonsten kann der Einzelunternehmer seinen Gewerbebetrieb auch ohne Eintragung in das Handelsregister als „Kleingewerbe" betreiben.

Firma
Die Firma der Einzelunternehmung kann Personen-, Sach-, Fantasiefirma oder gemischte Firma sein. Sie muss die Bezeichnung **„eingetragener Kaufmann"** oder eine entsprechende Abkürzung, z. B. „e. K.", „e. Kfm." oder „e. Kfr." enthalten.

Kapitalaufbringung
Ein Mindesteigenkapital ist bei der Gründung einer Einzelunternehmung nicht vorgeschrieben. Das **Eigenkapital** wird durch den Einzelunternehmer allein aufgebracht. Somit hängt die Eigenkapitalausstattung des Einzelunternehmens wesentlich vom Vermögen des Einzelunternehmers ab. Die Stärkung der Eigenkapitalausstattung erfolgt durch die Nichtentnahme erzielter Gewinne.

Da bei einer Einzelunternehmung nur eine Person haftet, ist die Kreditwürdigkeit dieser Rechtsform gering. Der Beschaffung von **Fremdkapital** sind damit enge Grenzen gesetzt.

Haftung
Für die Verbindlichkeiten der Einzelunternehmung haftet der Einzelunternehmer **allein und unbeschränkt**, d. h. mit seinem gesamten Unternehmens- und Privatvermögen.

Geschäftsführung und Vertretung
Der Einzelunternehmer hat im **Innenverhältnis** die alleinige **Geschäftsführungsbefugnis**. Er trifft alle unternehmerischen Entscheidungen und setzt diese Entscheidungen durch Weisungen an seine Mitarbeiter um. Im **Außenverhältnis** gibt er rechtswirksam Willenserklärungen gegenüber Dritten (Kunden, Lieferanten, Banken usw.) ab. Er hat damit die alleinige **Vertretungsbefugnis**.

Gewinn und Verlust
Da der Einzelunternehmer sein Gewerbe allein betreibt, steht ihm der gesamte Gewinn zu. Auf der anderen Seite trägt er jedoch auch den gesamten Verlust.

Vertiefende Übungen

1 Diskutieren Sie anhand der folgenden Charakterisierung, ob Sie Doris Wittelmann den Weg in die Selbstständigkeit empfehlen würden:
Nach dem Abitur hat Doris Wittelmann den Beruf der Reiseverkehrskauffrau ergriffen. Sie hat ihre Ausbildung mit der Note „gut" abgeschlossen und weitere acht Jahre Berufserfahrung bei einer Reiseagentur gesammelt. Berufsbegleitend hat Doris Wittelmann ihre Kompetenzen durch verschiedene Fortbildungen, u. a. zur Tourismusfachwirtin IHK, ständig erweitert. Nun möchte sie sich im Alter von 30 Jahren mit einer Reiseagentur selbstständig machen, um endlich ihr eigener Chef zu sein. Da Doris Wittelmann schon immer sehr gewissenhaft war, stellt sie sogleich einen Businessplan auf, der bei entsprechendem Arbeitseinsatz einen angemessen Profit verspricht. Faul war Doris noch nie. So ist es ihr als Mutter eines 4-jährigen Sohnes und einer 5-jährigen Tochter immer gelungen, Familie und Beruf

unter einen Hut zu bringen. Sogar für Hobbys wie dem Radfahren und dem Wandern blieb am Wochenende noch genügend Zeit. Diese Hobbys teilt sie mit ihrem Mann Dieter, der als in Vollzeit beschäftigter Sachbearbeiter bei einer Krankenversicherung tätig ist. Die Ehe ist mittlerweile als gefestigt zu bezeichnen, obwohl es in der Vergangenheit ab und an gekriselt hat. Seitdem Dieter abends keine Kundenbesuche mehr macht, hat er mehr Zeit für seine Frau. Dieter unterstützt seine Frau auf dem Weg in die Selbstständigkeit.

2 Peter Müllmann betreibt ein Bio-Lebensmittel-Fachgeschäft in Münster. Durch sein freundliches Wesen und sein umfangreiches Sortiment ist es ihm schnell gelungen, sich einen festen Kundenstamm aufzubauen. Deshalb hat er auch Sascha Hillers als Marktleiter eingestellt, der ihn in wesentlichen Dingen unterstützt und mit dem er sich die Marktleitung im Zweischichtbetrieb teilt. Mittlerweile hat Peter Müllmann seine Einzelunternehmung in das Handelsregister eintragen lassen und firmiert unter Peter Müllmann e. K.

a) Nennen Sie die Abteilung des Handelsregisters, in die das Bio-Lebensmittel-Fachgeschäft eingetragen wird.
b) Schlagen Sie zwei alternative Firmenbezeichnungen vor.
c) Um Erweiterungsinvestitionen tätigen zu können, muss Peter Müllmann e. K. ein Darlehen bei der Bank beantragen. Beurteilen sie allgemein die Kreditwürdigkeit einer Einzelunternehmung.
d) Angenommen, Peter Müllmann besäße neben seinem Bio-Lebensmittel-Fachgeschäft auch zwei Eigentumswohnungen in Münster; in einer Eigentumswohnung lebte er mit seiner Frau Gitte, die andere hätte er vermietet. Erläutern Sie die haftungsrechtlichen Risiken, falls die Einzelunternehmung insolvent würde.
e) Peter Müllmann übt die Geschäftsführung und die Vertretung des Unternehmens aus. Unterscheiden Sie zwischen Geschäftsführung und Vertretung und begründen Sie, ob auch Sascha Hillers gesetzlicher Vertreter von Peter Müllmann e. K. ist.
f) Im ersten Jahr macht Peter Müllmann e. K. einen Gewinn von 80 000,00 €. Der angestellte Marktleiter Sascha Hillers ist der Meinung, dass ihm 25 % des Gewinns zustehen, da er nahezu gleich viel wie Peter Müllmann gearbeitet hat.

ZUSAMMENFASSUNG

Unternehmensgründung und Unternehmensformen

- Die _____ eines Unternehmens ist für den Unternehmer mit _____ und _____ verbunden.

- Ein angehender Unternehmer sollte über die notwendigen _____ und _____ verfügen und vor Beginn seiner Tätigkeit einen _____ aufstellen.

- Bei der Gründung eines Unternehmens muss eine _____ gewählt werden.

- Dabei hängt die Wahl der Rechtsform von vielfältigen Kriterien (z. B. _____, _____ oder _____) ab.

Einzelunternehmung

Definition	Bei einer Einzelunternehmung wird das Gewerbe nur von _____ Person betrieben.
Gründung	Sie erfolgt _____. Falls der Einzelunternehmer Kaufmann im Sinne des HGB ist, wird er in das _____ Abteilung _____ eingetragen.
Firma	Eine Einzelunternehmung kann als _____ _____ betrieben werden.
Kapitalaufbringung	Das _____ wird durch den _____ allein aufgebracht. Die Finanzierung mit _____ gestaltet sich _____.
Haftung	Der Einzelunternehmer haftet _____ und _____.
Geschäftsführung und Vertretung	Sie wird durch Einzelunternehmer _____ wahrgenommen.
Gewinn und Verlust	Der _____ steht dem Einzelunternehmer allein zu, dementsprechend wird auch ein _____ von ihm allein getragen.

SELBSTEINSCHÄTZUNG

	JA 😊	MIT HILFE 😐	NEIN ☹
Ich kann die Chancen und Risiken einer Unternehmensgründung beschreiben.			
Ich kann situationsbezogen darlegen, welche Qualifikationen und Persönlichkeitsmerkmale ein Unternehmer besitzen sollte.			
Ich kann die Inhalte eines Businessplans erläutern.			
Ich kann die Wahl einer Rechtsform anhand von relevanten Kriterien erklären.			
Ich kann die Merkmale einer Einzelunternehmung beschreiben.			
Bei folgenden Merkmalen habe ich noch Unterstützungsbedarf:			

SELBSTEINSCHÄTZUNG	JA 🙂	MIT HILFE 😐	NEIN ☹
Ich kann die Vor- und Nachteile einer Einzelunternehmung erläutern.			

Außerdem habe ich gelernt:

_____
_____
_____
_____
_____

HINWEIS Zur Wiederholung und Vertiefung: Seite 151 f., Aufgabe 5.

LERNSITUATION 6
Einen neuen Gesellschafter aufnehmen – die offene Handelsgesellschaft (OHG)

Ausgangssituation: Die Westfälischen Fahrradwerke e. K. wachsen und wachsen!

Rainer Flender ist mit den Geschäften seiner kleinen Fahrradmanufaktur sehr zufrieden. In den letzten zwei Jahren ist seine Unternehmung rasant gewachsen. Er beschäftigt mittlerweile 15 gewerbliche sowie drei kaufmännische Mitarbeiter und die Produktpalette ist in den letzten Jahren stetig erweitert worden. Rainer Flender fertigt nicht nur Rennräder und Mountainbikes nach Maß, sondern er hat auch eigene Standardprodukte, vor allem im Rennradbereich, entwickelt. Diese vertreibt er über regionale Fahrradhändler.

Gerade im Vertrieb hat Rainer Flender seine Stärken weiter ausgebaut. Durch sein sicheres Auftreten und seine kommunikative Art hat er viele neue Fachhändler als Kunden gewinnen können. So langsam stößt Rainer Flender aber an seine Grenzen. Entwicklung, Produktion, Einkauf, Buchhaltung, Personalverwaltung und Vertrieb, alle Bereiche muss Rainer Flender allein managen. Außerdem muss er investieren. Um die gestiegene Nachfrage im Rennradbereich befriedigen zu können, sind Modernisierungs- und Erweiterungsinvestitionen in Höhe von 100 000,00 € notwendig. Nach Gesprächen mit seiner Hausbank ist klar, dass eine Finanzierung aufgrund des höheren Kapitalbedarfs nur unter verschlechterten Bedingungen möglich ist.

LERNSITUATION 6

Die Hausbank verlangt eine zusätzliche Bürgschaft von Rainers Vater und einen höheren Kreditzins. In dieser Situation erinnert sich Rainer Flender an seinen alten Freund Friedrich Mohl, mit dem er seinerzeit bei der Brüggeschen Fahrradmanufaktur zusammengearbeitet hat, und fragt ihn, ob er nicht bei ihm einsteigen möchte. Schnell wird man sich einig. Friedrich Mohl übernimmt die Leitung von Verwaltung und Einkauf, Rainer Flender die des Verkaufs und der Produktion. Die Entwicklung neuer Produkte will man gemeinschaftlich vorantreiben. Es bleibt nur noch die Frage der Rechtsform zu klären. Einzelunternehmer kann Rainer Flender nicht bleiben, schließlich hat er jetzt einen Partner. Schnell ist beiden klar, dass man eine Personengesellschaft gründen möchte. Rainer Flender bringt das Betriebsvermögen seiner Fahrradmanufaktur in Höhe von 250 000,00 € und Friedrich Mohl sein gesamtes Erspartes in Höhe von 100 000,00 € ein.

Biografische Daten Friedrich Mohl
- 1968 in Münster geboren
- 08/1974–06/1978 Besuch der Grundschule in Münster-Mitte
- 08/1978–06/1984 Hauptschule Münster-Wolbeck
- 08/1984–07/1987 Beginn einer Lehre als Metallbauer bei der Metalltechnik Schlönhoff GmbH in Münster-Handorf
- 08/1987–09/1994 Gesellentätigkeit bei der Metalltechnik Schlönhoff GmbH
- 06/1993 Abschluss der Meisterprüfung an der Handwerkskammer Münster – beste Prüfung in seinem Jahrgang
- 10/1994 Produktions- und Einkaufsleiter bei der Brüggeschen Fahrradmanufaktur KG, Rheine

Charakterisierung von Friedrich Mohl

Friedrich Mohl ist wie Rainer Flender in Münster aufgewachsen. Auch Friedrich Mohl stammt aus bescheidenen Verhältnissen. Schon immer hat Friedrich Mohl gern getüftelt. Wenn es ein Fahrrad zu reparieren oder etwas zu basteln gab, hat er dies mit seinem handwerklichen Geschick gern getan. In der Ausbildung und auch bei der Meisterprüfung zum Metallbauer hat Friedrich Mohl von seiner Disziplin und seinen mathematischen Fähigkeiten profitiert. Friedrich Mohl ist ein ruhiger Typ, der lieber im Hintergrund handelt. Dennoch kann er gut mit Leuten umgehen und wird von seinen Arbeitskollegen geschätzt. Planvolles und strukturiertes Handeln hat Friedrich vor allem bei seinem letzten Arbeitgeber, der Brüggeschen Fahrradmanufaktur, gelernt. Hier war er viele Jahre als Produktionsleiter tätig. Auch hat er hier gelernt, Probleme anzupacken und die notwendigen Entscheidungen zu treffen. Mit Rainer Flender verbindet Friedrich Mohl nicht nur die gemeinsame Arbeitszeit bei der Brüggeschen Fahrradmanufaktur, sondern auch seine Liebe zum Radsport. So sind beide im Vorstand der Radsportgemeinschaft Münster tätig. Für Friedrich Mohl ist es allerdings ein bedeutender Schritt, sein gesamtes Erspartes in die gemeinsame Gesellschaft zu investieren. So ein großes Risiko ist er in seinem bisherigen Leben noch nicht eingegangen und er hat einige Nächte schlecht geschlafen. Doch nun ist er zuversichtlich und freut sich auf die Zusammenarbeit mit Rainer Flender. Ein Unternehmen zu leiten, war schließlich schon immer sein Traum.

Arbeitsaufträge

1 Analysieren Sie zunächst die Ausgangssituation. Erläutern Sie Probleme, mit denen Rainer Flender sich auseinandersetzen muss, und beschreiben Sie mögliche Lösungsansätze.

2 Rainer Flender möchte seinen Freund Friedrich Mohl als Gesellschafter gewinnen. Beschreiben Sie anhand der biografischen Daten und der Charakterisierung die Unternehmerpersönlichkeit von Friedrich Mohl und beurteilen Sie, ob er zur Leitung eines Unternehmens befähigt ist.

3 Rainer Flender und Friedrich Mohl haben sich für die Gründung einer OHG entschieden. Stellen Sie die Merkmale einer OHG in folgender Tabelle dar.

OHG	
Gründung	
Handelsregister	
Firma	
Kapitalaufbringung	
Haftung	
Geschäftsführung	
Vertretung	
Wettbewerbsverbot	
Gewinn und Verlust	
Entnahmerecht	

	OHG
Kündigung und Auflösung	

4 Erläutern Sie die Vor- und Nachteile der OHG vor dem Hintergrund der Ausgangssituation und der beschriebenen Persönlichkeitsmerkmale der Gesellschafter.

Info 1: Die offene Handelsgesellschaft (OHG)

Gründung und Handelsregistereintrag

Nach § 105 (1) HGB kann eine OHG durch zwei oder mehr Gesellschafter gegründet werden, wobei alle Gesellschafter unbeschränkt haften. Die Gründung ist an keine bestimmte Form gebunden und kann durch formfreien Gesellschaftsvertrag erfolgen. Nur wenn ein Grundstück eingebracht wird, ist eine notarielle Beurkundung des Gesellschaftsvertrages notwendig. Die OHG wird in das Handelsregister Abteilung A eingetragen.

Firma

Die OHG firmiert als Personen-, Sach-, Fantasiefirma oder gemischte Firma mit dem Zusatz „Offene Handelsgesellschaft" oder einer verständlichen Abkürzung dieser Bezeichnung (z. B. OHG).

Beispiel: Greulich und Pitsch gründen eine OHG, die Süßwaren vertreibt. Mögliche Firmen sind z. B.: G&P Süßwaren OHG, Greulich und Pitsch OHG, PitschGreu Süßwaren OHG

Kapitalaufbringung

Die Gesellschafter sind verpflichtet, die im Gesellschaftsvertrag vereinbarte Kapitaleinlage zu leisten. Grundsätzlich kann diese Einlage in bar, aber auch in Sachwerten (z. B. Grundstücke, Maschinen) oder in Rechtswerten (z. B. Patente) erfolgen. Eine Mindestkapitaleinlage ist nicht vorgeschrieben. Eine Erweiterung der Eigenkapitalbasis kann bei der OHG durch die Einbehaltung von Gewinnen oder die Erhöhung der Kapitaleinlagen erfolgen. Dabei können die Einlagen der bisherigen Gesellschafter aufgestockt oder neue Gesellschafter aufgenommen werden. Im Vergleich zur Einzelunternehmung ist die Finanzierung mit Fremdkapital leichter. Bei der OHG haften mindestens zwei Gesellschafter unbeschränkt, sodass sich das Risiko einer Kreditvergabe für den Gläubiger erheblich reduziert.

Haftung

Die Gesellschafter einer OHG **haften** unbeschränkt, unmittelbar und solidarisch:

Haftung	Bedeutung
Unbeschränkt	Die Gesellschafter haften mit ihrem gesamten Vermögen. Es haftet also nicht nur das Gesellschaftsvermögen, sondern auch das Privatvermögen eines jeden Gesellschafters.
Unmittelbar (persönlich)	Ein Gläubiger kann sich nicht nur an die Gesellschaft, sondern auch an jeden Gesellschafter direkt zur Begleichung einer Verbindlichkeit wenden.
Solidarisch (gesamtschuldnerisch)	Die Gesellschafter haften für sämtliche Schulden der Gesellschaft. Sollte ein Gesellschafter seinen Zahlungsverpflichtungen nicht nachkommen, haften die anderen Gesellschafter mit.

Sollte ein neuer Gesellschafter in die OHG eintreten, haftet dieser für die bereits bestehenden Verbindlichkeiten. Tritt ein Gesellschafter aus, so haftet er noch fünf Jahre für die zum Zeitpunkt des Austritts bestehenden Verbindlichkeiten.

Geschäftsführung und Vertretung

Nach dem HGB ist nicht nur jeder OHG-Gesellschafter zur **Geschäftsführung** allein berechtigt, sondern auch verpflichtet (Einzelgeschäftsführungsbefugnis). Das HGB geht also davon aus, dass jeder Gesellschafter in der OHG mitarbeitet. Die Geschäftsführungsbefugnis umfasst nur gewöhnliche Geschäfte (Einkauf von Materialien, Verkauf von Erzeugnissen usw.) Bei außergewöhnlichen Geschäften (z. B. bauliche Maßnahmen auf Geschäftsgrundstücken, Errichtung von Zweigniederlassungen) ist ein Beschluss aller Gesellschafter notwendig.[1] Zudem hat jeder geschäftsführende Gesellschafter ein Vetorecht: Widerspricht also ein geschäftsführender Gesellschafter der Vornahme einer Handlung, so muss diese unterbleiben.

Gegenüber Dritten (im Außenverhältnis) kann jeder Gesellschafter allein die OHG wirksam vertreten (Einzelvertretungsmacht). Eine Unterscheidung in gewöhnliche und außergewöhnliche Geschäfte ist nicht vorgesehen. Auch außergewöhnliche Geschäfte, die ein Gesellschafter für die OHG tätigt, sind somit bindend.

Beispiel: Greulich beauftragt für die OHG einen Bauunternehmer, der eine Lagerhalle errichten soll. Als Pitsch davon erfährt, kommt es zum Streit. Er ist mit der baulichen Maßnahme nicht einverstanden. Trotzdem ist der Vertrag zwischen dem Bauunternehmer und der OHG wirksam zustande gekommen, da jeder Gesellschafter allein die OHG wirksam vertreten kann.

Eine Beschränkung des Umfanges der Vertretungsmacht ist Außenstehenden gegenüber unwirksam. Es besteht jedoch die Möglichkeit, die Art der Vertretung zu ändern. Möglich ist z. B., dass alle oder mehrere Gesellschafter nur in Gemeinschaft zur Vertretung der OHG ermächtigt sein sollen (Gesamtvertretungsmacht), einzelne Gesellschafter von der Vertretung ausgeschlossen werden oder die Vertretung durch einen Gesellschafter zusammen mit einem Prokuristen erfolgt (unechte Gesamtvertretung). Diese Einschränkung der Art der Vertretung ist in das Handelsregister einzutragen.

Beispiel: Greulich und Pitsch vereinbaren Gesamtvertretungsmacht und lassen dies in das Handelsregister eintragen. Den Vertrag für die Errichtung der Lagerhalle müssen jetzt beide unterschreiben.

Wettbewerbsverbot

Der OHG-Gesellschafter unterliegt einem Wettbewerbsverbot. Nach § 112 HGB darf er ohne Einwilligung der anderen Gesellschafter weder in dem Handelszweig der Gesellschaft Geschäfte machen noch an einer anderen gleichartigen Handelsgesellschaft als persönlich haftender Gesellschafter teilnehmen.

Beispiel: Greulich möchte sich bei einem anderen Süßwarenhersteller als OHG-Gesellschafter beteiligen. Er braucht dazu die Zustimmung von Pitsch.

Gewinn- und Verlustverteilung

Die Gewinnverteilung einer OHG wird normalerweise im Gesellschaftsvertrag geregelt. Der Gewinnanteil eines Gesellschafters setzt sich dabei i. d. R. aus einer Vergütung für die Mitarbeit in der OHG, einer Verzinsung der geleisteten Kapitaleinlage sowie einer Restverteilung zusammen.

Ist im Gesellschaftsvertrag hingegen keine Regelung getroffen worden, gilt die gesetzliche Gewinnverteilung nach dem HGB. Jeder Gesellschafter erhält eine Verzinsung von 4 % auf seine Kapitaleinlage. Ein verbleibender Rest wird nach Köpfen, also der Anzahl der Gesellschafter, aufgeteilt.

---

[1] Beschlüsse der Gesellschafter bedürfen der **Zustimmung aller** zur Mitwirkung bei der Beschlussfassung berufenen Gesellschafter. Wird im Gesellschaftsvertrag festgelegt, dass die Mehrheit der Stimmen zu entscheiden hat, so richtet sich die Mehrheit im Zweifel nach der Zahl der Gesellschafter.

Beispiel: Die G+P Süßwaren OHG macht im ersten Jahr ihrer Geschäftstätigkeit einen Gewinn von 120 000,00 €. Greulich hat eine Einlage von 200 000,00 € und Pitsch eine Einlage von 300 000,00 € geleistet. Die Gewinnverteilung wird nach dem HGB vorgenommen.

	Kapitalanteil am Anfang des Jahres (€)	4 % Verzinsung (€)	Restverteilung nach Köpfen (€)	Gesamtgewinn (€)
Greulich	200 000,00	8 000,00	50 000,00	58 000,00
Pitsch	300 000,00	12 000,00	50 000,00	62 000,00
Gesamt	500 000,00	20 000,00	100 000,00	120 000,00

Macht die Gesellschaft einen Verlust, so wird dieser nach Köpfen verteilt und vom Kapitalanteil des Gesellschafters abgezogen. Der Gesellschaftsvertrag kann abweichende Regelungen hierzu treffen.

Beispiel: Die G+P Süßwaren OHG macht im zweiten Jahr ihrer Geschäftstätigkeit einen Verlust von 20 000,00 €. Damit werden die Eigenkapitalkonten von Greulich und Pitsch mit je 10 000,00 € belastet.

Entnahmen

Da die Gesellschafter für ihre Mitarbeit kein Gehalt beziehen, um den Lebensunterhalt zu bestreiten, ist jeder Gesellschafter berechtigt, Entnahmen zu tätigen. Nach dem HGB darf jeder Gesellschafter mindestens vier Prozent seines Kapitalanteils pro Jahr entnehmen. Dies ist auch dann möglich, wenn die OHG Verluste macht (gewinnunabhängiges Entnahmerecht). Wurde das letzte Jahr mit einem Gewinn abgeschlossen, können auch die restlichen, die 4 % übersteigenden Gewinnanteile entnommen werden, sofern die Gesellschaft durch die Verringerung der Eigenkapitalbasis keinen Schaden nimmt (gewinnabhängiges Entnahmerecht). Im Gesellschaftsvertrag werden häufig abweichende Regelungen zum Entnahmerecht getroffen.

Kündigung und Auflösung

Eine ordentliche **Kündigung** des Gesellschaftsvertrages durch einen Gesellschafter ist mit einer Frist von sechs Monaten zum Ende des Geschäftsjahres möglich. Der Gesellschafter scheidet aus der Gesellschaft aus und wird abgefunden.

Die **Auflösung** der OHG kann durch Zeitablauf, Beschluss der Gesellschafter, Eröffnung des Insolvenzverfahrens über das Vermögen der Gesellschaft oder durch gerichtliche Entscheidung (z. B. wenn ein Gesellschafter wesentliche gesellschaftsvertragliche Fristen verletzt) erfolgen. Der Tod eines Gesellschafters führt nicht zur Auflösung der Gesellschaft. Die Gesellschaft wird mit den verbliebenen Gesellschaftern und – sofern vereinbart – mit den Erben fortgesetzt.

Formal beendet wird die Gesellschaft durch **Liquidation** (Abwicklung). Forderungen werden eingezogen und Gläubiger befriedigt. Ein verbleibendes Restvermögen wird nach dem Verhältnis der Kapitalanteile verteilt und das Erlöschen der Firma in das Handelsregister eingetragen.

Vertiefende Übungen

1 Stefan Schründer und Rainer Sikorski planen die Gründung eines Holz verarbeitenden Betriebes in Form einer OHG. Sie möchten vornehmlich Büromöbel herstellen.
   a) Erläutern Sie, welche Aspekte Stefan Schründer und Rainer Sikorski bei der Gründung zu beachten haben.
   b) Schlagen Sie zwei mögliche Firmen für die OHG vor.
   c) Erklären Sie die Haftung der Gesellschafter.
   d) Die Gewinn- und Verlustverteilung der erfolgreich gegründeten OHG orientiert sich an den gesetzlichen Regelungen.
      da) Erläutern Sie, wie die Gewinn- und Verlustverteilung im Detail geregelt ist.
      db) Begründen Sie, warum bei der OHG eine Verteilung nach „Köpfen" im Vordergrund steht.

e) Nach erfolgreichem Start der OHG beauftragt Stefan Schründer den Bauunternehmer Wedi mit dem Bau einer zusätzlichen Produktions- und Lagerhalle. Rainer Sikorski hat davon keine Kenntnis.
   ea) Erläutern Sie, ob Stefan Schründer im Rahmen seiner Geschäftsführungsbefugnis gehandelt hat.
   eb) Begründen Sie, ob der Vertrag mit dem Bauunternehmer Wedi für die OHG bindend ist.
f) Da Rainer Sikorski über das Verhalten von Stefan Schründer sehr verärgert ist, möchte sich Rainer Sikorski beruflich umorientieren und sich ergänzend als Gesellschafter an der Sommerfeld Bürosysteme OHG beteiligen. Prüfen Sie, ob dies rechtlich zulässig ist.
g) Aufgrund anhaltender Unstimmigkeiten möchten Rainer Sikorski schließlich die Gesellschaft verlassen. Er meint, er könne dann endlich wieder ruhig schlafen, denn die Verbindlichkeiten der OHG gingen ihn nichts mehr an. Nehmen Sie Stellung.

2 Die Leimle und Möller OHG hat im vergangenen Geschäftsjahr einen Gewinn von 200 000,00 € erwirtschaftet. Nehmen Sie die Gewinnverteilung nach den gesetzlichen Vorschriften vor.

	Kapitalanteil am Anfang des Jahres			
Leimle	180 000,00 €			
Möller	170 000,00 €			
Gesamt	350 000,00 €			

3 Nehmen Sie zu folgenden Aussagen Stellung und korrigieren Sie ggf.
   a) Die Haftung der Gesellschafter einer OHG ist auf die geleistete Einlage beschränkt.
   b) Die OHG wird in das Handelsregister Abteilung B eingetragen.
   c) Um seinen Lebensunterhalt zu bestreiten, kann jeder Gesellschafter sechs Prozent seines Kapitalanteils entnehmen.
   d) Jeder Gesellschafter enthält zunächst 4 % des Gewinns, der Rest wird im Verhältnis der Kapitalanteile verteilt.
   e) Die Geschäftsführung und Vertretung wird grundsätzlich von allen Gesellschaftern gemeinsam vorgenommen.
   f) Die Gründung einer OHG erfolgt durch notariell beurkundeten Gesellschaftsvertrag.
   g) Der Gesellschafter einer OHG darf sich an keinem anderen Unternehmen beteiligen.

4 Carl Hoffmann und Michael Müller sind in leitender Position bei Büromöbelgroßhändlern tätig. Nach reiflicher Überlegung möchten Sie den Schritt in die Selbstständigkeit wagen und eine OHG gründen. Müller bringt ein Grundstück im Wert von 150 000,00 € in die Unternehmung ein, Hoffmann sein Erspartes in Höhe von 100 000,00 €. Aufgrund ihrer langjährigen Branchenerfahrung bestehen Kontakte zu vielen namhaften Herstellern, so auch der Sommerfeld Bürosysteme GmbH. Als Kunden will man vor allem regionale Büromöbelhändler gewinnen, mit denen man schon Verhandlungen aufgenommen hat. Besondere Vereinbarungen sind bis auf wenige Ausnahmen im Gesellschaftsvertrag nicht getroffen, d. h., die gesetzlichen Regelungen sollen weitestgehend Geltung haben.
   a) Die Gesellschafter sind der Meinung, dass eine formfreie Gründung möglich ist. Nehmen Sie Stellung.
   b) Schlagen Sie drei mögliche Firmenbezeichnungen vor.
   c) Hoffmann und Müller wollen als Bümö OHG firmieren. Beurteilen Sie die Möglichkeit der Kapitalaufbringung einer OHG.
   d) Die Sommerfeld Bürosysteme GmbH hat für die Ausstellungsräume zahlreiche Möbel geliefert. Da die Bümö OHG die Rechnung noch nicht bezahlt hat, wendet sich die Sommerfeld Bürosysteme GmbH direkt an den Gesellschafter Hoffmann und bittet um Zahlung der ausstehenden 20 000,00 €. Begründen Sie, ob Hoffmann die Rechnung in voller Höhe begleichen muss.
   e) Hoffmann begleicht die Rechnung und bittet Müller um Zahlungsausgleich. Nehmen Sie Stellung.

f) Müller bestellt bei der Bürodesign GmbH einen größeren Posten Schreibtische. Begründen Sie, ob er dazu berechtigt ist.

g) Prüfen Sie, wie der Fall zu beurteilen wäre, wenn Hoffmann der Vornahme des Geschäftes widerspricht.

h) Nach einigen Anlaufschwierigkeiten nimmt die Bümö OHG eine äußerst positive Entwicklung. Müller beauftragt den Bauunternehmer Wollitz mit der Errichtung einer weiteren Produktionshalle. Begründen Sie, ob Müller die notwendige Befugnis für dieses Geschäft hat.

i) Bauunternehmer Wollitz besteht auf der Einhaltung des geschlossenen Vertrages. Erläutern Sie, ob er recht hat.

j) Hoffmann ist über das Verhalten von Müller verärgert. Er möchte kein zusätzliches privates Kapital in die Bümö OHG investieren. Stattdessen beteiligt er sich an der Bürosystem Aygün KG, ohne jedoch selbst persönlich zu haften. Erläutern Sie, ob dies erlaubt ist.

k) Im ersten Jahr weist die Gesellschaft einen überraschend hohen Gewinn in Höhe von 85 000,00 € aus. Müller erhält für seine Mitarbeit 35 000,00 € vorweg, Hoffmann 25 000,00 €. Der Rest soll nach den gesetzlichen Vorschriften verteilt werden. Nehmen Sie die Gewinnverteilung vor.

	Kapitalanteil am Anfang des Jahres (€)	Vorwegverteilung (€)	4 % Verzinsung (€)	Restverteilung nach Köpfen (€)	Gesamtgewinn (€)
Müller					
Hoffmann					
Gesamt					

l) Hoffmann möchte nicht mehr als selbstständiger Unternehmer tätig sein und aus der Unternehmung ausscheiden. Er kündigt deshalb den Gesellschaftsvertrag. Erklären Sie, welche Fristen er zu beachten hat.

ZUSAMMENFASSUNG

Offene Handelsgesellschaft (OHG)	
Gründung	Sie erfolgt durch mindestens _____ Gesellschafter, die _____ haften.
Handelsregister	Abteilung _____
Kapitalaufbringung	Es ist _____ Mindestkapital vorgeschrieben. Wegen der unbeschränkten Haftung aller Gesellschafter hat die OHG eine _____ Kreditwürdigkeit.
Haftung	unbeschränkt, _____ und _____.
Geschäftsführung	_____
Vertretung	_____

	Offene Handelsgesellschaft (OHG)
Gewinn und Verlust	Gewinn: _____ % auf die _____, der Rest nach _____ Verlust: _____
Entnahmerecht	Jeder Gesellschafter darf _____ % seines _____ sowie die restlichen _____ entnehmen.

SELBSTEINSCHÄTZUNG

	JA 🙂	MIT HILFE 😐	NEIN 🙁
Ich kann die Unternehmerpersönlichkeit eines potenziellen Gesellschafters analysieren.			
Ich kann die OHG anhand geeigneter Merkmale beschreiben.			
Bei folgenden Merkmalen habe ich noch Unterstützungsbedarf:			
Ich kann die Gewinn- und Verlustverteilung für eine OHG vornehmen.			
Ich kann die Vor- und Nachteile der OHG vor dem Hintergrund einer konkreten Situation abwägen.			
Ich kann fallbezogene Aufgaben zur OHG lösen.			

Außerdem habe ich gelernt:

_____
_____
_____
_____
_____
_____
_____

HINWEIS Zur Wiederholung und Vertiefung: Seite 152 f., Aufgabe 6.

LERNSITUATION 7
Die Haftung teilweise begrenzen – die Kommanditgesellschaft (KG)

Ausgangssituation: Ein neuer Gesellschafter kommt hinzu!

Rainer Flender und Friedrich Mohl sind stolz auf die bisher geleistete Arbeit. Nicht nur das Rennradgeschäft entwickelt sich prächtig, sondern auch die Mountainbikes der Westfälischen Fahrradwerke OHG verkaufen sich sehr gut. In Zukunft soll der Fertigungsbereich für diese Räder erheblich vergrößert und in weitere Maschinen und Werkzeuge investiert werden. Eine namhafte Unternehmensberatung rät, das Wachstum größtenteils durch Eigenkapital zu finanzieren, um die Kreditwürdigkeit der Gesellschaft auch langfristig zu sichern. Zügig reift deshalb bei Rainer Flender und Friedrich Mohl der Entschluss, einen weiteren Gesellschafter aufzunehmen. Dieser soll Johannes Wilken, der Patenonkel von Rainer Flender sein. Johannes Wilken ist selbst erfolgreicher Unternehmer und hat aufmerksam den Werdegang seines Neffen Rainer Flender verfolgt. Er ist von dessen unternehmerischen Fähigkeiten sehr überzeugt. Deshalb möchte Johannes Wilken sich mit 200 000,00 € an den Westfälischen Fahrradwerken OHG beteiligen. An einer Mitarbeit in den Westfälischen Fahrradwerken OHG ist Johannes Wilken nicht interessiert, er möchte sich auf sein eigenes Unternehmen konzentrieren. Zudem möchte er auch nicht persönlich haften. Für ihn steht eine Kapitalanlage unter Renditegesichtspunkten im Vordergrund. „Wenn ich die Motivation meines Onkels betrachte, sich an unserem Unternehmen zu beteiligen, dann können wir keine OHG bleiben. Wir müssen eine KG werden", meint Rainer Flender.

Arbeitsaufträge

1 Analysieren Sie zunächst die Ausgangssituation. Erläutern Sie die betriebswirtschaftlichen Probleme, mit denen Rainer Flender und Friedrich Mohl sich auseinandersetzen müssen und beschreiben Sie mögliche Lösungsansätze.

2 Rainer Flender und Friedrich Mohl möchten Johannes Wilken als Gesellschafter gewinnen. Begründen Sie, warum die Gesellschaft keine OHG bleiben kann.

3 Begründen Sie, wer welche Funktionen in der neu zu gründenden KG übernehmen sollte.

4 Erklären Sie, warum die Unternehmerpersönlichkeit von Johannes Wilken für die Westfälischen Fahrradwerke KG von untergeordneter Bedeutung ist.

5 Stellen Sie die Merkmale einer KG in folgender Tabelle dar.

	KG
Gründung	
Handelsregister	

	KG
Firma	
Kapitalaufbringung	
Haftung	
Geschäftsführung	
Vertretung	
Wettbewerbsverbot	
Gewinn und Verlust	
Entnahmerecht	
Kündigung und Auflösung	

6 Erläutern Sie die Vor- und Nachteile der KG aus der Perspektive der bisherigen Gesellschafter sowie von Johannes Wilken.

Info 1: Die Kommanditgesellschaft (KG)

Gründung und Handelsregistereintrag
Nach § 161 (1) HGB kann eine OHG durch zwei oder mehr Gesellschafter gegründet werden. Dabei ist bei mindestens einem oder einigen der Gesellschafter die Haftung auf die Einlage beschränkt (Kommanditisten), wohingegen die anderen Gesellschafter unbeschränkt haften (Komplementäre). Die Gründung einer KG erfolgt formfrei. Sie wird in das Handelsregister Abteilung A eingetragen, wobei auch die Höhe der Einlage des/der Kommanditisten (Kommanditeinlage) im Handelsregister vermerkt wird.

Firma
Die KG firmiert als Personen-, Sach-, Fantasiefirma oder gemischte Firma mit dem Zusatz „Kommanditgesellschaft" oder einer verständlichen Abkürzung dieser Bezeichnung (z. B. KG).

Beispiel: Greulich und Pitsch gründen eine KG bei der Greulich Komplementär und Pitsch Kommanditist ist. Mögliche Firmen sind z. B.: G+P Süßwaren KG, Greulich und Pitsch KG, PitschGreu Süßwaren KG.

Kapitalaufbringung
Auch bei der KG kann die Einlage in bar bzw. in Rechts- oder Sachwerten erfolgen. Eine Mindestkapitaleinlage ist weder für den Komplementär noch für den Kommanditisten vorgeschrieben. Aufgrund der Haftungsbeschränkung des Kommanditisten, die die Haftung auf seine Einlage begrenzt, ist die Beschaffung von zusätzlichem Eigenkapital leichter als bei der OHG bzw. KG. Die Finanzierung mit Fremdkapital ist hingegen schwieriger als bei der OHG, da bei der OHG mindestens zwei Gesellschafter unbeschränkt haften.

Haftung
Komplementäre haften wie ein OHG-Gesellschafter unbeschränkt, unmittelbar und solidarisch. Die Haftung des Kommanditisten ist auf seine Einlage beschränkt sofern er diese voll geleistet hat.

Geschäftsführung und Vertretung
Die Geschäftsführung und Vertretung der Gesellschaft liegen allein bei den Komplementären. Es gelten die Regelungen des HGB zu den OHG-Gesellschaftern. (Einzelgeschäftsführungs- und Einzelvertretungsbefugnis). Der Kommanditist hingegen ist von der Geschäftsführung und der Vertretung der Gesellschaft ausgeschlossen. Bei außergewöhnlichen Geschäften, die über den normalen Geschäftsbetrieb hinausgehen, hat der Kommanditist allerdings ein Widerspruchsrecht.

Weil der Kommanditist von der Geschäftsführung ausgeschlossen ist, kann er eine Abschrift der Bilanz verlangen und diese durch Einsicht in die Bücher auf ihre Richtigkeit hin überprüfen. Ein laufendes Kontrollrecht der Geschäfte steht ihm jedoch nicht zu.

Wettbewerbsverbot
Kommanditisten unterliegen keinem Wettbewerbsverbot. Für sie besteht lediglich die allgemeine Treuepflicht, nach der ihr Handeln der Gesellschaft nicht schaden darf. Der Komplementär unterliegt dem Wettbewerbsverbot eines OHG-Gesellschafters.

Gewinn- und Verlustverteilung
Wird die Gewinnverteilung bei der KG im Gesellschaftsvertrag festgelegt, erhält der geschäftsführende Gesellschafter vom Gewinn der Unternehmung häufig zunächst einen Unternehmerlohn. Danach werden die Kapitaleinlagen gemäß Gesellschaftsvertrag verzinst und der Restgewinn wird aufgrund einer festgelegten Schlüsselung verteilt.

Ist über die Gewinnverteilung im Gesellschaftsvertrag keine Regelung getroffen worden, gilt § 168 HGB. Danach erhält jeder Gesellschafter zunächst eine Kapitalverzinsung von 4 % auf seine Einlage. Übersteigt der Gewinn diesen Betrag, wird der Rest in einem „angemessenen" Verhältnis verteilt. Hierbei ist zu berücksichtigen, dass die Komplementäre aufgrund der unbeschränkten Haftung ein deutlich höheres Risiko tragen und i. d. R. aktiv mitarbeiten. Da die Frage, was letztlich „angemessen" ist, großes Streitpotenzial unter den Gesellschaftern bietet, wird in der Praxis detailliert im Gesellschaftsvertrag festgelegt, wie die Gewinnverteilung erfolgen soll.

Beispiel: Pitsch ist mit 100 000,00 € als Kommanditist an der Greulich und Pitsch KG beteiligt. Greulich hat als Komplementär 200 000 € eingebracht. Im ersten Jahr der Gründung erwirtschaftet die KG einen Gewinn in Höhe von 102 000,00 €. Im Gesellschaftsvertrag ist vereinbart, dass die angemessene Gewinnverteilung im Verhältnis der Einlagen, d. h. im Verhältnis 1 : 2 erfolgt.

	Kapitalanteil am Anfang des Jahres (€)	4 % Verzinsung (€)	Restverteilung im Verhältnis 2:1 (€)	Gesamtgewinn (€)
Greulich	200 000,00	8 000,00	60 000,00	68 000,00
Pitsch	100 000,00	4 000,00	30 000,00	34 000,00
Gesamt	300 000,00	12 000,00	90 000,00	102 000,00

Die Gewinnanteile des Kommanditisten werden ausgezahlt, sofern er seine Einlage voll geleistet hat. Deshalb bleibt sein Kapitalanteil konstant.

Macht die Gesellschaft Verlust, wird dieser in einem angemessenen Verhältnis verteilt, wobei die Verlustbeteiligung des Kommanditisten auf die Höhe seiner Einlage beschränkt ist.

Entnahmen
Der Komplementär hat ein Entnahmerecht wie ein OHG-Gesellschafter, wohingegen der Kommanditist keine Entnahmen tätigen darf.

Kündigung und Auflösung
Es gelten die Vorschriften der OHG. Allerdings wird beim Tod eines Kommanditisten die Gesellschaft mit den Erben fortgesetzt.

Vertiefende Übungen

1 Marko Moraldo hat sich schon seit frühester Jugend mit Computern beschäftigt und neben seinem Studium ein kleines Computerhandelsgeschäft betrieben. Einige größere Unternehmen der Region zählen schon zu seinem Kundenkreis. Auch beliefert er weitere Einzelhändler mit Beamern, die er von asiatischen Herstellern bezieht. Nach dem erfolgreichen Abschluss des Informatikstudiums möchte er sich ganz seinem Geschäft widmen und expandieren. Sein Patenonkel Franco Manchetti ist bereit, die Expansion des Unternehmens zu finanzieren und möchte 75 000,00 € in bar zur Verfügung stellen. Ein weiteres unternehmerisches Risiko möchte Manchetti nicht übernehmen. Moraldo bringt ebenfalls 75 000,00 € (hauptsächlich in Sachwerten) in das gemeinsame Unternehmen ein. Die Geschäftsführung soll Moraldo übernehmen.
   a) Begründen Sie, welche Personengesellschaft die beiden Gesellschafter gründen und welche Funktionen die beiden Gesellschafter übernehmen sollten.
   b) Schlagen Sie eine Firmenbezeichnung vor.
   c) Schnell wird man sich über den Gesellschaftsvertrag einig und formuliert ihn hastig auf einem einzigen Blatt Papier. Erläutern Sie ob eine solche Gründung den geltenden Formvorschriften entspricht.
   d) Bisher hat Manchetti 40 000,00 € in die Gesellschaft eingebracht. Erklären Sie die haftungsrechtliche Situation.
   e) Moraldo beschließt, PCs eines neuen Computerherstellers in sein Sortiment aufzunehmen. Sein Onkel widerspricht, da er die Computer für minderwertig hält. Beurteilen Sie die Rechtslage.

f) Manchetti ist immer noch verärgert über seinen Neffen. Er verlangt deshalb, jeden Freitag Einsicht in die Buchführung zu nehmen. Begründen Sie, ob dies möglich ist.
g) Moraldo ist aufgrund der gut laufenden Geschäfte äußerst liquide. Er plant, die überschüssigen Mittel in Höhe von 40 000,00 € in Aktien eines Automobilherstellers anzulegen. Auch hier widerspricht sein Onkel. Nehmen Sie Stellung.
h) Trotz des Widerspruchs seines Onkels erwirbt Moraldo die Aktien. Sein Onkel verlangt die Rückgängigmachung des Vertrages. Erläutern Sie, ob der Onkel mit seinem Ansinnen Erfolg haben wird.
i) Ein weiterer Neffe Manchettis betreibt ebenfalls ein Computerhandelsgeschäft in Form einer OHG. Hier möchte sich Manchetti als OHG-Gesellschafter beteiligen. Erklären Sie, ob dies möglich ist.
j) Auf einer Computermesse erwirbt Manchetti einen größeren Posten Computer für die KG. Erläutern Sie, ob die KG aus dem Kaufvertrag rechtlich verpflichtet wird.
k) Zur Bestreitung seines Lebensunterhalts tätigt Moraldo laufende Entnahmen in Höhe von 4 % auf seinen Kapitalanteil. Auch Manchetti möchte Entnahmen tätigen. Begründen Sie, ob er dazu berechtigt ist.
l) Die KG macht im folgenden Jahr einen Gewinn von 56 000,00 €. Moraldo erhält für die Leitung der Gesellschaft 20 000,00 € vorweg. Danach sind die Kapitalanteile mit 4 % zu verzinsen. Ein verbleibender Rest soll im Verhältnis von 3 : 1 verteilt werden. Entnahmen wurden nicht getätigt und Manchetti hat seine Kapitaleinlage zu Jahresbeginn voll geleistet. Berechnen Sie die Gewinnanteile der beiden Gesellschafter.

	Kapitalanteil am Anfang des Jahres	Vorwegverteilung	Verzinsung	Restverteilung	Gesamtgewinn
Moraldo					
Manchetti					
Gesamt					

m) Berechnen Sie die Kapitalanteile von Moraldo und Manchetti nach der Gewinnverteilung.

2 Die nachstehenden Herren machen sich mit dem Sportartikelgeschäft „Fohlen KG" selbstständig.

Gesellschafter	Kapitaleinlage	rechtliche Stellung
Bonhoff	60 000,00 €	Komplementär
Vogts	40 000,00 €	Kommanditist
Simonsen	20 000,00 €	Kommanditist

Im Gesellschaftsvertrag wurde vereinbart:
„Um die Kosten der Lebensführung zu decken, darf der Gesellschafter Bonhoff monatlich 3 000,00 € unverzinslich entnehmen. Grundlage für die Berechnung seines Gewinn- bzw. Verlustanteils ist der zu Beginn des Geschäftsjahres festgestellte Kapitalanteil, soweit Herr Bonhoff keine zusätzlichen Einlagen leistet. Ansonsten gelten die gesetzlichen Regelungen nach HGB. Ein Restgewinn ist im Verhältnis 5 : 2 : 1 (Bonhoff : Vogts : Simonsen) zu verteilen. Auch ein Verlust ist in besagtem Verhältnis zu verteilen."

Die Gesellschafter haben die angegeben Einlagen in voller Höhe geleistet. Zusätzliche Einlagen wurden nicht getätigt. Im ersten Geschäftsjahr machte die Gesellschaft einen Gewinn von 120 000,00 €. Das zweite Geschäftsjahr hingegen wurde mit einem Verlust in Höhe von 38 000,00 € abgeschlossen. Herr Bonhoff nutzte sein Recht auf Privatentnahmen in beiden Geschäftsjahren in voller Höhe aus.

a) Nehmen Sie die Gewinnverteilung für das erste Geschäftsjahr vor und berechnen Sie die Höhe der Kapitalanteile nach dem ersten Geschäftsjahr.

	EK am Jahresanfang	Verzinsung	Restverteilung	Gewinnanteil	Privatentnahme	EK am Jahresende
Bonhoff						
Vogts						
Simonsen						
Gesamt						

b) Nehmen Sie die Verteilung der Verluste für das zweite Geschäftsjahr vor.

	Verlustverteilung
Bonhoff	
Vogts	
Simonsen	
Gesamt	

3 Begründen Sie, ob die folgenden Aussagen auf eine
   a) OHG,
   b) KG,
   c) beide Gesellschaften,
   d) keine der Gesellschaften
zutreffen?

Aussagen:
a) Alle Gesellschafter sind nach dem Gesetz zur Geschäftsführung verpflichtet.
b) Die Haftung aller Gesellschafter ist beschränkt.
c) Alle Gesellschafter haben ein Entnahmerecht.
d) Der Kapitalanteil von einigen Gesellschaftern bleibt konstant. Gewinne werden diesen Gesellschaftern ausbezahlt.
e) Bei außergewöhnlichen Geschäften haben die Gesellschafter ein Widerspruchsrecht.
f) Die Unternehmung kann von einer Person gegründet werden.
g) Alle Gesellschafter haften als Gesamtschuldner.
h) Verluste werden in einem angemessenen Verhältnis verteilt.
i) Gesellschafter, die beschränkt haften, haben kein laufendes Kontrollrecht.
j) Der Gesellschaftsvertrag bedarf keiner bestimmten Form.

Ergänzende Übungen

1 Ahlmann, Blücher und Cordes gründen die Kölner Küchengeräte OHG, einen Küchengerätehersteller, und nehmen die Geschäfte in eigens dafür angemieteten Hallen mit 50 Mitarbeitern auf. Ahlmann übernimmt die kaufmännische, Blücher die technische Leitung. Beide sind bereit, unbeschränkt (auch mit ihrem Privatvermögen) zu haften. Cordes möchte sich an der Unternehmung als Teilhafter beteiligen.

a) Am 05.03.20(1) wurde der Gesellschaftsvertrag abgeschlossen und am gleichen Tage wurden schließlich die Geschäfte aufgenommen. Die Eintragung in das Handelsregister erfolgte am 02.04.20(1). Begründen Sie, ab wann die Firma eine KG ist.
b) Am 08.03.20(1) kauft Blücher mit Zustimmung aller Gesellschafter hoch spekulative Aktien. Erläutern Sie die haftungsrechtlichen Risiken, die die Gesellschafter mit diesem Geschäft eingegangen sind.
c) Nach Eintragung der KG in das Handelsregister erwirbt Ahlmann verschiedene Elektrobauteile im Wert von 20 000,00 €. Begründen Sie, ob Ahlmann die KG wirksam vertreten konnte.
d) Blücher und Cordes sind verärgert über Ahlmann, da er ihrer Meinung nach die Bauteile zu teuer erworben hat. Cordes bestellt deshalb bei einem anderen Lieferanten. Erläutern Sie ob die KG wirksam verpflichtet ist.
e) Blücher möchte geschäftsführender Gesellschafter der Kölner Küchengeräte OHG werden. Begründen Sie, ob eine solche Beteiligung möglich ist.

Info 2: Kaufmannseigenschaft und Eintragung der KG ins Handelsregister

Die KG (wie auch die OHG) kann Ist- oder Kannkaufmann sein. Als Istkaufmann hat die Eintragung in das Handelsregister lediglich deklaratorische Wirkung, da die Gesellschaft bereits mit Aufnahme der Tätigkeit entstanden ist. Sollten sich Kleingewerbetreibende als Kannkaufleute für eine KG entscheiden, hat die Eintragung eine konstitutive Wirkung. Die KG existiert erst mit der Eintragung in das Handelsregister. Für den Kommanditisten ist die Eintragung in das Handelsregister besonders wichtig, da eine Beschränkung der Haftung auf seine Einlage erst ab diesem Zeitpunkt greift.

ZUSAMMENFASSUNG

Kommanditgesellschaft (KG)	
Gründung	Sie erfolgt durch mindestens _____ Gesellschafter, von denen der Komplementär _____ und der _____ nur in Höhe seiner Einlage haftet.
Handelsregister	Abteilung _____
Kapitalaufbringung	Es ist _____ Mindestkapital vorgeschrieben. Wegen der beschränkten Haftung der _____ hat die KG eine _____ Kreditwürdigkeit als die OHG.
Haftung	Komplementäre: _____, unmittelbar und solidarisch _____: Die Haftung ist auf die _____ beschränkt.

Kommanditgesellschaft (KG)	
Geschäftsführung	_____ des Komplementärs; der Kommanditist ist von der Geschäftsführung _____.
Vertretung	_____ des Komplementärs; der Kommanditist ist von der Vertretung _____.
Gewinn und Verlust	Gewinn: _____ % auf die _____, der Rest im angemessen Verhältnis Verlust: im _____
Entnahmerecht	Der _____ hat ein Entnahmerecht wie ein OHG-Gesellschafter, der _____ nicht.

SELBSTEINSCHÄTZUNG

	JA 🙂	MIT HILFE 😐	NEIN 🙁
Ich kann die Unternehmerpersönlichkeit eines potenziellen Gesellschafters analysieren.			
Ich kann die die KG anhand geeigneter Merkmale beschreiben.			
Bei folgenden Merkmalen habe ich noch Unterstützungsbedarf:			
Ich kann die Gewinn- und Verlustverteilung für eine KG vornehmen.			
Ich kann die Vor- und Nachteile der KG vor dem Hintergrund einer konkreten Situation abwägen.			
Ich kann die Unterschiede zwischen einer KG und OHG erklären.			
Ich kann fallbezogene Aufgaben zur KG lösen.			
Außerdem habe ich gelernt:			

HINWEIS Zur Wiederholung und Vertiefung: Seite 153, Aufgabe 7.

LERNSITUATION 8
Die Haftung aller Gesellschafter beschränken – die Gesellschaft mit beschränkter Haftung (GmbH)

Ausgangssituation: neue Strukturen – neues Kapital!

Die Geschäfte der Westfälischen Fahrradwerke KG laufen weiterhin prächtig. Die neu entwickelten Rennräder und Mountainbikes erfreuen sich großer Beliebtheit und die Marke Westfälische Fahrradwerke genießt ein hohes Ansehen in Fachkreisen. Die Westfälischen Fahrradwerke KG möchten deshalb das bisherige Produktionsprogramm um Touring- und Cityräder ergänzen. Hier ist das Marktvolumen erheblich größer als in den bisherigen Geschäftsbereichen, gleichzeitig lässt sich aber das bisher erworbene Know-how sehr gut auf die neuen Geschäftsbereiche übertragen. Auf einer Gesellschafterversammlung diskutieren Rainer Flender (Komplementär), Friedrich Mohl (Komplementär) sowie Johannes Wilken (Kommanditist) die zukünftige Struktur der Gesellschaft.

Rainer Flender:	„Ich habe noch einmal sämtliche Daten analysiert. Die Gewinnaussichten sind vielversprechend und wir sollten unsere Überlegungen, die Produktpalette um Touring- und Cityräder zu ergänzen, nun intensivieren."
Friedrich Mohl:	„Das sehe ich auch so. Aber das bedeutet natürlich, dass wir unsere bisherigen Produktionskapazitäten erheblich erweitern müssen. Neue Maschinen müssen angeschafft und eine Produktionshalle gebaut werden. Zudem müssen wir auch die Verwaltungsgebäude erweitern. Wir haben also wieder einen enormen Investitionsbedarf."
Johannes Wilken:	„Ihr braucht mich gar nicht so anzugucken. Meine finanziellen Mittel sind im Moment anderweitig investiert und ich werde meine Kommanditeinlage nicht weiter aufstocken können."
Friedrich Mohl:	„Allein aus eigenen Mitteln werden wir dieses Wachstum sicherlich auch nicht finanzieren können."
Rainer Flender:	„Unsere Hausbank ist bereit, ca. die Hälfte des Investitionsbedarfes zu decken. Gleichzeitig schlägt sie vor, die Eigenkapitalbasis des Unternehmens weiter zu stärken. Ich habe mir deshalb schon Gedanken gemacht und mit meiner alten Bekannten Anne Wessels gesprochen, sie ist eine sehr erfolgreiche Unternehmerin und immer auf der Suche nach einer guten Kapitalanlage. Nachdem ich ihr unserer Absichten erklärt habe, könnte sie sich vorstellen, bei uns mit 20 % der Anteile einzusteigen."
Johannes Wilken:	„Dann hätten wir also neben mir eine weitere Kommanditistin."
Rainer Flender:	„Nein, eine Kommanditeinlage kommt für sie nicht in Frage. Sie möchte zwar wie du nicht aktiv in der Gesellschaft mitarbeiten, aber mehr Einfluss auf die Gesellschaft und deren Geschäftspolitik haben. Eine KG können wir also nicht bleiben und sie schlägt vor, dass wir eine GmbH werden."
Friedrich Mohl:	„Das hört sich doch erst mal gut an. Dann kann ich auch wieder besser schlafen und wir finden sicherlich für alle Beteiligten eine gute Lösung!"

Arbeitsaufträge

1 Analysieren Sie zunächst die Ausgangssituation. Erläutern Sie die Probleme, mit denen Rainer Flender, Friedrich Mohl und Johannes Wilken sich auseinandersetzen müssen.

2 Anne Wessels schlägt vor, dass die Westfälischen Fahrradwerke KG eine GmbH werden. Stellen Sie die wesentlichen Merkmale einer GmbH in folgender Tabelle dar.

	GmbH
Gründung	
Handelsregister	
Firma	
Kapitalaufbringung	
Haftung	
Geschäftsführung	
Vertretung	
Gewinnverteilung	
Rechnungslegungsvorschriften	
Publizitäts- und Prüfungspflichten	

GmbH	
Auflösung und	
Liquidation	

Organe der GmbH		
Geschäftsführung		
Gesellschafterversammlung	Aufgaben	
	Beschlussfassung	
Aufsichtsrat		

3 Beschreiben Sie die Motivation von Anne Wessels, sich an der neu zu gründenden GmbH zu beteiligen und begründen Sie, in welchem Organ/welchen Organen Anne Wessels deshalb vertreten wäre.

4 Erklären Sie, in welchen Organen die Altgesellschafter jeweils vertreten sein sollten.

5 Erläutern Sie die Vor- und Nachteile der Gründung einer GmbH aus der Perspektive der bisherigen Gesellschafter.

Info 1: Gesellschaft mit beschränkter Haftung (GmbH)

> **§ 1 GmbHG**
> Gesellschaften mit beschränkter Haftung können nach Maßgabe der Bestimmungen dieses Gesetzes zu jedem gesetzlich zulässigen Zweck durch eine oder mehrere Personen errichtet werden.

Gründung und Handelsregistereintrag

Die GmbH ist eine Handelsgesellschaft mit eigener Rechtspersönlichkeit (**juristische Person**). Sie kann von ein oder mehr Personen gegründet werden, sodass auch eine sogenannte „Ein-Mann-GmbH" möglich ist. Die Gesellschafter der GmbH sind mit ihren Geschäftsanteilen am Stammkapital der Gesellschaft beteiligt, **ohne jedoch selbst persönlich zu haften**. Neben natürlichen können auch juristische Personen Gesellschafter einer GmbH sein.

Der Gesellschaftsvertrag (**Satzung**) ist von sämtlichen Gesellschaftern zu unterzeichnen und bedarf der **notariellen Beurkundung**. Neben der „normalen" Gründung ist eine Gründung im vereinfachten Verfahren erlaubt, wenn die Gesellschaft höchstens drei Gesellschafter und einen Geschäftsführer hat und dabei das Musterprotokoll der Anlage des GmbH-Gesetzes verwendet wird. So ist eine kostengünstigere Gründung möglich.

Für den Gesellschaftsvertrag sind nach § 3 GmbHG folgende **Mindestinhalte** vorgeschrieben:
- Firma und Sitz der Gesellschaft
- Gegenstand des Unternehmens
- Betrag des Stammkapitals
- Zahl und Nennbetrag der Geschäftsanteile, die jeder Gesellschafter gegen Einlage auf das Stammkapital (Stammeinlage) übernimmt

Darüber hinaus werden im Gesellschaftsvertrag häufig weitere Abreden getroffen.

Die GmbH ist Kaufmann kraft Rechtsform (**Formkaufmann**). Sie wird in das **Handelsregister Abteilung B** eingetragen und entsteht erst mit der Eintragung (konstitutive Wirkung). Als Anhang zum Handelsregistereintrag wird eine **Gesellschafterliste** geführt, in der ein- und austretende Gesellschafter eingetragen werden.

Zwischen der Erstellung des notariellen Gesellschaftsvertrages und der Eintragung der GmbH in das Handelsregister entsteht eine sogenannte **Vorgesellschaft**. Wird die Geschäftstätigkeit schon vor Eintragung der GmbH aufgenommen, haften die Handelnden in dieser Phase persönlich und solidarisch.

Beispiel: Jürgen und Norbert Kruse planen die Gründung einer Polsterei in der Rechtsform einer GmbH. Sie lassen sich von einem Notar einen Gesellschaftsvertrag aufsetzen und beschaffen die erforderlichen Maschinen. Da die hiermit verbundenen Rechtsgeschäfte vor der Eintragung abgeschlossen wurden, haften Jürgen und Norbert Kruse persönlich und solidarisch.

Firma

Die Firma der GmbH muss den Zusatz **„Gesellschaft mit beschränkter Haftung"** oder eine verständliche Abkürzung dieser Bezeichnung enthalten und kann Personen-, Sach-, Fantasiefirma oder gemischte Firma sein. Der Sitz der Gesellschaft wird durch den Gesellschaftsvertrag bestimmt; es muss ein Ort im Inland sein.

Beispiel: Herr Kruse könnte z. B. folgende Firmen wählen: Kruse GmbH, Möbelpolsterei GmbH oder Polster-Kruse GmbH.

Kapitalaufbringung

Für die GmbH ist, anders als bei den Personengesellschaften, ein festes Gesellschaftskapital (**Stammkapital**) vorgeschrieben. Es wird in das Handelsregister eingetragen und muss mindestens 25 000,00 € betragen. Das Stammkapital setzt sich aus den **Geschäftsanteilen** der Gesellschafter zusammen.

Der **Mindest(nenn-)betrag** eines Geschäftsanteils beträgt 1,00 €, höhere (Nenn-)beträge eines Geschäftsanteils müssen auf volle Euro lauten. Grundsätzlich können Einlagen auf die Geschäftsanteile als Geld- oder Sacheinlagen erbracht werden.

Bei der Anmeldung der GmbH zum Handelsregister ist Folgendes zu beachten:
- Sacheinlagen müssen voll erbracht worden sein.
- Auf Geldeinlagen muss mindestens 1/4 des Nennbetrages des Geschäftsanteils eingezahlt sein. Alle Einzahlungen der Gesellschafter zuzüglich der Sacheinlagen müssen zusammen mindestens 12 500,00 € betragen.

Beispiel: Müller und Meier möchten eine GmbH gründen. Jeder übernimmt einen Geschäftsanteil von 12 500,00 €. Wenn Müller lediglich 1/4 auf seinen Anteil, also 3 125,00 € einzahlt, muss Meier einen Anteil von 9 375,00 € leisten, damit insgesamt 12 500,00 € erreicht werden.

Geschäftsanteile sind, sofern der Gesellschaftsvertrag nichts anderes bestimmt, frei **veräußerlich** und **vererblich**. Die Abtretung erfolgt durch einen notariell beurkundeten Vertrag.

Durch beschränkte oder unbeschränkte **Nachschusszahlungen** der Gesellschafter kann die Eigenkapitalbasis der GmbH erweitert werden. Eine Pflicht zur Nachschusszahlung muss jedoch ausdrücklich in der Satzung vorgesehen sein.

Darüber hinaus besteht die Möglichkeit der **Kapitalerhöhung** durch Aufnahme neuer Gesellschafter oder Erhöhung der bestehenden Geschäftsanteile. Hierzu ist eine Dreiviertelmehrheit in der Gesellschafterversammlung notwendig.

Aufgrund der beschränkten Haftung der Gesellschafter und der damit verbundenen geringeren Kreditwürdigkeit sind der **Fremdkapitalbeschaffung** der GmbH enge Grenzen gesetzt. In der Praxis werden deshalb die Kredite der GmbH auch mit dem Privatvermögen der Gesellschafter besichert.

Haftung
Die Haftung der Gesellschafter der GmbH ist ausgeschlossen, soweit die Einlagen vollständig geleistet wurden. Es haftet ausschließlich die juristische Person mit ihrem **Gesellschaftsvermögen**.

Geschäftsführung und Vertretung
Die Gesellschaft hat mindestens einen **Geschäftsführer**, der eine natürliche Person und unbeschränkt geschäftsfähig sein muss. Er übernimmt die Geschäftsführung und Vertretung der Gesellschaft. Sind mehrere Personen zu Geschäftsführern bestellt, gilt gesetzlich die **Gesamtgeschäftsführungs- bzw. Gesamtvertretungsbefugnis**. Der Gesellschaftsvertrag kann eine andere Regelung vorsehen. Eine Beschränkung des Umfanges der Vertretungsbefugnis im Außenverhältnis ist nicht möglich.

Gewinnverteilung
Der **Gewinn** der GmbH wird, wenn die Satzung nichts anderes vorsieht, im Verhältnis der Geschäftsanteile verteilt.

Rechnungslegungsvorschriften
Da die GmbH eine Kapitalgesellschaft ist, sind die ergänzenden Rechnungslegungsvorschriften der § 264 ff. HGB zu beachten. Insbesondere müssen die Gesellschaften den Jahresabschluss – also die Bilanz sowie die Gewinn- und Verlustrechnung – um einen Anhang (ab der kleinen GmbH) erweitern sowie einen Lagebericht (ab der mittleren GmbH) erstellen.[1]

Publizitäts- und Prüfungspflichten
Für die GmbH bestehen wie für alle Kapitalgesellschaften je nach Größe gestufte Publizitäts- und Prüfungspflichten. Die Geschäftsführer müssen den Jahresabschluss (evtl. in gekürzter Form) sowie den

---
[1] Zu den Größenklassen siehe Lernsituation 9, S. 88

Lagebericht (bei mittelgroßen und großen Kapitalgesellschaften) beim **elektronischen Bundesanzeiger** einreichen und bekannt machen lassen. Lediglich bei Kleinstgesellschaften unterbleibt eine Veröffentlichung im elektronischen Bundesanzeiger. Für diese Gesellschaften ist es ausreichend, eine Bilanz beim Unternehmensregister zu hinterlegen, in die dann auf Antrag Einsicht genommen werden kann. Zudem ist eine **Pflichtprüfung** von Jahresabschluss und Lagebericht für mittelgroße und große Kapitalgesellschaften durch einen Abschlussprüfer (z. B. Wirtschaftsprüfer) vorgeschrieben.

Auflösung und Liquidation
Gründe für die **Auflösung** der Gesellschaft sind u. a.:
- Zeitablauf
- Beschluss der Gesellschafter (Dreiviertelmehrheit)
- gerichtliches Urteil oder gerichtliche Entscheidung
- Eröffnung oder Ablehnung des Insolvenzverfahrens mangels Masse
- weitere im Gesellschaftsvertrag definierten Gründe

Außer im Falle der Insolvenz erfolgt nach der Auflösung die **Liquidation** der Gesellschaft. Die laufenden Geschäfte werden beendet, Verpflichtungen der Gesellschaft erfüllt, Forderungen eingezogen und Vermögen umgesetzt und schließlich der verbleibende Liquidationserlös an die Gesellschafter verteilt. Häufig ist allerdings ein Verkauf der Gesellschaft im Ganzen für die Gesellschafter vorteilhafter. Nach Abschluss der Liquidation erfolgt die Löschung der Gesellschaft aus dem Handelsregister.

Organe der GmbH

Geschäftsführung
Die (widerrufliche) Bestellung der Geschäftsführer erfolgt durch Beschluss der Gesellschafter oder durch Gesellschaftsvertrag. Die Geschäftsführer können, müssen aber **nicht mit dem/den Gesellschafter/n identisch** sein. Sie haben einen Arbeitsvertrag und erhalten für ihre Tätigkeit ein Gehalt. Die Geschäftsführer werden in das Handelsregister eingetragen und sind für die **Geschäftsführung** und **Vertretung** unter Beachtung der Gesellschafterbeschlüsse und des Gesellschaftsvertrages zuständig. Sie sind gegenüber der Gesellschafterversammlung weisungsgebunden.

Gesellschafterversammlung
Die Gesellschafterversammlung bestellt die Geschäftsführer und beruft sie ab. Zudem ist sie auch für die Bestellung von Prokuristen und Handlungsbevollmächtigten zuständig. Daneben stellt sie Regeln zur Prüfung und Überwachung der Geschäftsführung auf und trifft **Grundsatzentscheidungen** für die Gesellschaft, die durch die Geschäftsführung umgesetzt werden.

Beschlüsse der Gesellschafterversammlung werden grundsätzlich mit einfacher Mehrheit (50 % + 1 Stimme) getroffen. Dies betrifft z. B. die Entscheidung über die Gewinnverwenung der GmbH. Für, Satzungsänderungen (z. B. Kapitalerhöhungen) wird eine Dreiviertelmehrheit (75 %) benötigt. Jeder Euro eines Geschäftsanteils gewährt eine Stimme.

Aufsichtsrat
Sofern ein Aufsichtsrat nach den gesetzlichen Vorschriften eingerichtet werden muss. bzw. freiwillig eingerichtet wird, ist er vor allem für die Überwachung der Geschäftsführung sowie die Prüfung der Buchführung, des Jahresabschlusses sowie des Lageberichtes zuständig

Vertiefende Übungen

1 Die Informatiker Adalbert, Beyer und Clausewitz beabsichtigen, ein EDV-Systemhaus zu gründen. Adalbert und Beyer haben je 25 000,00 € in bar zur Verfügung. Clausewitz möchte keine Bareinlage leisten, sondern einen Geschäftswagen im Wert von 30 000,00 € einbringen.
   a) Wählen Sie eine Firmenbezeichnung für die Gesellschaft.
   b) Legen Sie dar, welches Formerfordernis der Gesellschaftsvertrag erfüllen muss.

c) Adalbert, Beyer und Clausewitz werden laut Gesellschaftsvertrag zu Geschäftsführern bestellt. Es sollen die gesetzlichen Befugnisse gelten. Eine Eintragung der Gesellschaft in das Handelsregister ist noch nicht erfolgt. Aufgrund der günstigen Börsensituation möchten die Geschäftsführer Wertpapiere auf Kredit für die GmbH erwerben. Erläutern Sie die haftungsrechtlichen Risiken.

d) Die Gesellschaft wird ins Handelsregister eingetragen. Erklären Sie, in welcher Abteilung des Handelsregisters die Gesellschaft eingetragen wird und wie die Wirkung dieser Eintragung ist.

e) Beyer mietet für die Gesellschaft Geschäftsräume an, ohne die beiden anderen Gesellschafter hinzuziehen. Begründen Sie, ob der Mietvertrag für die Gesellschaft bindend ist.

f) Das Geschäft floriert. Verteilen Sie den ersten Jahresgewinn in Höhe von 32 000,00 €.

g) Adalbert möchte den Gewinn ausschütten. Clausewitz und Beyer möchten den Gewinn einbehalten und in die Gewinnrücklage einstellen. Erläutern Sie, wer sich durchsetzen wird.

h) Um die Expansion des Unternehmens weiter voranzutreiben, möchten Clausewitz und Beyer eine Kapitalerhöhung durchführen. Erklären Sie, ob sie diese gegen den Willen von Adalbert durchsetzen können.

i) Adalbert ist verärgert über die Expansionspläne seiner Mitgesellschafter und möchte deshalb seinen Geschäftsanteil verkaufen. Begründen Sie, ob Clausewitz und Beyer dies verhindern können.

j) Adalbert hat mit Müller mündlich vereinbart, ihm den Geschäftsanteil für 115 000,00 € zu verkaufen. Überprüfen Sie, ob der Geschäftsanteil wirksam übereignet ist.

2 Beurteilen Sie, ob die folgenden Aussagen zur GmbH zutreffend sind. Korrigieren Sie falsche Aussagen.
a) Ein Gesellschafter kann auch Geschäftsführer sein.
b) Die GmbH ist eine Kapitalgesellschaft, die auch von einer einzigen Person gegründet werden kann.
c) Die Mindesteinzahlung auf jeden Geschäftsanteil beträgt ein Viertel des Nennbetrages, insgesamt aber mindestens 25 000,00 €.
d) Die Gewinnverteilung erfolgt im Verhältnis der Geschäftsanteile.
e) Alle Gesellschafter führen die Geschäfte gemeinsam.
f) Da die GmbH immer von mindestens einem Geschäftsführer vertreten wird, haben die nicht mit der Geschäftsführung betrauten Gesellschafter kein Recht auf Vertretung.
g) Die Gesellschafter, die die GmbH gründen, müssen ein Stammkapital von 50 000,00 € aufbringen.
h) Die GmbH muss ins Handelsregister eingetragen werden. Schon ab der Erstellung des notariell beurkundeten Gesellschaftsvertrags haften die Handelnden beschränkt.
i) Eine Beschränkung des Umfanges der Vertretungsbefugnis ist Dritten gegenüber unwirksam.

3 Klaus Werner und Stefan Schurrich möchten eine Autowerkstatt in Form einer GmbH betreiben. Schurrich und Werner möchten je einen Geschäftsanteil im Nennwert von 20 000,00 € übernehmen und ihre Einlage in bar leisten.
a) Berechnen Sie die Mindesteinzahlung auf den Geschäftsanteil von Schurrich, wenn Werner seine Einlage in voller Höhe erbringt.
b) Angenommen, Werner zahlt auf seinen Geschäftsanteil 6 000,00 € ein. Erläutern Sie, wie viel Schurrich nun auf seinen Geschäftsanteil einzahlen müsste.

4 Marlies Schiller und Mareike Lüken möchten eine Werbeagentur in der Rechtsform einer GmbH gründen. Die Werbeagentur soll ein Stammkapital von 30 000,00 € haben. Schiller soll 40 % und Lüken 60 % der Anteile halten. Es gelten die gesetzlichen Regelungen.
a) Schildern Sie, welche Probleme sich bei einer solchen Aufteilung der Geschäftsanteile für Schiller ergeben können.
b) Schiller zahlt auf ihren Geschäftsanteil nur den geringstmöglichen Betrag ein. Berechnen Sie, wie viel Euro Schiller damit einzahlt und wie viel Euro Lüken mindestens noch auf ihren Geschäftsanteil einzahlen muss.
c) Nach erfolgreicher Aufnahme des Geschäftes und voller Einzahlung der Geschäftsanteile möchten die Gesellschafterinnen den Gesellschaftsvertrag ändern und ihr Stammkapital verdoppeln, um

weitere Investitionen zu tätigen. Stellen Sie drei rechtliche Regelungen heraus, die die beiden zu beachten haben.
d) Nach einigen Jahren möchte Schiller ihre Anteile veräußern. Erläutern Sie kurz, ob Lüken dies verhindern kann.

Ergänzende Übungen I: Organe der GmbH

1 Die Westfälischen Fahrradwerke GmbH verfügen über die gesetzlich vorgeschriebenen Organe Geschäftsführung und Gesellschafterversammlung. Aufgrund der geringen Mitarbeiterzahl ist ein Aufsichtsrat nicht vorgeschrieben und durch die Westfälischen Fahrradwerke GmbH auch nicht freiwillig installiert worden. Entscheiden Sie jeweils, welches Organ die folgenden Aufgaben übernimmt:
   a) ordnungsgemäße Erstellung des Jahresabschlusses
   b) Einforderung noch ausstehender Einlagen
   c) Vertretung der Gesellschaft
   d) Bestellung und Abberufung des gesetzlichen Vertretungsorgans
   e) Einberufung der Versammlung der Eigentümer
   f) Beantragung des Insolvenzverfahrens
   g) Bestellung von Prokuristen
   h) Offenlegung des Jahresabschlusses
   i) Abgabe der Steuererklärung für die GmbH
   j) Treffen von Grundlagenentscheidungen für die Gesellschaft
   k) Aufstellen von Regeln zur Prüfung und Überwachung des gesetzlichen Vertretungsorgans
   l) Änderungen des Gesellschaftsvertrages (Satzung)

2 Die Münsteraner Zweiradwerke GmbH ist einer der wesentlichen Konkurrenten der Westfälischen Fahrradwerke GmbH und in den gleichen Geschäftsfeldern tätig. Die Münsteraner Zweiradwerke GmbH verfügt über drei Gesellschafter. Die Altgesellschafter Jörg Breulmann und Jürgen Temmen sind jeweils mit 400 000,00 € und neuerdings die Münsteraner Kapitalbeteiligungsgesellschaft KAGEMÜ GmbH mit 600 000,00 € am Stammkapital der Münsteraner Zweiradwerke GmbH beteiligt. Zu Geschäftsführern der Gesellschaft sind Jörg Breulmann und Jürgen Temmen bestellt worden. Bei der Münsteraner Zweiradwerke GmbH sind zurzeit 492 Mitarbeiter beschäftigt. Die Gesellschaft verfügt über keinen Aufsichtsrat.
   a) Erklären Sie, wer Jörg Breulmann und Jürgen Temmen zu Geschäftsführern bestellt hat.
   b) Beschreiben Sie die wesentlichen Aufgaben der beiden Geschäftsführer.
   c) Erläutern Sie, in welchem vertraglichen Verhältnis die Geschäftsführer Jörg Breulmann und Jürgen Temmen zur Münsteraner Zweiradwerke GmbH stehen.
   d) Die KAGEMÜ GmbH ist zwar Gesellschafter, aber nicht an der Geschäftsführung der Münsteraner Zweiradwerke GmbH beteiligt. Schildern Sie mögliche Gründe.
   e) Auf der ordentlichen Gesellschafterversammlung möchte der Gesellschafter Jörg Breulmann eine Änderung der Geschäftspolitik erwirken und zukünftig auch E-Bikes produzieren. Begründen Sie, welches Organ diese Entscheidung trifft und welches Organ diese umsetzt.
   f) Beschreiben Sie die Aufgaben der Gesellschafterversammlung der Münsteraner Zweiradwerke GmbH.
   g) Erklären Sie, wie die Stimmverteilung in der Gesellschafterversammlung Münsteraner Zweiradwerke GmbH geregelt ist.
   h) Die Gesellschafter Jürgen Temmen und Jörg Breulmann möchten einen weiteren Gesellschafter aufnehmen, um so die Eigenkapitalbasis zu erweitern. Begründen Sie, ob sie sich gegen den Willen der KAGEMÜ GmbH durchsetzen können.
   i) Daneben soll in der Gesellschafterversammlung über die Gewinnverwendung entschieden werden. Die Gesellschafter Jürgen Temmen und Jörg Breulmann möchten den gesamten Jahresgewinn ausschütten, die KAGEMÜ GmbH plädiert dafür, den Gewinn einzubehalten. Erklären Sie, wer sich durchsetzen wird.

j) Angenommen, die Geschäfte der Westfälischen Fahrradwerke GmbH liefen schlechter, es wäre schon mehr als die Hälfte des Stammkapitals aufgezehrt. Zudem wäre die KAGEMÜ GmbH äußerst unzufrieden mit den Geschäftsführern Jürgen Temmen und Jörg Temmen. Erläutern Sie die Pflichten bzw. Möglichkeiten der Geschäftsführung und der Gesellschafter, in dieser Situation eine außerordentliche Gesellschafterversammlung herbeizuführen.

k) Die Westfälischen Fahrradwerke AG versuchen, auch perspektivisch die Mitarbeiterzahl bei 490 stagnieren zu lassen und nötigenfalls massiv auf Leiharbeit zurückzugreifen. Finden Sie rechtliche Gründe für diese Entscheidung.

l) Angenommen, die Mitarbeiterzahl der Westfälischen Fahrradwerke GmbH würde weiter wachsen und in den nächsten Jahren auf 720 ansteigen. Prüfen Sie, nach welchem Gesetz ein Aufsichtsrat zu bilden wäre.

Info Ergänzende Übung I: Organe der GmbH

Gesetzlich vorgeschriebene Organe der GmbH sind die Geschäftsführung, die Gesellschafterversammlung und unter bestimmten Bedingungen der Aufsichtsrat.

Geschäftsführung	Bestellung	• (widerruflich) durch Beschluss der Gesellschafter oder Gesellschaftsvertrag
	Aufgaben	• Geschäftsführung und Vertretung unter Beachtung der Gesellschafterbeschlüsse und des Gesellschaftsvertrages (Weisungsgebundenheit) • ordnungsgemäße Erstellung des Jahresabschlusses und des Lageberichtes • Offenlegung des Jahresabschlusses • Einberufung der Gesellschafterversammlung • Abgeben der Steuererklärungen der GmbH • Stellen des Insolvenzantrages bei Überschuldung oder Zahlungsunfähigkeit
	Geschäftsführer	• können, müssen aber nicht mit Gesellschafter identisch sein • haben einen Arbeitsvertrag und erhalten für ihre Tätigkeit ein Gehalt • werden im Handelsregister eingetragen und sind auf den Geschäftsbriefen anzugeben
Gesellschafterversammlung	Einberufung	**Ordentliche Versammlung** • durch Geschäftsführer mit einer Ladefrist von einer Woche **Außerordentliche Versammlung** • durch Gesellschafter, die mindestens 1/10 des Stammkapitals halten • durch Geschäftsführer, falls die Hälfte des Stammkapitals verloren ist
	Aufgaben	• Treffen von Grundlagenentscheidungen • Feststellung des Jahresabschlusses und Verwendung des Ergebnisses • Einforderung der Einlagen • Rückzahlung von Nachschüssen • Teilung, Zusammenlegung und Einziehung von Geschäftsanteilen • Bestellung, Abberufung von Geschäftsführern und Entlastung derselben • Aufstellung von Regeln zur Prüfung und Überwachung der Geschäftsführung • Bestellung von Prokuristen und Handlungsbevollmächtigten • Geltendmachung von Ersatzansprüchen gegen Geschäftsführer oder Gesellschafter • Vertretung der Gesellschaft in Prozessen gegen Geschäftsführer

	Beschlussfassung	• Jeder Euro eines Geschäftsanteils gewährt eine Stimme • Beschlussfassung mit einfacher Mehrheit • Satzungsänderungen (z. B. Kapitalerhöhungen) mit Dreiviertel-Mehrheit und notarieller Beurkundung des Beschlusses • Vermehrung der Leistungspflichten (z. B. Erweiterung der Nachschusspflicht) nur mit Zustimmung aller Gesellschafter
	Gesellschafter	**Rechte** • Stimmrecht • Gewinnanteil • Auskunfts- und Einsichtsrechte • Anteil am Liquidationserlös **Pflichten** • Einlagenpflicht • evtl. Nachschusspflicht
Aufsichtsrat	Zusammensetzung	**Zwingendes Organ** • bei mehr als 500 Arbeitnehmern nach Drittelbeteiligungsgesetz • bei mehr als 2000 Arbeitnehmern nach Mitbestimmungsgesetz • oder Montanmitbestimmungsgesetz (Montanindustrie) Besteht aus Vertretern der Arbeitnehmer und der Gesellschafter **Freiwilliges Organ** • Bei Gesellschaften bis 500 Arbeitnehmern
	Aufgaben	Weitgehend durch die Vorschriften des Aktiengesetzes bestimmt (siehe AG): • vor allem Überwachung der Geschäftsführung sowie • Prüfung der Buchführung, des Jahresabschlusses sowie des Lageberichtes

Ergänzende Übung II: Unternehmergesellschaft (haftungsbeschränkt) – „Mini-GmbH"

Willi Meier möchte ein kleines Malergeschäft betreiben. Ein Berater der Handwerkskammer schlägt ihm vor, eine **Unternehmergesellschaft (haftungsbeschränkt)** zu gründen.

a) Nennen Sie zwei mögliche Firmenbezeichnungen.
b) Erläutern Sie, wie viel Kapital Willi Meier mindestens aufbringen muss.
c) Willi Meier möchte ein Stammkapital von 5000,00 € haben. Er möchte als Sacheinlage einen älteren Transporter im Wert von 3000,00 € einbringen, auf die restlichen 2000,00 € möchte er ein Viertel einzahlen. Beurteilen Sie, ob dies möglich ist.
d) Prüfen Sie, ob Willi Meier seinen Jahresüberschuss frei verwenden kann, wenn die Gesellschaft ein Stammkapital von 5000,00 € hat.
e) Angenommen die Geschäfte liefen gut, die Gesellschaft machte hohe Gewinne und das Stammkapital würde sich auf 25000,00 € erhöhen. Begründen Sie, ob die Gesellschaft eine UG (haftungsbeschränkt) bleiben darf bzw. sollte.
f) Stellen Sie die Vor- und Nachteile der UG (haftungsbeschränkt) gegenüber.

Info Ergänzende Übung II: Unternehmergesellschaft (haftungsbeschränkt) – „Mini-GmbH"

Sofern Existenzgründer wenig Eigenkapital benötigen, können sie eine haftungsbeschränkte Unternehmergesellschaft **UG (haftungsbeschränkt)** eintragen lassen, die auch häufig als sogenannte „Mini-GmbH" bezeichnet wird. Sie kann das Mindeststammkapital der GmbH unterschreiten und mit 1,00 € gegründet werden. Die Gewinne dieser Einstiegsform der GmbH dürfen nicht voll ausgeschüttet werden. Sie werden zu einem Viertel einbehalten, bis die Gesellschaft ein **Mindeststammkapital** von 25000,00 € erreicht oder überschreitet.

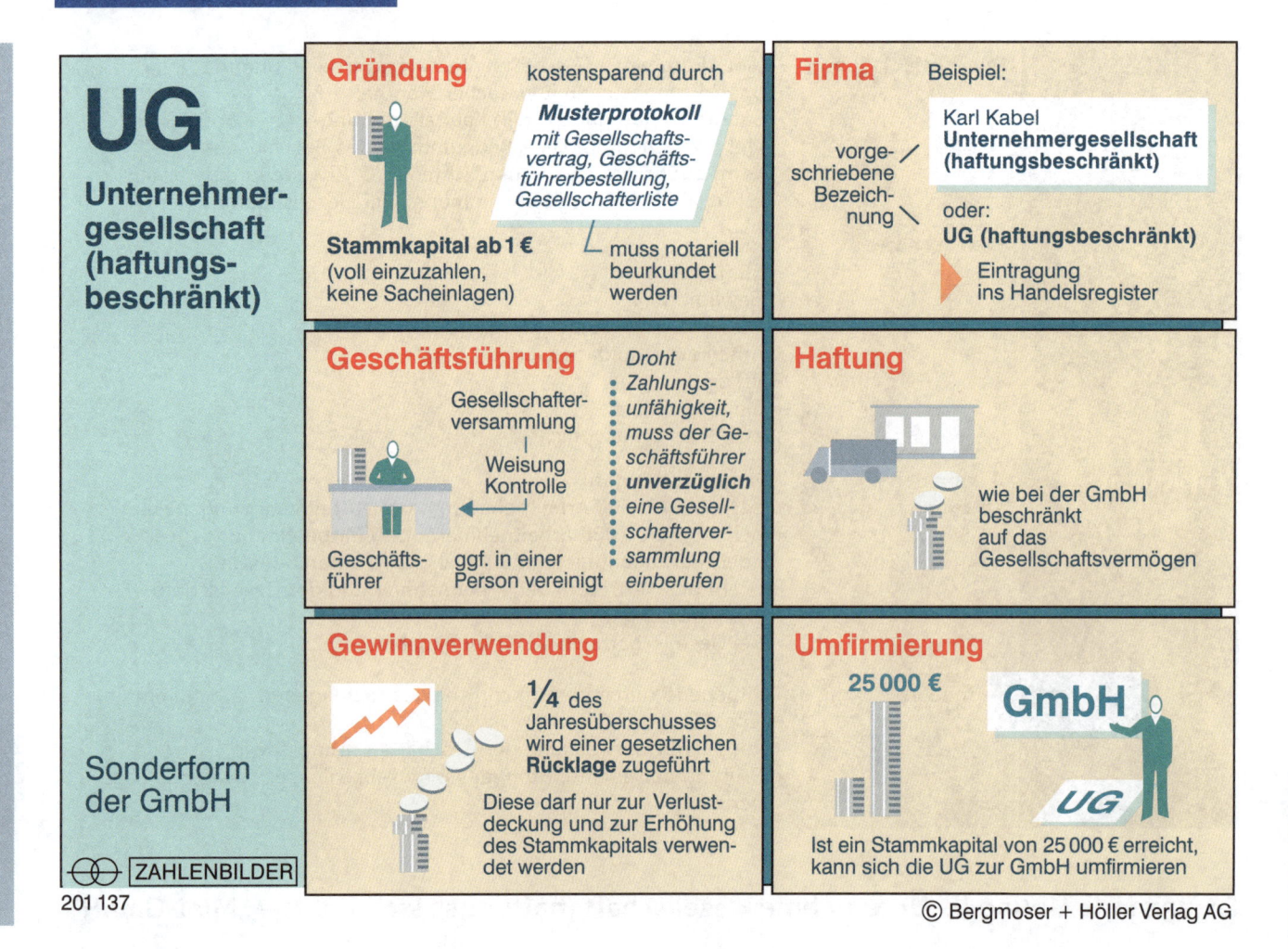

INFOBOX

UG – Unternehmergesellschaft (haftungsbeschränkt)

Gründung – kostensparend durch **Musterprotokoll** mit Gesellschaftsvertrag, Geschäftsführerbestellung, Gesellschafterliste – muss notariell beurkundet werden. Stammkapital ab 1 € (voll einzuzahlen, keine Sacheinlagen).

Firma – vorgeschriebene Bezeichnung, Beispiel: Karl Kabel Unternehmergesellschaft (haftungsbeschränkt) oder: UG (haftungsbeschränkt). Eintragung ins Handelsregister.

Geschäftsführung – Gesellschafterversammlung, Weisung/Kontrolle. Geschäftsführer ggf. in einer Person vereinigt. Droht Zahlungsunfähigkeit, muss der Geschäftsführer **unverzüglich** eine Gesellschafterversammlung einberufen.

Haftung – wie bei der GmbH beschränkt auf das Gesellschaftsvermögen.

Gewinnverwendung – ¼ des Jahresüberschusses wird einer gesetzlichen **Rücklage** zugeführt. Diese darf nur zur Verlustdeckung und zur Erhöhung des Stammkapitals verwendet werden.

Umfirmierung – 25 000 €. Ist ein Stammkapital von 25 000 € erreicht, kann sich die UG zur GmbH umfirmieren.

Sonderform der GmbH

ZAHLENBILDER 201 137 © Bergmoser + Höller Verlag AG

Ergänzende Übung III: GmbH & Co. KG

Klaus Köppke und Karl Schulz möchten ein Autohaus in Form einer **GmbH & Co. KG** betreiben. Klaus Köppke ist alleiniger Gesellschafter und Geschäftsführer der GmbH, die auch Komplementär der GmbH & Co. KG ist. Schulz beteiligt sich als Kommanditist an der GmbH & Co. KG.

a) Erläutern Sie, wie Klaus Köppke und Karl Schulz bei der Gründung der GmbH & Co. KG vorgehen müssen und in welchen Abteilungen des Handelsregisters die Gesellschaften einzutragen sind.
b) Klaus Köppke möchten mehrere Kleinwagen für das Autohaus erwerben. Schulz ist damit nicht einverstanden, weil er die Wagen für überteuert hält. Erläutern Sie die Rechtslage.
c) Begründen Sie, wie der Fall zu beurteilen wäre, wenn Klaus Köppke für die Gesellschaft eine Ausstellungshalle erwerben möchte.
d) Nach einem Jahr laufen die Geschäfte des Autohauses schlecht. Erläutern Sie die Haftung, wenn Köppke und Schulz ihre Einlagen voll geleistet haben.
e) Erklären Sie, wie viel Eigenkapital die beiden Gesellschafter zunächst mindestens einzahlen müssen, damit sie die GmbH & Co. KG gründen können.

Info Ergänzende Übung III: GmbH & Co. KG

Die **GmbH & Co. KG** ist eine KG, bei der eine GmbH Vollhafter ist. Sie ist damit eine Personengesellschaft.

GmbH & Co. KG

GmbH — Gesellschafter — die GmbH wird — Komplementär — KG — Kommanditist
der Gesellschafter wird

Die **Haftung** der GmbH & Co. KG richtet sich nach den Vorschriften der KG. Demnach haftet der Komplementär unbeschränkt, unmittelbar und solidarisch. Da die GmbH der Komplementär ist, haftet diese mit ihrem gesamten Gesellschaftsvermögen, das mit einem Stammkapital von mindestens 25 000,00 € finanziert ist. Die Haftung der Gesellschafter der GmbH ist damit weiterhin ausgeschlossen. Häufig sind die Gesellschafter der GmbH auch Kommanditisten. Der Kommanditist haftet lediglich in Höhe seiner Einlage.

Geschäftsführung und Vertretung der Gesellschaft liegen beim Komplementär, d.h. bei der GmbH. Die Geschäftsführung der GmbH handelt damit auch letztlich für die GmbH Co. KG.

ZUSAMMENFASSUNG

GmbH	
Gründung	Die GmbH kann durch _____ oder _____ Gesellschafter gegründet werden, wobei der Gesellschaftsvertrag der _____ Form bedarf.
Handelsregister	Als _____ kaufmann wird die GmbH ins Handelsregister Abteilung _____ eingetragen.
Kapitalaufbringung	Für die GmbH ist ein Mindeststammkapital von _____ vorgeschrieben. Der Mindestnennbetrag des Geschäftsanteils eines einzelnen Gesellschafters beträgt _____ €. Geschäftsanteile an einer GmbH sind frei _____ und vererblich.
Haftung	Die Haftung ist auf das _____ beschränkt.
Geschäftsführung	Die Gesellschaft hat mindestens _____ Geschäftsführer. Bei mehreren Gesellschaftern besteht _____.

	GmbH
Vertretung	Es ist eine _____ der Geschäftsführer vorgesehen. Eine _____ des Umfanges der Vertretungsbefugnis im Außenverhältnis ist nicht möglich.
Gewinnverteilung	Die Gewinnverteilung erfolgt im _____ der Geschäftsanteile.
Rechnungslegungsvorschriften	Es sind die ergänzenden Rechnungslegungsvorschriften der § 264 ff. des _____ sind zu beachten.
Publizitäts- und Prüfungspflichten	Abhängig von der Größe der GmbH muss der Jahresabschluss _____ _____ und die GmbH _____ werden.
Auflösung	Die GmbH kann aus vielfältigen Gründen aufgelöst werden. Häufig ist ein _____ der Gesellschaft im Ganzen vorteilhafter für die Gesellschafter.
Liquidation	Die Liquidation der Gesellschafter erfolgt außer im Insolvenzverfahren durch die _____.
	Organe der GmbH
Geschäftsführung	Die Geschäftsführer sind zuständig für die _____ und _____ der Gesellschaft unter Beachtung der _____ und des Gesellschaftsvertrages (Weisungsgebundenheit).
Gesellschafterversammlung	Die Gesellschafterversammlung ist für die _____ und Abberufung der Geschäftsführung zuständig. Sie trifft zudem die _____ entscheidungen für die Gesellschaft, die durch die _____ umgesetzt werden. Beschlüsse werden grundsätzlich mit _____ Mehrheit, Satzungsänderung mit _____ mehrheit gefasst.
Aufsichtsrat	Der Aufsichtsrat ist vor allem für die _____ der Geschäftsführung sowie die _____ der Buchführung, des Jahresabschlusses sowie des Lageberichtes zuständig.

LERNSITUATION 8

SELBSTEINSCHÄTZUNG	JA 🙂	MIT HILFE 😐	NEIN 🙁
Ich kann die GmbH anhand geeigneter Merkmale beschreiben.			
Bei folgenden Merkmalen habe ich noch Unterstützungsbedarf:			
Ich kann begründen, wer in welcher Funktion für eine GmbH tätig werden sollte.			
Ich kann die Vor- und Nachteile der GmbH vor dem Hintergrund einer konkreten Situation abwägen.			
Ich kann fallbezogene Aufgaben zur GmbH lösen.			

Außerdem habe ich gelernt:

_____
_____
_____
_____
_____
_____
_____
_____
_____
_____
_____
_____
_____
_____

HINWEIS Zur Wiederholung und Vertiefung: Seite 154 f., Aufgabe 8.

LERNSITUATION 9
Viele Eigentümer beteiligen – die Aktiengesellschaft (AG)

Ausgangssituation: Fit für den Kapitalmarkt – den Generationenwechsel vorbereiten

Die Westfälischen Fahrradwerke GmbH haben in den Sparten Touring- und Cityräder mittlerweile erfolgreich Fuß gefasst und zählen mit ihrer Produktpalette zu den umsatzstärksten Fahrradherstellern Deutschlands im „traditionellen" Fahrradgeschäft. Nur bei den E-Bikes, die die Westfälischen Fahrradwerke GmbH erst seit kurzem ins Produktionsprogramm aufgenommen haben, gibt es Probleme. In Fachkreisen wird kritisiert, dass die von den Westfälischen Fahrradwerken GmbH verbauten Akkus eine zu geringe Reichweite ermöglichen und der Elektromotorantrieb zu direkt sei, womit insbesondere ältere Menschen beim Anfahren Schwierigkeiten hätten.

Deshalb haben die Gesellschafter der Westfälischen Fahrradwerke GmbH beschlossen, die Akkus nun selbst herzustellen, statt sie wie bisher fremd zu beziehen. Um dieses Vorhaben umzusetzen, sind erneut umfangreiche Investitionen notwendig. Rainer Flender hat sich auf der letzten Gesellschafterversammlung zu dieser Problematik wie folgt geäußert: „Wenn die Westfälischen Fahrradwerke weiter wachsen und Marktführer im Bereich der E-Bikes werden wollen, dann benötigen wir eine eigene Akkufertigung und damit auch frisches Kapital. Es reicht aber nicht aus, wenn sich nur vier oder fünf Gesellschafter an den Westfälischen Fahrradwerken beteiligen. Die Westfälischen Fahrradwerke GmbH sind zwar hoch rentabel, aber allein aus Gewinnen lässt sich das angestrebte Wachstum nicht finanzieren. Deshalb müssen die Westfälischen Fahrradwerke GmbH eine AG werden und an die Börse gehen. Viele Eigentümer müssen sich als Aktionäre beteiligen, nur so können wir das notwendige Kapital aufbringen."

Die bisherigen Gesellschafter der Westfälischen Fahrradwerke GmbH stehen der geplanten Änderung der Unternehmensform offen gegenüber. Sie kommentieren das Vorhaben wie folgt:

Rainer Flender: „Als Gesellschafter und Geschäftsführer halte ich die Eigenfertigung der Akkus betriebswirtschaftlich auf jeden Fall für sinnvoll. Wer auch in Zukunft erfolgreich sein will, muss bei den E-Bikes stark sein und da müssen wir Wettbewerbsvorteile schaffen. Ich persönlich finde das Vorhaben spannend und möchte noch ein paar Jahre bei den Westfälischen Fahrradwerken AG verantwortlich mitarbeiten."

Friedrich Mohl: „In seiner betriebswirtschaftlichen Analyse kann ich Rainer Flender nur Recht geben. Ich möchte allerdings ein wenig kürzer treten, die letzten Jahre in der Geschäftsführung haben mich sehr gestresst. Da ich nach Rainer Flender über den größten Kapitalanteil verfüge, möchte ich die Geschicke der Westfälischen Fahrradwerke AG eher aus der Distanz prüfend, aber verantwortlich begleiten. Dass wir an die Börse gehen, finde ich gut, denn meine Kinder möchten nicht in die Westfälischen Fahrradwerke einsteigen."

Johannes Wilken: „Den Aufbau einer eigenen Akkufertigung halte ich für sinnvoll. Probleme sehe ich wenige, und wenn die Westfälischen Fahrradwerke AG dann an die Börse gehen, kann ich von einer guten Rendite profitieren. Ich hatte noch nie eine wesentliche Funktion im Unternehmen und möchte auch in Zukunft keine Funktion bei den Westfälischen Fahrradwerken AG übernehmen. Meine Rechte nehme ich dann in der Versammlung der Aktionäre wahr. Kritisch möchte ich anmerken, dass die AG bei weitem die komplizierteste und teuerste Rechtsform ist. Rechtsanwälte und Notare verdienen gut an ihr."

Anne Wessels: „Betriebswirtschaftlich ist der Aufbau einer eigenen Akkufertigung ein äußerst spannendes Projekt. Ich bin ja noch nicht lange Gesellschafterin der Westfälischen Fahrradwerke, aber ich könnte mir gut vorstellen, nun verantwortlich mitzuarbeiten. Ich verfüge über ausreichend unternehmerische Erfahrung, um auch das Tagesgeschäft der Westfälischen Fahrradwerke AG mitzubestimmen."

Arbeitsaufträge:

1 Analysieren Sie zunächst die Ausgangssituation. Stellen Sie die betriebswirtschaftlichen Probleme und Lösungsansätze heraus, mit denen die Westfälischen Fahrradwerke GmbH konfrontiert werden.

2 Stellen Sie die Zielsetzungen der Gesellschafter Rainer Flender, Friedrich Mohl, Johannes Wilken und Anne Wessels vor dem Hintergrund dieser und der vorangegangenen Ausgangssituationen heraus.

3 Rainer Flender schlägt vor, dass die Westfälischen Fahrradwerke GmbH eine AG werden. Stellen Sie die wesentlichen Merkmale einer AG in folgender Tabelle dar.

Merkmale einer AG

	AG
Gründung	
Handelsregister	
Firma	
Kapitalaufbringung	
Haftung	
Geschäftsführung	
Vertretung	

LERNSITUATION 9

AG	
Gewinnverteilung	
Rechnungslegungsvorschriften	
Publizitäts- und Prüfungspflichten	
Auflösung	
Liquidation	

Organe der AG	
Hauptversammlung	
Aufsichtsrat	
Vorstand	
Gewinnverteilung	

4 Alle Gesellschafter sind in der Hauptversammlung vertreten. Erklären Sie, in welchen Organen Rainer Flender, Friedrich Mohl, Johannes Wilken und Anne Wessels ggf. noch vertreten sein sollten.

5 Erläutern Sie die Vor- und Nachteile der Gründung einer AG aus der Perspektive der Gesellschafter und geben Sie eine Empfehlung, ob die Gesellschaft eine AG werden sollte.

Info 1: Aktiengesellschaft (AG)

Die Aktiengesellschaft ist eine Handels- und Kapitalgesellschaft mit eigener Rechtspersönlichkeit (juristische Person), deren Grundkapital in Aktien zerlegt ist.

Gründung
Eine AG kann durch eine oder mehrere Personen gegründet werden. Die Gründung erfolgt in zwei Stufen.

1. Stufe: Vorgesellschaft
Die **Satzung** enthält den Sitz der AG, Gegenstand des Unternehmens, Höhe des Grundkapitals, den Nennbetrag, Anzahl und Art der Aktien und die Zahl der Mitglieder des Vorstands. Sie wird **notariell beurkundet** und legt zudem fest, ob eine Bar-, Sachgründung oder gemischte Gründung vorliegt. Mit der Verpflichtung zur Übernahme aller Aktien durch die Gründer ist die AG errichtet. Die Gründer bestellen die Mitglieder des ersten Aufsichtsrates, der dann den ersten Vorstand bestimmt. Handelnde im Namen der Gesellschaft (vor allem Vorstände) haften vor Eintragung der Gesellschaft persönlich und gesamtschuldnerisch.

2. Stufe: Eintragung und Entstehung der AG
Die Gesellschaft wird durch Gründer, Vorstand und Aufsichtsrat beim zuständigen Amtsgericht zur **Eintragung in das Handelsregister** (Abteilung B) angemeldet. Die Eintragung wirkt **konstitutiv** (Formkaufmann) und die AG tritt in die Rechte und Pflichten der Vorgesellschaft ein.

Firma
Die Firma der AG kann Personen-, Sach-, Fantasiefirma oder gemischte Firma mit dem Zusatz „**Aktiengesellschaft**" oder einer Abkürzung (AG) sein.

Kapitalaufbringung
Das **Grundkapital** (= gezeichnetes Kapital) wird in der Satzung festgelegt und muss **50 000,00 €** betragen. Es ist in Aktien zerlegt, die als Nennbetragsaktien oder als nennwertlose Stückaktien ausgegeben werden können. Der **Mindestnennwert** einer Aktie beträgt **1,00 €**. Dabei kann der Ausgabebetrag einer Aktie höher sein als der Nennwert (Überpari-Emission). Die Differenz zwischen Ausgabebetrag und Nennwert einer Aktie nennt man **Agio** und wird als **Kapitalrücklage** verbucht. Unterpari-Emissionen sind nicht gestattet. Bei Bareinlagen sind mindestens ein Viertel des Nennwertes und bei Überpari-Emissionen auch der Mehrbetrag (Agio) zu leisten. Sacheinlagen sind komplett zu erbringen.

Zusammensetzung des Eigenkapitals nach § 266 Abs. 3 HGB

I. Gez. Kapital	(Grundkapital durch Satzung festgelegt)
II. Kapitalrücklage	(Einstellung des Agio = Ausgabebetrag – Nennwert)
III. Gewinnrücklagen	(Einstellung der Gewinne)
1. gesetzliche Rücklage	
2. Rücklage für eigene Anteile	
3. satzungsmäßige Rücklage	
4. andere Gewinnrücklagen	
IV. Gewinnvortrag/Verlustvortrag	
V. Jahresüberschuss/Jahresfehlbetrag	
= Eigenkapital	

Werden die Aktien an der **Börse** gehandelt, so haben sie auch einen **Kurswert**. Dieser ergibt sich allein aus dem Angebot und der Nachfrage nach der Aktie. Der Kurswert verändert das Eigenkapital einer AG nicht.

Wenn der AG zusätzliches **Eigenkapital** zugeführt werden soll, kann sie eine **Kapitalerhöhung** durchführen. Der Beschaffung von **Fremdkapital** sind durch die beschränkte Haftung der Aktionäre Grenzen gesetzt. Allerdings haben gerade große Aktiengesellschaften häufig aufgrund ihrer Marktstellung eine hervorragende Kreditwürdigkeit.

Wichtige Aktienarten

Beteiligung	Stückaktie	Beteiligung mit einem Bruchteil (Quote) am Grundkapital
	Nennbetragsaktie	Beteiligung mit einem Nennwert am Grundkapital
Rechtsstellung	Stammaktie	gewährt alle satzungsmäßigen und gesetzlichen Aktionärsrechte
	Vorzugsaktie	gewährt besondere Vorrechte (Stimmrechtsausschluss möglich), z. B.: • erhöhte Dividende • erhöhter Anteil am Liquidationserlös
Übertragbarkeit	Namensaktie	Übertragung durch Einigung und Übergabe der indossierten Aktie sowie Eintragung ins Aktienregister
	Inhaberaktie	Übertragung durch Einigung und Übergabe

Haftung
Die Haftung ist auf das Gesellschaftsvermögen der AG beschränkt. **Aktionäre haften nicht**, soweit sie ihre Einlage geleistet haben.

Geschäftsführung und Vertretung
Der Vorstand führt die Geschäfte und vertritt die AG gerichtlich und außergerichtlich. Alle Vorstandsmitglieder üben die Geschäftsführung und Vertretung gemeinsam aus (**Gesamtgeschäftsführungsbefugnis, Gesamtvertretungsbefugnis**), sofern die Satzung nichts anderes bestimmt. Dabei kann der Umfang der Vertretungsbefugnis nicht beschränkt werden.

Gewinnverteilung
Der **Gewinn** der AG kann ganz oder teilweise einbehalten oder auch an die Aktionäre ausgeschüttet werden. Wird der Gewinn ausgeschüttet, erhalten die Aktionäre eine sogenannte **Dividende**, die sich im Regelfall nach ihren Aktiennennwerten bemisst.

Rechnungslegungsvorschriften
Bei der Rechnungslegung der AG sind die **ergänzenden Vorschriften** der § 264 ff. **HGB** zu beachten. Insbesondere müssen die Gesellschaften den Jahresabschluss, also die Bilanz sowie die Gewinn- und

Verlustrechnung, um einen Anhang (ab der kleinen GmbH) erweitern sowie einen Lagebericht (ab der mittleren GmbH) erstellen.[1]

Publizitäts- und Prüfungspflichten
Für die AG besteht je nach Größe eine gestufte Publizitäts- und Prüfungspflicht. Der Vorstand muss den Jahresabschluss (evtl. in gekürzter Form) sowie den Lagebericht (bei mittelgroßen und großen Kapitalgesellschaften) beim **elektronischen Bundesanzeiger** einreichen und bekannt machen lassen. Lediglich bei Kleinstgesellschaften unterbleibt eine Veröffentlichung im elektronischen Bundesanzeiger. Für diese Gesellschaften ist es ausreichend, eine Bilanz beim Unternehmensregister zu hinterlegen, in die dann auf Antrag Einsicht genommen werden kann. Zudem ist eine **Pflichtprüfung** von Jahresabschluss und Lagebericht für mittelgroße und große Kapitalgesellschaften durch einen Abschlussprüfer (z.B. Wirtschaftsprüfer) vorgeschrieben.

Auflösung
Gründe für die Auflösung der Gesellschaft sind u. a.:
- Zeitablauf
- Beschluss der Gesellschafter (Dreiviertelmehrheit)
- gerichtliches Urteil oder gerichtliche Entscheidung
- Eröffnung oder Ablehnung des Insolvenzverfahrens mangels Masse
- weitere in der Satzung definierte Gründe

Liquidation
Die Liquidation der Gesellschaft erfolgt durch den **Vorstand** (außer im Insolvenzverfahren) und läuft wie folgt ab:
- Beendigung der laufenden Geschäfte
- Erfüllung der Verpflichtungen der Gesellschaft
- Einzug der Forderungen und Umsetzung des Vermögens der Gesellschaft
- Verteilung des verbleibenden Vermögens an die Aktionäre

Nach Abschluss der Liquidation erfolgt die Löschung der Gesellschaft aus dem Handelsregister.

Organe der Aktiengesellschaft
Die gesetzlich vorgeschriebenen Organe der Aktiengesellschaft sind der Vorstand, der Aufsichtsrat und die Hauptversammlung.

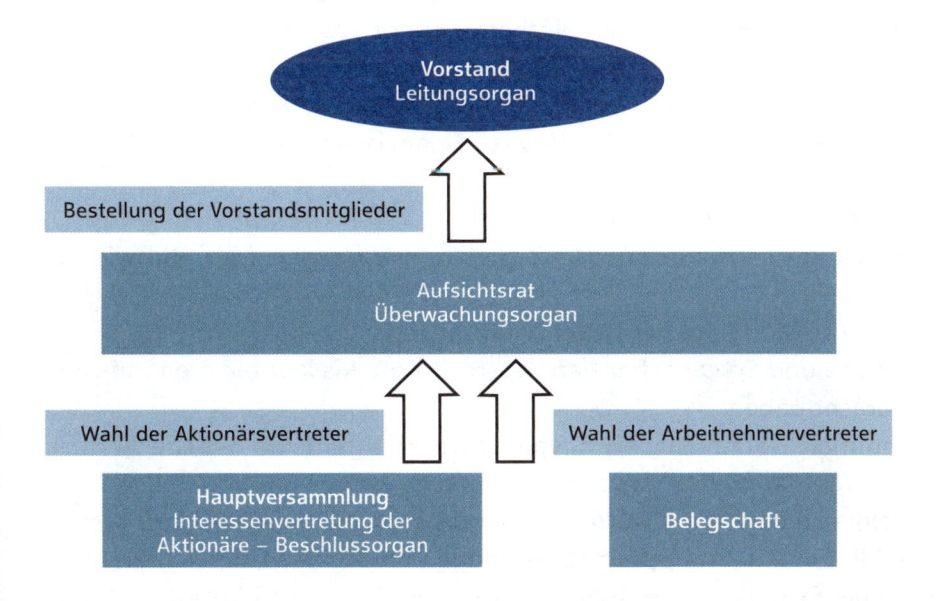

---

[1] Zu den Größenklassen siehe ergänzende Übung III, S. 88

LERNSITUATION 9

Hauptversammlung
Die Hauptversammlung ist eine Versammlung der Aktionäre (Gesellschafter) der AG und wird vom Vorstand einberufen. Sie bestellt die Aktionärsvertreter für den Aufsichtsrat und beruft diese wieder ab. Zudem entscheidet sie über die Verwendung des Bilanzgewinns und trifft Beschlüsse für die Gesellschaft. Beschlüsse werden mit einfacher Mehrheit getroffen. Für Satzungsänderungen, also z. B. eine Kapitalerhöhung, ist eine Dreiviertelmehrheit notwendig. Ein Aktionär, der über 25 % + 1 Stimme verfügt, hat damit eine sogenannte Sperrminorität.

Aufsichtsrat
Der Aufsichtsrat setzt sich aus Vertretern der Aktionäre und ab 500 Mitarbeitern auch aus Vertretern der Arbeitnehmer zusammen, wobei die Amtszeit eines Aufsichtsratsmitgliedes vier Jahre beträgt. Ein Aufsichtsratsmitglied kann nicht zugleich Mitglied des Vorstandes sein.

Der Aufsichtsrat bestellt den Vorstand und beruft diesen aus einem wichtigen Grund wieder ab. Des Weiteren ist der Aufsichtsrat vor allem für die Überwachung der Geschäftsführung sowie die Prüfung der Buchführung, des Jahresabschlusses sowie des Lageberichtes zuständig. Für bestimmte Geschäfte muss der Aufsichtsrat seine Zustimmung geben, sofern die Satzung dies vorsieht bzw. der Aufsichtsrat dies festgelegt hat. Zudem kann der Aufsichtsrat eine außerordentliche Hauptversammlung einberufen, wenn es das Wohl der Gesellschaft erfordert.

Vorstand
Der Vorstand übt die Geschäftsführung und gesetzliche Vertretung der AG aus und ist nicht weisungsgebunden. Er besteht aus mindestens einer natürlichen Person, für größere Gesellschaften ist eine entsprechend höhere Anzahl von Vorständen vorgeschrieben. Gewählt wird der Vorstand vom Aufsichtsrat für die Dauer von fünf Jahren, wobei der Aufsichtsrat auch einen Vorstandsvorsitzenden bestimmen kann. Vorstandsmitglieder sind Angestellte der AG. Sie erhalten für ihre Tätigkeit ein Gehalt und sehr häufig auch eine entsprechende Erfolgsbeteiligung. Die Mitglieder des Vorstandes werden im Handelsregister eingetragen und auf den Geschäftsbriefen angegeben.

Vertiefende Übungen

1 Die Programmierer Döring, Schulte und Schumacher haben eine Software entwickelt, die Unternehmen bei der Bearbeitung von Kundenaufträgen unterstützt. Da die Software noch von einer Vielzahl an Mitarbeitern weiterentwickelt werden muss, hat das Unternehmen einen sehr hohen Finanzierungsbedarf. Döring, Schulte und Schumacher planen, diesen in naher Zukunft durch einen Börsengang zu decken. Sie gründen deshalb eine AG mit Sitz in Rheine. Jeder Gesellschafter bringt 125 000,00 € in bar ein. Es werden Stammaktien im Nennwert von 1,00 € ausgegeben. Der Ausgabewert einer Aktie beträgt ebenfalls 1,00 €, ein Agio gibt es demnach nicht. Es gelten ansonsten die gesetzlichen Regelungen.
   a) Erläutern Sie, warum sich die Rechtsform der AG besonders zur Finanzierung eines hohen Kapitalbedarfs eignet.
   b) Schlagen Sie eine Firmenbezeichnung für die AG vor.
   c) Begründen Sie, in welche Abteilung des Handelsregisters die AG eingetragen wird und wie die Rechtswirkung dieser Eintragung ist.
   d) Prüfen Sie, ob das Grundkapital zur Gründung der Gesellschaft ausreicht.
   e) Begründen Sie, ob Döring, Schulte und Schumacher haftungsrechtliche Risiken fürchten müssen, wenn sie ihre Einlagen voll erbracht haben.
   f) Die Gesellschaft hat ganz „normale" Stammaktien ausgegeben. Erläutern Sie, welche Vorteile demgegenüber Vorzugsaktien ihren Aktionären gewähren können.
   g) Nachdem die Gesellschaft erfolgreich gegründet worden ist, wird Döring mit zwei weiteren Vertretern in den Aufsichtsrat gewählt. Schulte und Schumacher bilden den Vorstand der AG. Erklären Sie, welche Organe jeweils für die Bestellung der Aufsichtsrats- und Vorstandsmitglieder verantwortlich sind.

h) Für die AG gibt es eine Vielzahl an Entscheidungen zu treffen und Verträge zu schließen. Erläutern Sie, welches Organ hierfür zuständig ist.
i) Schulte möchte ein Bürogebäude für die AG anmieten und unterzeichnet den Mietvertrag allein. Begründen Sie, ob dies ausreichend ist.
j) In der Satzung ist festgelegt, dass Verträge ab einem Volumen von 250 000,00 € der Zustimmung des Aufsichtsrates unterliegen. Begründen Sie, warum insbesondere Döring auf dieser Regelung bestanden hat.
k) Ein Teil des Gewinnes soll als Dividende an die Aktionäre ausgeschüttet werden. Erklären Sie, welches Organ hierüber entscheidet.
l) Schumacher und Döring plädieren auf der Hauptversammlung dafür, das Grundkapital der Gesellschaft zu erhöhen. Schulte ist dagegen. Erläutern Sie, wer sich durchsetzen wird.
m) Verärgert über diese Entscheidung, möchte Schumacher seine Anteile verkaufen. Erklären Sie, wie die Aktien übertragen werden, wenn die Gesellschaft Inhaberaktien ausgegeben hat.
n) Begründen Sie, welchen Sinn es für eine AG haben kann, Namensaktien auszugeben und damit ein Aktienregister (Verzeichnis der Aktionäre) zu führen.

2 Beurteilen Sie, ob die folgenden Aussagen zur AG zutreffend sind. Korrigieren Sie falsche Aussagen.
a) Eine AG muss mindestens von zwei Personen gegründet werden.
b) Das Grundkapital der AG muss mindestens 25 000,00 € betragen.
c) Der Kurswert einer Aktie verändert das Grundkapital der AG.
d) Eine Stammaktie gewährt besondere Rechte, z. B. eine erhöhte Dividende.
e) Aktionäre haften nicht, sofern sie ihre Einlage voll geleistet haben.
f) Die Vorstandsmitglieder erhalten eine Dividende.
g) Ein Aufsichtsratsmitglied kann auch Vorstandsmitglied sein.
h) Ein Aktionär kann auch Vorstandsmitglied sein.
i) Der Vorstand wird von der Hauptversammlung gewählt.
j) Im Aufsichtsrat der AG befinden sich größenabhängig auch immer Vertreter der Arbeitnehmer.
k) Für Beschlüsse der Hauptversammlung ist immer eine Dreiviertelmehrheit notwendig.
l) Der Aufsichtsrat übernimmt die Geschäftsführung und Vertretung der AG.

3 Frosch, Gehlhausen und Hüwe möchten die FGH AG gründen, um Herzmedikamente zu produzieren und zu vertreiben. Die Gründer sind seit Jahren im Bereich der Pharmaforschung tätig und zurzeit verfolgen sie vielversprechende Ansätze zur Entwicklung eines neuen Medikamentes zur Senkung von Bluthochdruck. Außerdem sollen andere Herzmedikamente, für die entsprechende Lizenzen zu erwerben sind, produziert und vertrieben werden. Insgesamt wird der Finanzierungsbedarf mit 4,2 Mio. € beziffert. Eine Satzung haben die Gesellschafter bereits erstellt. Frosch und Gehlhausen sollen je eine Million Aktien im Ausgabewert von 1,05 Mio. € übernehmen. Den Rest der Aktien übernimmt Hüwe. Die Gesellschafter vereinbaren die Ausgabe von Stammaktien im Nennwert von 1,00 €. Zudem soll jeder Aktionär im Aktienbuch der Gesellschaft festgehalten werden.
a) Frosch, Gehlhausen und Hüwe haben die Satzung schriftlich niedergelegt. Erläutern Sie, ob sie damit schon rechtswirksam erstellt ist.
b) Gehen Sie davon aus, dass die Gesellschafter den Formmangel geheilt und eine ordnungsgemäße Satzung erstellt haben. Berechnen Sie den Ausgabepreis und das Agio für eine Aktie.
c) Weisen Sie das Eigenkapital der FGH AG nach der Ausgabe der Aktien aus. Alle Einlagen werden voll geleistet.
d) Eine Anmeldung der Gesellschaft zum Handelsregister ist noch nicht erfolgt. Frosch, Gehlhausen und Hüwe sind vom ersten Aufsichtsrat zu Vorständen bestellt worden. Gehlhausen und Hüwe tätigen für die AG ein hoch spekulatives Wertpapiergeschäft. Erklären Sie die haftungsrechtlichen Risiken für Gehlhausen und Hüwe.
e) Begründen Sie, ob die FGH AG Inhaber- oder Namensaktien emittiert hat.

f) Frosch und Hüwe staunen nicht schlecht, als die Kehl AG von ihnen persönlich Zahlung verlangt, obwohl die AG mittlerweile in das Handelsregister eingetragen wurde. Erläutern Sie die rechtliche Situation.

g) Im Handelsregister ist eingetragen worden, dass zwei Vorstände gemeinsam die FGH AG vertreten sollen. In der Satzung ist vereinbart, dass eine Kreditaufnahme nur durch Beschluss aller Vorstandsmitglieder erfolgen darf. Gehlhausen und Hüwe nehmen ein Darlehen in Höhe von 500 000,00 € für die FGH auf. Erläutern Sie, ob der Darlehensvertrag rechtswirksam zustande gekommen ist.

h) Die Geschäfte der FGH AG laufen erfolgreich. Deshalb überlegen die Aktionäre, zur Finanzierung des weiteren Wachstums im nächsten Jahr eine Kapitalerhöhung gegen Ausgabe neuer (junger) Aktien durchzuführen. Nennen Sie die Organe, die für die Beschlussfassung und die Ausführung des Beschlusses zuständig sind.

i) Erläutern Sie, ob Frosch allein die Kapitalerhöhung verhindern kann.

j) Im zweiten Geschäftsjahr laufen die Geschäfte der FGH AG nicht mehr so erfolgreich. Die Gesellschaft gerät in Liquiditätsschwierigkeiten. Erläutern Sie die Verantwortlichkeiten für diese Situation.

k) Über Lösungsvorschläge zur Beseitigung der Liquiditätsschwierigkeiten soll auf einer außerordentlichen Hauptversammlung abgestimmt werden. Erklären Sie, wer diese einberufen muss.

4 Die börsennotierte Müller AG hat auf ihrer letzten Hauptversammlung beschlossen, eine Kapitalerhöhung gegen Ausgabe junger (Stamm-)Aktien durchzuführen. Mit dieser Maßnahme möchte der Maschinenbauer umfangreiche Erweiterungsinvestitionen finanzieren. Die Aktien haben einen Nennwert von 1,00 € und werden zu einem Preis von 7,00 € ausgegeben.

a) Nennen Sie die Prozentzahl der Stimmen, die für den Beschluss der Kapitalerhöhung notwendig waren.

b) Schildern Sie, welche Positionen des Eigenkapitals sich durch die Ausgabe der Aktien ändern.

c) Gehen Sie davon aus, Sie wollten auch Aktien der Müller AG erwerben. Erklären Sie, welchen Vorteil es für Sie hätte, wenn Sie für den Ausgabebetrag von 7,00 € auch eine Aktie im Nennwert von 7,00 € erhalten würden.

d) Am ersten Tag nach der Emission der Aktien steigt der Börsenkurs der Aktien rasant. Erläutern Sie, welche Auswirkungen die Kurssteigerung auf das Eigenkapital der Müller AG hat.

Ergänzende Übungen I: Organe der AG

1 Die Westfälischen Fahrradwerke AG verfügen über die gesetzlich vorgeschriebenen Organe Vorstand, Aufsichtsrat und Hauptversammlung. Aufgrund der Mitarbeiterzahl ist ein Aufsichtsrat nach dem Drittelbeteiligungsgesetz zu bilden. Entscheiden Sie jeweils, welches Organ die folgende Aufgabe übernimmt.

a) Prüfung des Jahresabschlusses und des Lageberichtes
b) Beschluss über die Gewinnverwendung
c) Erstellung des Jahresabschlusses und des Lageberichtes
d) Wahl der Abschlussprüfer
e) Bestellung des Leitungsorganes
f) Antrag auf Eröffnung des Insolvenzverfahrens
g) Einberufung der ordentlichen Hauptversammlung
h) Beschlussfassung über Satzungsänderungen
i) Offenlegung des Jahresabschlusses
j) Prüfung des Jahresabschlusses
k) Entlastung des Vorstandes
l) Vorschlag zur Verwendung des Bilanzgewinnes
m) Einrichtung eines Überwachungssystems zur Minimierung von Geschäftsrisiken
n) Beschluss über die Auflösung der Gesellschaft

2 Die Westfälischen Fahrradwerke AG haben Stammaktien ausgegeben. Erläutern Sie, welche Rechte damit verbunden sind.

Info Ergänzende Übung I: Organe der AG

Im Detail gelten für den Vorstand, die Hauptversammlung und den Aufsichtsrat die folgenden Regelungen:

Vorstand	Zusammensetzung	• besteht aus mindestens einer natürlichen Person, bei einem Grundkapital von mehr als 3 Millionen € aus mindestens zwei natürlichen Personen; die Satzung kann eine andere Regelung vorsehen • wird vom Aufsichtsrat für fünf Jahre gewählt; eine Wiederwahl ist möglich • ein Vorstandsvorsitzender kann vom Aufsichtsrat ernannt werden
	Aufgaben	• leitet die AG aus eigener Verantwortung (= nicht weisungsgebunden) • Geschäftsführung und Vertretung der Gesellschaft • Einrichtung eines Überwachungssystems, um bedeutsame Geschäftsrisiken vorzeitig zu erkennen • mindestens vierteljährliche Berichterstattung an den Aufsichtsrat • Organisation der Buchführung, Aufstellung des Jahresabschlusses und des Lageberichtes sowie Vorlage derselben an Abschlussprüfer und Aufsichtsrat • Vorschlag zur Verwendung des Bilanzgewinnes • Offenlegung des Jahresabschlusses und Veröffentlichung im elektronischen Bundesanzeiger innerhalb von neun Monaten nach Ende des Geschäftsjahres • Einberufung der ordentlichen Hauptversammlung in den ersten acht Monaten des Geschäftsjahres • Sorgfaltspflicht und Wettbewerbsverbot • Beantragung der Eröffnung des Insolvenzverfahrens bei Zahlungsunfähigkeit und Überschuldung • bei Pflichtverletzungen schadensersatzpflichtig gegenüber der Gesellschaft
	Vorstandsmitglieder	• sind Angestellte der AG • ihre Bezüge setzen sich in der Regel aus einem Festgehalt und einer Beteiligung am Gewinn (Tantieme) zusammen • werden im Handelsregister eingetragen und auf den Geschäftsbriefen angegeben
Aufsichtsrat	Zusammensetzung	Setzt sich zusammen aus Vertretern der Aktionäre und (ab 500 Mitarbeitern) der Arbeitnehmer nach dem: • Aktiengesetz, • Drittelbeteiligungsgesetz von 2004, • Mitbestimmungsgesetz von 1976, • Montanmitbestimmungsgesetz von 1951.
	Aufgaben	• Bestellung des Vorstandes • Abberufung des Vorstandes aus einem wichtigen Grund • Überwachung der Geschäftsführung des Vorstandes • Einsichtnahme und Prüfung der Bücher, Schriften und Vermögensgegenstände • Prüfung des Jahresabschlusses, des Lageberichtes und des Vorschlages zur Gewinnverwendung • Feststellung (Billigung) des Jahresabschlusses • Einberufung einer außerordentlichen Hauptversammlung, wenn es das Wohl der Gesellschaft erfordert • Vertretung der Gesellschaft in gerichtlichen und außergerichtlichen Angelegenheiten gegen die Vorstandsmitglieder • Zustimmung zu bestimmten Arten von Geschäften, sofern die Satzung oder der Aufsichtsrat dies bestimmt haben
Hauptversammlung	Einberufung	• wird vom Vorstand mindestens einmal jährlich einberufen und vom Aufsichtsratsvorsitzenden geleitet • Einberufungsfrist: mindestens 30 Tage vor Beginn

LERNSITUATION 9

INFOBOX

Aufgaben	• Bestellung und Abberufung der Aktionärsvertreter im Aufsichtsrat • Verwendung des Bilanzgewinns • Entlastung von Vorstand und Aufsichtsrat • Wahl des Abschlussprüfers für das laufende Geschäftsjahr • Beschluss über Satzungsänderungen • Beschluss über Kapitalerhöhungen bzw. -herabsetzungen • Auflösung der Gesellschaft
Beschlussfassung	• Beschlüsse erfolgen in der Regel mit einfacher Mehrheit, die sich nach den Aktiennennbeträgen (Nennwertaktien) oder nach der Zahl der Aktien (Stückaktien) richtet. • Ausnahmen sind Satzungsänderungen, die einer Dreiviertel-Mehrheit bedürfen. Ein Aktionär, der über 25 % des Grundkapitals + eine Stimme verfügt, kann demnach Beschlüsse über entscheidende Fragen der Gesellschaft verhindern (= Sperrminorität). • Aktionäre können Kreditinstitute mit der Ausübung des Stimmrechts beauftragen (= Depotstimmrecht). • Jeder Beschluss der Hauptversammlung ist notariell zu beurkunden.
Aktionäre	**Rechte** • Teilnahme an der Hauptversammlung • Anspruch auf Auskunftserteilung in der Hauptversammlung • Stimmrecht in der Hauptversammlung • Anteil am Bilanzgewinn (Dividende) • Bezugsrecht bei Ausgabe neuer Aktien • Anteil am Liquidationserlös **Pflichten** • Leistung der Kapitaleinlage

Ergänzende Übung II: Mitbestimmung im Aufsichtsrat

1 Der Aufsichtsrat der Westfälischen Fahrradwerke AG ist aufgrund der Rechtsform und der Mitarbeiterzahl mitbestimmungspflichtig.
   a) Definieren Sie den Geltungsbereich der verschiedenen Mitbestimmungsgesetze und beschreiben Sie kurz die Besetzung des Aufsichtsrates.
   b) Erklären Sie, aufgrund welchen Gesetzes die Westfälischen Fahrradwerke AG mitbestimmungspflichtig sind, wenn sie im Moment 748 Arbeitnehmer beschäftigen.
   c) Erläutern Sie die wesentlichen Möglichkeiten der Einflussnahme des Aufsichtsrates.
   d) Begründen Sie, welches Mitbestimmungsgesetz die stärkste Form der Mitbestimmung erlaubt.

2 Stellen Sie fest, in welchem Gesetz die folgenden Regelungen festgelegt sind.
   a) Dem Aufsichtsrat gehört ein neutrales Mitglied an.
   b) Bei Stimmengleichheit im Aufsichtsrat hat der Aufsichtsratsvorsitzende unter bestimmten Voraussetzungen zwei Stimmen.
   c) Im Aufsichtsrat besteht echte Parität zwischen Arbeit und Kapital.
   d) Die Zahl der Aufsichtsratsmitglieder ist immer durch drei teilbar.
   e) Der Arbeitsdirektor im Vorstand kann allein durch die Anteilseigner bestimmt werden.
   f) Die Hauptversammlung wählt zwei Drittel der Aufsichtsratsmitglieder.
   g) Die leitenden Angestellten benennen für den Aufsichtsrat eigene Kandidaten, von denen mindestens einer gewählt werden muss.
   h) In der Regel besteht der Aufsichtsrat aus wenigstens 11 Mitgliedern.
   i) Ein Arbeitsdirektor ist als gleichberechtigtes Vorstandsmitglied zwingend zu bestellen.

Info Ergänzende Übung II: Mitbestimmung im Aufsichtsrat

Die Möglichkeit der Mitbestimmung im Aufsichtsrat ist von der **Größe des Unternehmens** abhängig. Grundsätzlich greift die Mitbestimmung im Aufsichtsrat erst ab einer Mitarbeiterzahl von mehr als 500 Arbeitnehmern.

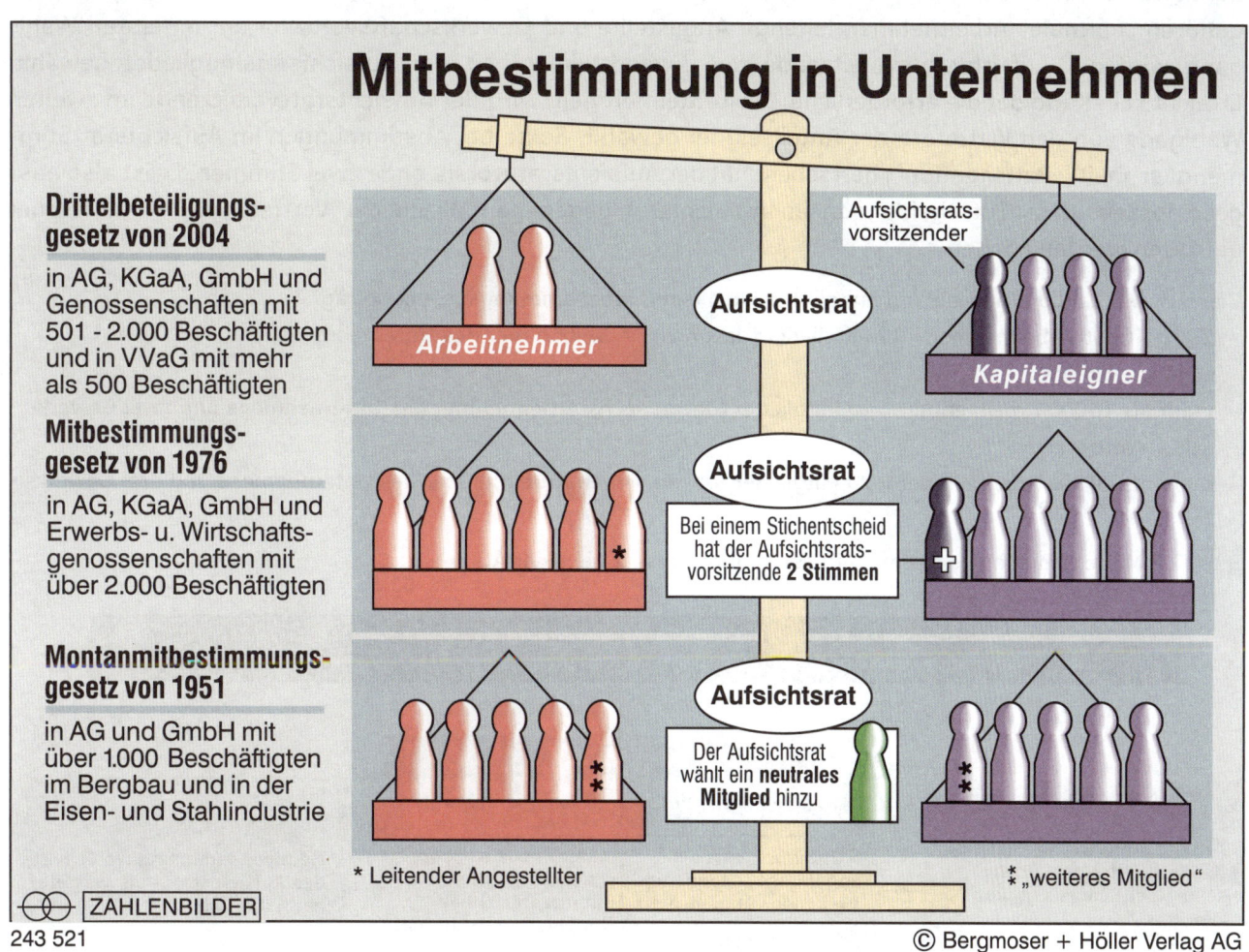

Mitbestimmung in Unternehmen

Drittelbeteiligungsgesetz von 2004

in AG, KGaA, GmbH und Genossenschaften mit 501 - 2.000 Beschäftigten und in VVaG mit mehr als 500 Beschäftigten

Mitbestimmungsgesetz von 1976

in AG, KGaA, GmbH und Erwerbs- u. Wirtschaftsgenossenschaften mit über 2.000 Beschäftigten

Bei einem Stichentscheid hat der Aufsichtsratsvorsitzende **2 Stimmen**

Montanmitbestimmungsgesetz von 1951

in AG und GmbH mit über 1.000 Beschäftigten im Bergbau und in der Eisen- und Stahlindustrie

Der Aufsichtsrat wählt ein **neutrales Mitglied** hinzu

* Leitender Angestellter   ** „weiteres Mitglied"

ZAHLENBILDER
243 521   © Bergmoser + Höller Verlag AG

Mitbestimmung nach dem Drittelbeteiligungsgesetz von 2004
Das Drittelbeteiligungsgesetz von 2004 findet Anwendung auf Aktiengesellschaften und Gesellschaften mit beschränkter Haftung, Kommanditgesellschaften auf Aktien und Genossenschaften mit 501 bis 2 000

Beschäftigten. Zwei Drittel der Mitglieder des Aufsichtsrates (Aktionärsvertreter) werden von der Hauptversammlung, ein Drittel (Arbeitnehmervertreter) wird von den Arbeitnehmern gewählt (**Drittelparität**). Die Unternehmensgröße bestimmt die Zahl der Mitglieder des Aufsichtsrates. Sie muss in jedem Fall durch drei teilbar sein.

Beispiel: Mitbestimmung nach dem Drittelbeteiligungsgesetz bei einer AG

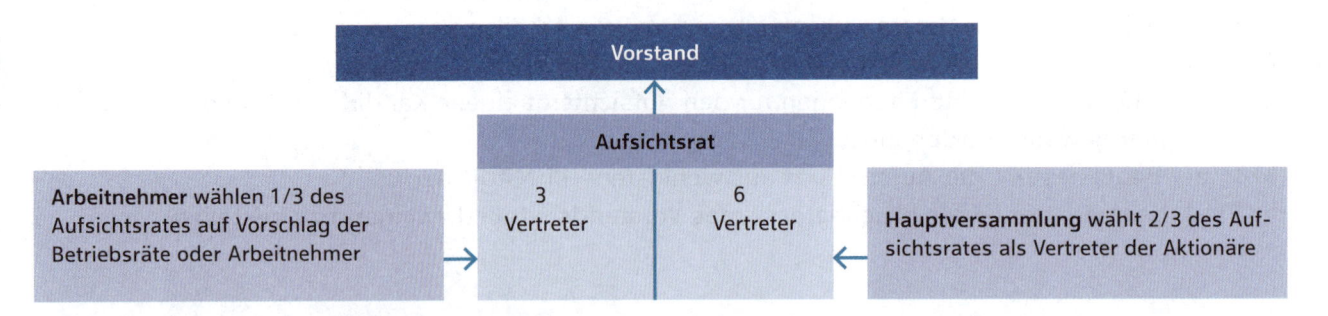

```
                         Vorstand
                            ↑
                       Aufsichtsrat
Arbeitnehmer wählen 1/3 des    3          6      Hauptversammlung wählt 2/3 des Auf-
Aufsichtsrates auf Vorschlag der  Vertreter  Vertreter  sichtsrates als Vertreter der Aktionäre
Betriebsräte oder Arbeitnehmer
```

Mitbestimmung nach dem Mitbestimmungsgesetz von 1976

Das Mitbestimmungsgesetz von 1976 findet Anwendung auf Aktiengesellschaften und Gesellschaften mit beschränkter Haftung, Kommanditgesellschaften auf Aktien und Erwerbs- und Wirtschaftsgenossenschaften mit über 2000 Beschäftigten. Der Aufsichtsrat wird zu gleichen Teilen von Vertretern der Aktionäre und Vertretern der Arbeitnehmer besetzt (**paritätische Mitbestimmung**). Den Arbeitnehmervertretern gehören „normale" Arbeitnehmer, leitende Angestellte und Gewerkschaftsvertreter an. Im ersten Wahlgang wird der Aufsichtsratsvorsitzende mit Zweidrittelmehrheit der Aufsichtsratsmitglieder gewählt. Erreicht kein Kandidat die erforderliche Zweidrittelmehrheit, wird der Aufsichtsratsvorsitzende im zweiten Wahlgang von den Vertretern der Anteilseigner gewählt. Sollte bei Abstimmungen im Aufsichtsrat Stimmengleichheit („Pattsituation") herrschen, hat der Aufsichtsratsvorsitzende **zwei Stimmen**. Es ist also ausgeschlossen, dass Entscheidungen im Aufsichtsrat gegen den Willen der Vertreter der Anteilseigner getroffen werden können.

Beispiel: Die Zahl der Aufsichtsratmitglieder nach dem Mitbestimmungsgesetz beträgt:
- 2001–10000 Arbeitnehmer = 12 Mitglieder (davon vier Arbeitnehmer des Unternehmens und zwei Gewerkschaftsvertreter)
- mehr als 10000 Arbeitnehmer = 16 Mitglieder (davon sechs Arbeitnehmer des Unternehmens und zwei Gewerkschaftsvertreter)
- mehr als 20000 Arbeitnehmer = 20 Mitglieder (davon sieben Arbeitnehmer des Unternehmens und drei Gewerkschaftsvertreter)

Beispiel: Mitbestimmung nach dem Mitbestimmungsgesetz bei einer AG

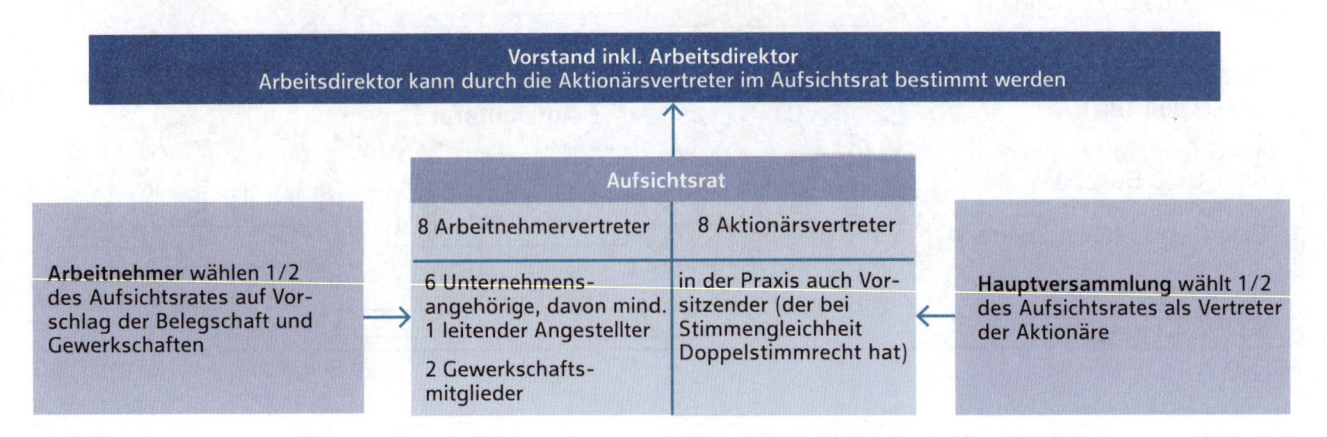

```
            Vorstand inkl. Arbeitsdirektor
Arbeitsdirektor kann durch die Aktionärsvertreter im Aufsichtsrat bestimmt werden
                            ↑
                       Aufsichtsrat
                  8 Arbeitnehmervertreter | 8 Aktionärsvertreter
Arbeitnehmer wählen 1/2   6 Unternehmens-    in der Praxis auch Vor-  Hauptversammlung wählt 1/2
des Aufsichtsrates auf Vor- angehörige, davon mind. sitzender (der bei  des Aufsichtsrates als Vertreter
schlag der Belegschaft und  1 leitender Angestellter Stimmengleichheit der Aktionäre
Gewerkschaften              2 Gewerkschafts-  Doppelstimmrecht hat)
                            mitglieder
```

Mitbestimmung nach dem Montanmitbestimmungsgesetz von 1951

Die Mitbestimmung nach dem Montanmitbestimmungsgesetz von 1951 findet Anwendung auf Aktiengesellschaften und Gesellschaften mit beschränkter Haftung des Bergbaus und der Eisen- und Stahlindustrie mit über 1000 Beschäftigten. Der Aufsichtsrat setzt sich je zur Hälfte aus Vertretern der Anteilseigner und Vertretern der Arbeitnehmer zusammen. Ein **neutrales Mitglied**, auf das sich beide Seiten einigen müssen (**echte paritätische Mitbestimmung**), kommt hinzu. Der Aufsichtsrat besteht damit immer aus einer ungeraden Anzahl an Mitgliedern. Ansonsten ist die Anzahl der Mitglieder von der Größe des Unternehmens abhängig.

Die Arbeitnehmer haben zudem Einfluss bei der Bestellung des **Vorstandes**. Dem Vorstand muss ein **Arbeitsdirektor** angehören, der nicht gegen die Stimmenmehrheit der Arbeitnehmervertreter berufen werden kann. Vom Arbeitsdirektor wird das Ressort „Personal- und Sozialwesen" geleitet. Insofern ist sichergestellt, dass auftretende Sozialprobleme, z. B. durch eine Betriebsänderung, schon bei der Unternehmensplanung berücksichtigt werden können.

Beispiel: Mitbestimmung nach dem Montanmitbestimmungsgesetz bei einer AG

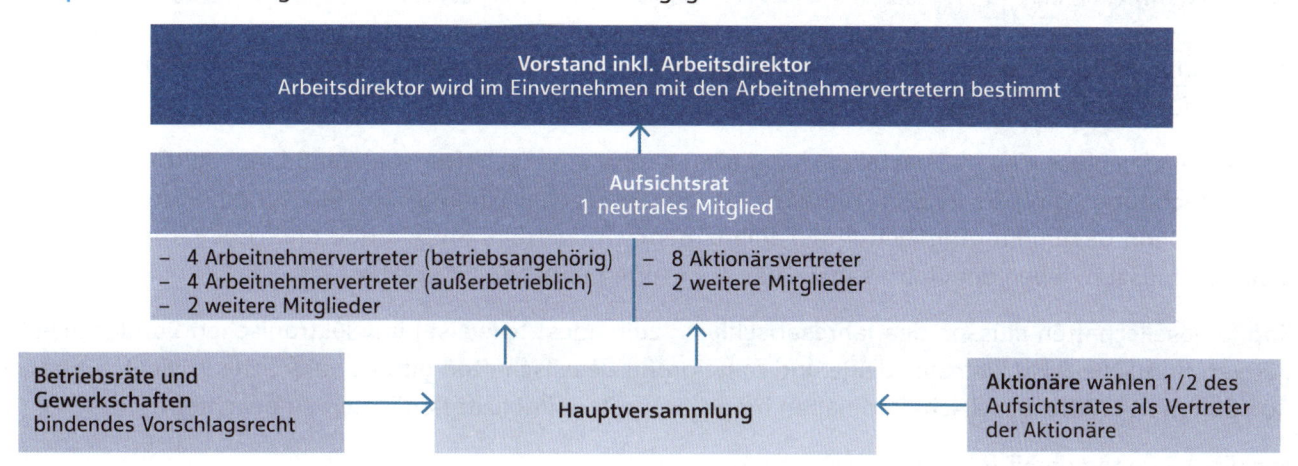

```
                    Vorstand inkl. Arbeitsdirektor
        Arbeitsdirektor wird im Einvernehmen mit den Arbeitnehmervertretern bestimmt
                                    ↑
                                Aufsichtsrat
                             1 neutrales Mitglied

    - 4 Arbeitnehmervertreter (betriebsangehörig)    - 8 Aktionärsvertreter
    - 4 Arbeitnehmervertreter (außerbetrieblich)     - 2 weitere Mitglieder
    - 2 weitere Mitglieder
                        ↑                                    ↑

Betriebsräte und                                                         Aktionäre wählen 1/2 des
Gewerkschaften        →       Hauptversammlung      ←                    Aufsichtsrates als Vertreter
bindendes Vorschlagsrecht                                                der Aktionäre
```

Ergänzende Übung III: Rechnungslegung, Prüfungs- und Publizitätspflichten der AG

1 In der nachfolgenden Tabelle sind vier Aktiengesellschaften beschrieben. Vervollständigen Sie die fehlenden Eintragungen.

	Dieter Meier Software AG	H&T Fahrradgroßhandel AG	VEKUMA AG	Westfälische Automobil AG
Bilanzsumme	300 000,00 €	5 000 000,00 €	18 000 000,00 €	38 000 000,00 €
Umsatz	600 000,00 €	13 000 000,00 €	30 000 000,00 €	50 000 000,00 €
Mitarbeiter	8	40	270	600
Größenklasse				Große AG
Erstellung Bilanz	ja			
Erstellung GuV		ja		
Erstellung Anhang			ja	
Lagebericht	nein			
Veröffentlichung (Jahresabschluss/ Lagebericht)	Nur Hinterlegung der Bilanz und ggf. Anhang			Jahresabschluss und Lagebericht
Prüfung	nein			

Anmerkung: Es wird unterstellt, dass die Angaben für Bilanzsumme, Umsatz und Mitarbeiter konstant sind.

Info Ergänzende Übung III: Rechnungslegung, Prüfungs- und Publizitätspflichten der AG

Die Rechnungslegungsvorschriften der Kapitalgesellschaften unterscheiden sich für bestimmte Größenklassen.

Kriterien für Einstufung der Größenklasse der AG

Größenklasse	Kleinst	Klein	Mittel	Groß
Bilanzsumme (€)	bis 0,35 Mio.	bis 6 Mio.	bis 20 Mio.	ab 20 Mio.
Umsatzerlöse (€)	bis 0,70 Mio.	bis 12 Mio.	bis 40 Mio.	ab 40 Mio.
Anzahl d. Arbeitnehmer	bis 10	bis 50	bis 250	ab 250

Anmerkung: Mindestens zwei der drei Merkmale müssen an zwei aufeinanderfolgenden Abschlussstichtagen erfüllt sein.

Der **Jahresabschluss** einer AG besteht wie bei allen Kapitalgesellschaften aus der **Bilanz**, der **Gewinn- und Verlustrechnung** (GuV) sowie dem **Anhang**. Kleinstkapitalgesellschaften können auf einen Anhang verzichten, wenn bestimmte Angaben in der Bilanz gemacht werden. Mittelgroße und große Kapitalgesellschaften müssen neben dem Jahresabschluss auch einen Lagebericht erstellen.

Kapitalgesellschaften müssen den Jahresabschluss (zumindest teilweise) im elektronischen Bundesanzeiger veröffentlichen. Für kleinste, kleine und mittelgroße Gesellschaften gibt es zahlreiche Erleichterungen. Börsennotierte Aktiengesellschaften haben hingegen weitere Publizitätspflichten zu beachten.

Für die AG gelten damit folgende Bestimmungen:

		Kleinst	Klein	Mittel	Groß
Jahres-abschluss	Erstellung	ja	ja	ja	ja
	Veröffentlichung	nur Hinterlegung der Bilanz	Bundesanzeiger, elektr. (ohne G+V)	Bundesanzeiger, elektr.	Bundesanzeiger, elektr.
Lagebericht	Erstellung	nein	nein	ja	ja
	Veröffentlichung	nein	nein	Bundesanzeiger, elektr.	Bundesanzeiger, elektr.

Bei mittelgroßen Gesellschaften sind der Jahresabschluss und der Lagebericht von Wirtschaftsprüfern oder vereidigten Buchprüfern zu prüfen (**Abschlussprüfung**). Dagegen ist bei großen Gesellschaften nur die Prüfung durch einen Wirtschaftsprüfer möglich. Entspricht das Ergebnis der Prüfung den gesetzlichen Bestimmungen, wird ein Bestätigungsvermerk (**Testat**) erteilt.

Kapitalgesellschaften müssen den Jahresabschluss (zumindest teilweise) im elektronischen Bundesanzeiger **veröffentlichen**. Für börsennotierte Aktiengesellschaften sind weitere Publizitätspflichten zu beachten.

Ergänzende Übung IV: Gewinnverteilung der AG

1 Die Müller AG hat ein gezeichnetes Kapital von 3 Mio. €, eine Kapitalrücklage von 100 000,00 € und eine gesetzliche Gewinnrücklage von 180 000,00 €. Im abgelaufenen Jahr hat die Gesellschaft einen Jahresüberschuss von 300 000,00 € erwirtschaftet. Ein Gewinnvortrag bzw. Verlustvortrag existiert nicht.
   a) Berechnen Sie, wie viel Euro in die gesetzliche Gewinnrücklage einzustellen sind.
   b) Ermitteln Sie den Betrag, den Vorstand und Aufsichtsrat noch in die anderen Gewinnrücklagen einstellen können.

2 Aus dem ersten Jahresabschluss der FGH AG (vgl. vertiefende Übung 3) geht hervor, dass die Gesellschaft einen Jahresüberschuss von 0,5 Mio. € erwirtschaftet hat.
   a) Berechnen Sie, wie viel Euro in die gesetzliche Gewinnrücklage eingestellt werden müssen.
   b) Ermitteln Sie den Betrag, den Vorstand und Aufsichtsrat noch in die anderen Gewinnrücklagen einstellen können.

3 Die Vortmeier Tele AG ist ein neu gegründetes Unternehmen der Elektroindustrie und emittiert 1 Mio. Aktien zum Ausgabepreis von 1,05 €: Der Nennwert der Aktien beträgt 1,00 €.

Im ersten Geschäftsjahr wird ein Jahresüberschuss von 340 000,00 € erzielt. In die gesetzliche Gewinnrücklage sollen die gesetzlich vorgeschriebenen Beträge eingestellt werden. Zudem möchten Vorstand und Aufsichtsrat den höchstmöglich gesetzlich zulässigen Betrag in die anderen Gewinnrücklagen einstellen. Stellen Sie das Eigenkapital der AG nach teilweiser Gewinnverwendung zum Ende des ersten Geschäftsjahres dar.

Bilanzposition	€
I gezeichnetes Kapital	
II Kapitalrücklagen	
III Gewinnrücklagen	
1. Gesetzliche Rücklage	
2. andere Gewinnrücklage	
IV Bilanzgewinn	

4. Eine Aktiengesellschaft weist vor Verteilung des Jahresergebnisses folgende Zahlen aus:

Bilanzposition	€
I gezeichnetes Kapital	7 500 000,00
II Kapitalrücklagen	200 000,00
III Gewinnrücklagen	
1. gesetzl. Gewinnrücklagen	350 000,00
2. andere. Gewinnrücklagen	100 000,00
IV. Gewinnvortrag	0,00
V Jahresüberschuss	1 500 000,00

Der Gewinn soll wie folgt verwendet werden:

1. Einstellung in die gesetzliche Gewinnrücklage gemäß den gesetzlichen Vorschriften.

2. Einstellung in „andere Gewinnrücklagen": 15 % des Jahresüberschusses.

3. An die Aktionäre sind 18 % Dividende (auf das gezeichnete Kapital) auszuschütten.

4. Der Rest des Jahresüberschusses ist als Gewinnvortrag zu übernehmen.

   a) Berechnen Sie die Einstellungen in die gesetzlich Gewinnrücklage, die anderen Gewinnrücklagen, die auszuschüttende Dividende und den Gewinnvortrag.
   b) Stellen Sie das Eigenkapital nach der Gewinnverteilung in einem Bilanzauszug dar.

Info Ergänzende Übung IV: Gewinnverteilung der AG

Die Gewinnverteilung einer AG vollzieht sich in der Regel in folgenden **Schritten**:

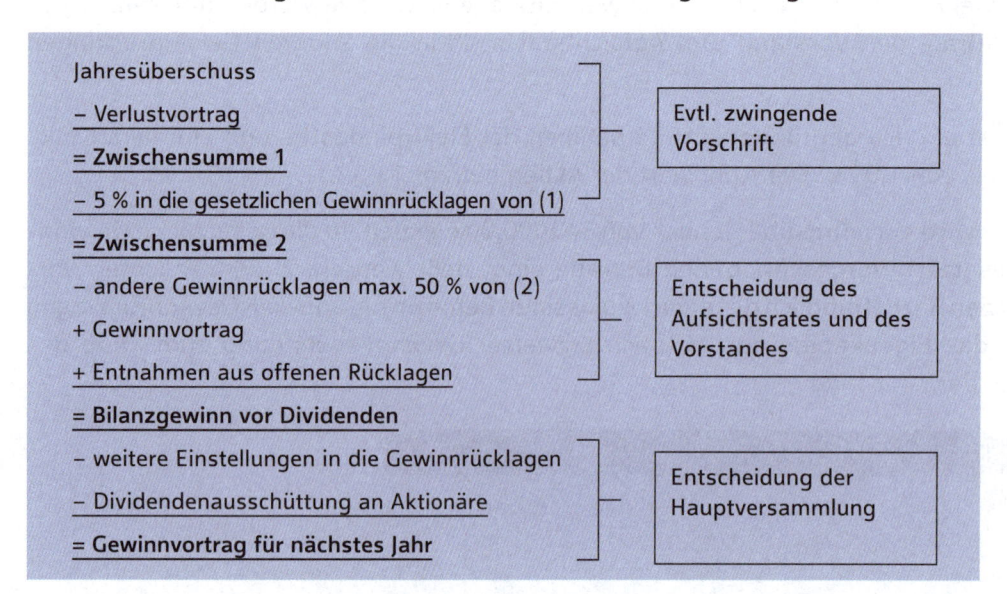

```
Jahresüberschuss
– Verlustvortrag                                    ⎱ Evtl. zwingende
= Zwischensumme 1                                   ⎰ Vorschrift
– 5 % in die gesetzlichen Gewinnrücklagen von (1)
= Zwischensumme 2
– andere Gewinnrücklagen max. 50 % von (2)          ⎱ Entscheidung des
+ Gewinnvortrag                                     ⎰ Aufsichtsrates und des
+ Entnahmen aus offenen Rücklagen                   ⎰ Vorstandes
= Bilanzgewinn vor Dividenden
– weitere Einstellungen in die Gewinnrücklagen      ⎱ Entscheidung der
– Dividendenausschüttung an Aktionäre               ⎰ Hauptversammlung
= Gewinnvortrag für nächstes Jahr
```

Dabei sind folgende **Anmerkungen** zu beachten:

Gesetzliche Gewinnrücklage:

Es müssen so lange 5 % des um einen Verlustvortrag geminderten Jahresüberschusses in die gesetzliche Rücklage eingestellt werden, bis die gesetzliche Rücklage und die Kapitalrücklage 10 % des gezeichneten Kapitals ausmachen.

Andere Gewinnrücklage:

Aufsichtsrat und Vorstand können weitere Beträge, jedoch maximal 50 % des (um die Einstellung in die gesetzliche Rücklage sowie eines Verlustvortrages geminderten) Jahresüberschusses in die anderen Gewinnrücklagen einstellen.

(Jahresüberschuss – gesetzliche Rücklage – Verlustvortrag) · 50 %

Weitere Einstellungen in die Gewinnrücklage:

Die Hauptversammlung kann den Bilanzgewinn ganz oder teilweise ausschütten, weitere Teile des Bilanzgewinns in die anderen Rücklagen einstellen oder als Gewinn auf das nächste Jahr vortragen.

Dividende:

Anteil am Gewinn, der an die Aktionäre ausgeschüttet wird

Gewinnvortrag:

nicht ausgeschütteter Gewinn(-rest)

ZUSAMMENFASSUNG

AG	
Gründung	Die AG kann durch _____ oder _____ Gesellschafter gegründet werden, wobei der Gesellschaftsvertrag der _____ Form bedarf.
Handelsregister	Als _____ kaufmann wird die AG ins Handelsregister Abteilung _____ eingetragen.
Kapitalaufbringung	Für die AG ist ein Grundkapital (= _____ Kapital) von _____ € vorgeschrieben. Der Mindestnennwert einer Aktie beträgt _____ €. Bei einer Überpari-Emission ist der Ausgabebetrag > Nennwert (= _____).
Haftung	Die Haftung ist auf das _____ beschränkt.
Geschäftsführung	Die Gesellschaft hat mindestens _____ Vorstand, bei größeren Gesellschaften auch mehrere Vorstände. Bei mehreren Vorständen besteht _____.
Vertretung	Es ist eine _____ der Vorstände vorgesehen. Eine _____ des Umfanges der Vertretungsbefugnis im Außenverhältnis ist nicht möglich.
Gewinnverteilung	_____ können in der Gesellschaft verbleiben oder als _____ an die _____ ausgeschüttet werden.
Rechnungslegungsvorschriften	Es sind die ergänzenden Rechnungslegungsvorschriften der § 264 ff. des _____ zu beachten.
Publizitäts- und Prüfungspflichten	Abhängig von der Größe der AG muss der Jahresabschluss _____ und die AG _____ werden.

AG	
Auflösung	Die AG kann aus vielfältigen Gründen aufgelöst werden. Häufig ist ein _____ der Gesellschaft im Ganzen vorteilhafter für die Gesellschafter.
Liquidation	Die Liquidation der Gesellschaft erfolgt außer im Insolvenzverfahren durch den _____.
Organe der AG	
Hautversammlung	Die Hautversammlung ist für die _____ und Abberufung des _____ zuständig. Sie beschließt über die Verwendung des _____. Für Satzungsänderungen, z. B. eine Kapitalerhöhung, ist eine _____ notwendig.
Aufsichtsrat	Vertreter der _____ und ab _____ Mitarbeitern auch Vertreter der Arbeitnehmer bilden den Aufsichtsrat. Der Aufsichtsrat ist vor allem für die _____ und Abberufung des Vorstandes, die _____ der Geschäftsführung des Vorstandes sowie die _____ der Buchführung, des Jahresabschlusses sowie des Lageberichtes zuständig. Zu bestimmten Geschäften muss er ggf. seine _____ geben.
Vorstand	Der Vorstand ist zuständig für die _____ und _____ der Gesellschaft und wird vom _____ gewählt.

SELBSTEINSCHÄTZUNG	JA 🙂	MIT HILFE 😐	NEIN 🙁
Ich kann die AG anhand geeigneter Merkmale beschreiben.			
Bei folgenden Merkmalen habe ich noch Unterstützungsbedarf:			
Ich kann begründen, wer in welcher Funktion für eine AG tätig werden sollte.			

SELBSTEINSCHÄTZUNG

	JA 😊	MIT HILFE 😐	NEIN ☹
Ich kann die Vor- und Nachteile der AG vor dem Hintergrund einer konkreten Situation abwägen.			
Ich kann fallbezogene Aufgaben zur AG lösen.			

Außerdem habe ich gelernt:

_____
_____
_____
_____
_____
_____
_____
_____
_____
_____
_____
_____
_____
_____
_____

HINWEIS Zur Wiederholung und Vertiefung: Seite 155 f., Aufgabe 9.

TRAININGSMODUL — Unternehmensformen

Aufgabe 1

Begründen Sie kurz, welche Rechtsform in den folgenden Fällen beschrieben wird.

a) Herr Meier betreibt ein Blumengeschäft. Als alleiniger Inhaber hat er sich in das Handelsregister eintragen lassen. Er haftet unbeschränkt.

b) Nach zwei Jahren möchte Herr Meier seine Haftung beschränken. Er bringt ein Eigenkapital von 25 000,00 € ein.

c) Klaus Müller und Dieter Meier betreiben als gleichberechtigte Partner ein Maschinenbauunternehmen. Beide Partner haften unbeschränkt, um die Kreditfinanzierung des Unternehmens zu erleichtern.

d) Klaus Müller und Dieter Meier nehmen Ewald Strickmann als Gesellschafter in eine Personengesellschaft auf. Ewald Strickmann arbeitet nicht aktiv mit, für ihn steht die Kapitalbeteiligung im Vordergrund.

e) Aufgrund eines immensen Kapitalbedarfs hat ein Automobilunternehmen eine Vielzahl von Gesellschaftern. Die Haftung der Gesellschafter ist beschränkt. Die Anteile der Gesellschaft werden an der Börse gehandelt.

Aufgabe 2

Entscheiden Sie, ob die folgenden Aussagen auf die
- AG,
- GmbH,
- KG,
- OHG

zutreffen.

a) Die Anteile der Gesellschaft können unter bestimmten Voraussetzungen zum Börsenhandel zugelassen werden.

b) Die Gewinnverteilung erfolgt nach Köpfen.

c) Die Gesellschaft hat ein Mindeststammkapital von 25 000,00 €.

d) Es gibt sowohl beschränkt als auch unbeschränkt haftende Gesellschafter

e) Die Gesellschaft wird durch einen Vorstand vertreten.

f) Alle Gesellschafter haften unbeschränkt.

g) Die Gewinnverteilung erfolgt u. A. in einem angemessen Verhältnis.

h) Die Gesellschafterversammlung trifft die Grundsatzentscheidungen für die Gesellschaft.

Aufgabe 3

Stefan Westers möchte den Schritt in die Selbstständigkeit wagen. Als gelernter Drucker hat er seine Meisterprüfung abgelegt und verfügt über gute Kontakte zu potenziellen Kunden. Geeignete Räumlichkeiten und die notwendigen Maschinen kann er von der Druckerei Jörg Breulmann e. K. übernehmen. Jörg Breulmann möchte sein Geschäft aus Altersgründen aufgeben. Stefan Westers möchte sein Erspartes in Höhe von 125 000,00 € in das Geschäft einbringen und sein Unternehmen als alleiniger Inhaber betreiben.

a) Aufgrund der geringen Gründungskosten möchte Stefan Westers eine Einzelunternehmung betreiben. Wählen Sie eine geeignete Firma und erläutern Sie haftungsrechtliche Risiken.

b) Nach erfolgreichem Start wächst ihm die Arbeit langsam über den Kopf. Er möchte deshalb Reinhard Wälte als Teilhaber gewinnen. Die beiden wollen das Unternehmen als Personengesellschaft betreiben. Stellen Sie die KG und OHG anhand entscheidungsrelevanter Kriterien gegenüber.

c) Stefan Westers und Reinhard Wälte betreiben die Gesellschaft mittlerweile mit großem Erfolg. Die Kapitalausstattung des Unternehmens ist gut und so entscheiden sich Stefan Westers und Reinhard Wälte, ihre Gesellschaft in eine GmbH umzuwandeln. Stellen Sie die wesentlichen Vor- und Nachteile der Gründung einer GmbH heraus.

d) Stefan Westers und Reinhard Wälte werden als alleinige Gesellschafter auch zu Geschäftsführern der GmbH bestellt. Erläutern Sie, welche Aufgaben die beiden als Geschäftsführer haben.

e) Stefan Westers möchte für die GmbH eine Maschine erwerben. Er unterzeichnet deshalb einen Kaufvertrag und informiert Reinhard Wälte über den Kauf der Maschine. Dieser zeigt sich empört über den Kauf. Erläutern Sie, ob die GmbH wirksam verpflichtet wurde, wenn die gesetzlichen Regelungen gelten.

f) Im Streit über den Kauf der Maschine möchte Stefan Westers einen Beschluss der Gesellschafterversammlung über den Kauf der Maschine herbeiführen. Stefan Westers verfügt über einen Geschäftsanteil von 350 000,00 €, Reinhard Wälte über einen Geschäftsanteil von 250 000,00 €. Begründen Sie, ob Stefan Westers sich durchsetzen wird.

g) Zudem möchte Stefan Westers Heiner Heimann als neuen Gesellschafter gewinnen. Auch hiermit ist Reinhard Wälte nicht einverstanden, da er ihn für ungeeignet hält. Legen Sie dar, ob Reinhard Wälte die Aufnahme des neuen Gesellschafters verhindern kann.

h) Reinhard Wälte schlägt vor, die Gesellschaft in eine AG umzuwandeln. Nach einigem Zögern stimmt Stefan Westers der Umwandlung zu. Die beiden möchten ihr Kapital in Inhaberaktien umwandeln. Erläutern Sie, ob die Gesellschaft über das nötige Kapital für die Gründung einer AG verfügt.

i) Zudem möchte Reinhard Wälte sich aus dem operativen Geschäft der Druckerei zurückziehen. Dies soll von Stefan Westers verantwortlich wahrgenommen werden. Beschreiben Sie die verschiedenen Organe einer AG und begründen Sie, in welchen Organen die beiden tätig werden sollen.

LERNSITUATION 10
Einen Ausbildungsvertrag schließen – das Berufsbildungsgesetz

Ausgangssituation: Lehrjahre – doch ein ganz kleines bisschen Herrenjahre?

Leonie Gremme, Auszubildende zur Industriekauffrau bei der WFW AG, sitzt mit ihrer Freundin Birgit zusammen. Birgit besucht die Höhere Berufsfachschule im Berufsfeld „Wirtschaft und Verwaltung". Sie erzählt Leonie begeistert, dass sie nach ihrem Abschluss auch eine Ausbildung zur Industriekauffrau beginnen wird, und zeigt ihr den Ausbildungsvertrag, den sie von Herrn Günnigmann von der Andreas Schneider Metallverarbeitung GmbH zur Unterschrift mit bekommen hat.

Birgit: „Schau mal, Leonie, hier ist mein Ausbildungsvertrag. Der muss nur noch unterschrieben werden. Mit 17 Jahren verdiene ich dann endlich mein eigenes Geld: 896,00 € im Monat!"

Leonie: „Klasse, 896,00 € sind im ersten Lehrjahr eine Menge Geld. Außerdem wird dir die Ausbildung zur Industriekauffrau bestimmt viel Spaß machen. Mir gefällt es bis jetzt jedenfalls richtig gut."

Birgit: „Das freut mich, aber wie ist das mit deinem Gehalt? Verdienst du eigentlich mehr als ich?"

Leonie: „Im ersten Lehrjahr sind es bei mir auch 896,00 € gewesen. Danach wird es allerdings mehr. Überhaupt sind viele Dinge aus deinem Vertrag bei mir anders geregelt."

Birgit: „Welche denn?"

Leonie: „Ich habe beispielsweise eine Probezeit von vier Monaten. Du hast überhaupt keine Probezeit und außerdem dauert deine Ausbildung länger."

Birgit: „Schon komisch."

Leonie: „Wir sollten deinen Vertrag mal genauer überprüfen, bevor du ihn unterschreibst."

Arbeitsaufträge

1 Helfen Sie Leonie und Birgit anhand des Auszuges aus dem Berufsbildungsgesetz (Info 1) und der Informationen zum Berufsbildungsgesetz und der Ausbildungsordnung (Info 2) bei der Überprüfung des Ausbildungsvertrages (Seite 98). Klären Sie folgende Punkte zu Birgits Ausbildungsvertrag:
   a) Nennen Sie die Beteiligten an Birgits Berufsausbildung.
   b) Erklären Sie die Bedeutung der Probezeit und erläutern Sie, ob die im Ausbildungsvertrag getroffene Regelung zulässig ist (§ 20 BBiG).
   c) Beurteilen Sie, ob Birgits Ausbildungsvergütung angemessen ist (§ 17 BBiG).
   d) Erläutern Sie, ob Birgits Ausbildungszeit den Vorschriften der Ausbildungsordnung entspricht (§ 2 Ausbildungsordnung).
   e) Stellen Sie die Bedingungen heraus, unter denen ein Teil der Ausbildung im Ausland absolviert werden kann (§ 2 BBiG) und nennen Sie mögliche Vorteile.
   f) Begründen Sie, ob Birgits Eltern dem Ausbildungsverhältnis zustimmen und den Ausbildungsvertrag unterschreiben müssen (§ 11 BBiG).

LERNSITUATION 10

Ausbildungsvertrag nach einem Muster der IHK Nord Westfalen

IHK Nord Westfalen

Berufsausbildungsvertrag
(§§ 10, 11 Berufsausbildungsgesetz – BBiG)

Zwischen der/dem Ausbildenden (Ausbildungsbetrieb) und der/dem Auszubildenden — weiblich [X] männlich [ ]

Der Ausbildungsbetrieb gehört zum öffentlichen Dienst [ ]

Firmenident-Nr.: 444-555-777
Tel.-Nr.: 02551 701655

Name und Anschrift des Ausbildenden (Ausbildungsbetrieb):
Andreas Schneider Metallverarbeitung GmbH

Straße, Haus-Nr.: Bahnhofstr. 14
PLZ: 48565 **Ort:** Steinfurt

E-Mail-Adresse des Ausbildenden: Schneider-Metallverarbeitung@t-online.de

Verantwortliche/r Ausbilder/in:
Herr/Frau: Alfons Günnigmann — 05.10.1973

Name: Birgit **Vorname:** Bergmann
Straße, Haus-Nr.: Borghorster Str. 40
PLZ: 48565 **Ort:** Steinfurt
Geburtsdatum: 17.10. 20xx
Staatsangehörigkeit: deutsch
Gesetzl. Vertreter: Eltern [X] Vater [ ] Mutter [ ] Vormund [ ]
Namen, Vornamen der gesetzlichen Vertreter: Günter und Nina Bergmann
Straße, Hausnummer: Borghorster Str. 40
PLZ: 48565 **Ort:** Steinfurt

wird nachstehender Vertrag zur Ausbildung im Ausbildungsberuf: **Industriekauffrau**

mit der Fachrichtung/dem Schwerpunkt/dem Wahlbaustein/Einsatzgebiet etc.: ---

nach Maßgabe der Ausbildungsordnung geschlossen.

Änderungen des wesentlichen Vertragsinhaltes sind von der/dem Ausbildenden unverzüglich zur Eintragung in das Verzeichnis der Berufsausbildungsverhältnisse bei der Industrie- und Handelskammer anzuzeigen.

Zuständige Berufsschule: Hermann-Emanuel-Berufskolleg

Die beigefügten Angaben zur sachlichen und zeitlichen Gliederung des Ausbildungsablaufs (Ausbildungsplan) sind Bestandteil dieses Vertrages.

Duales Studium: [ ] ja [X] nein

Vorausgegangene Berufsausbildung/Vorbildung/Grundbildung:
von mindestens 6 Monaten – weitere Hinweise siehe Rückseite des Antrages auf Eintragung

Erfolgreich abgeschlossen: ja/nein
1. Höhere Berufsfachschule Wirtschaft und Verwaltung [X]
2.
3.

A Die Ausbildungszeit beträgt nach der Ausbildungsordnung **38** Monate.
Es wird eine Anrechnung/Verkürzung von **0** Monaten beantragt.
Das Berufsausbildungsverhältnis
beginnt am **01.08.20(1)** endet am **30.09.20(4)**

B ~~Die Probezeit (§ 1 Nr. 2) beträgt 1 2 3 4 Monate.~~

C Die Ausbildung findet vorbehaltlich der Regelungen nach D (§ 3 Nr. 12) in **Andreas Schneider Metallverarbeitung, Steinfurt** und den mit dem Betriebssitz für die Ausbildung üblicherweise zusammenhängenden Bau-, Montage- und sonstigen Arbeitsstellen statt.

D Ausbildungsmaßnahmen außerhalb der Ausbildungsstätte (§ 3 Nr. 12) (mit Zeitraumangabe) **A. Schneider Limited London, 02.05.20(2)-30.05.20(2)**

E Der Ausbildende zahlt der/dem Auszubildenden eine angemessene Vergütung (§ 5); diese beträgt zurzeit monatlich brutto:

EUR	896	896	896	---
im	ersten	zweiten	dritten	vierten

Ausbildungsjahr.

F Die regelmäßige tägliche Ausbildungszeit beträgt **8,00** Stunden.
Die regelmäßige wöchentl. Ausbildungszeit beträgt **40,00** Stunden.
Teilzeitausbildung wird beantragt: [ ] ja [X] nein siehe Rückseite Punkt 9c

G Der Ausbildende gewährt der/dem Auszubildenden Urlaub nach den geltenden Bestimmungen. Es besteht ein Urlaubsanspruch

im Jahr	20(1)	20(2)	20(3)	20(4)	20(5)
Werktage					
Arbeitstage	13	30	30	23	

H Hinweise auf anzuwendende Tarifverträge und Betriebsvereinbarungen; sonstige Vereinbarungen:
Haustarifvertrag zwischen der WFW AG und der IG Metall

J Die beigefügten Vereinbarungen sind Gegenstand dieses Vertrages und werden anerkannt.

Ort und Datum _____
Die/Der Ausbildende: _____
Stempel und Unterschrift
Die/Der Auszubildende: _____
Vor- und Familienname
Gesetzl. Vertreter der/des Auszubildenden: _____
Gesetzl. Vertreter

Die Paragrafenangaben beziehen sich auf die Vertragsbedingungen/Rückseite des Vertrages. Bitte Rückseite beachten!

2. Blatt = Ausfertigung für die IHK, Seite 3 von 4

2 Die Rückseite des abgebildeten Ausbildungsvertrages enthält genauere Angaben zum Ausbildungsverhältnis. Nennen Sie die Mindestinhalte, die nach § 11 BBiG für den Berufsausbildungsvertrag vorgeschrieben sind.

3 Erstellen Sie eine Übersicht mit den Pflichten des Auszubildenden (§ 13 BBiG) und den Pflichten des Ausbildenden (§§ 14–17 BBiG). Geben Sie für die jeweiligen Pflichten je ein Beispiel.

4 Erläutern Sie, welche Regelungen für die Freistellung von Auszubildenden gelten und wie diese Freistellungszeiten auf die Arbeitszeit anzurechnen sind.

5 Unterstellen Sie, dass der abgebildete Ausbildungsvertrag entsprechend den gesetzlichen Vorgaben korrigiert wurde. Erläutern Sie, unter welchen Voraussetzungen Birgit sowie die Andreas Schneider Metallverarbeitung GmbH das Berufsausbildungsverhältnis in und nach der Probezeit kündigen können (§ 22 BBiG).

6 Nach Rücksprache mit Herrn Günnigmann wurde die Ausbildungszeit auf 36 Monate herabgesetzt. Erklären Sie, unter welchen Bedingungen eine weitere Verkürzung oder Verlängerung der Ausbildung denkbar ist (§§ 8, 21, 45 BBiG).

7 Angenommen Birgit besteht ihre Abschlussprüfung vor dem im Ausbildungsvertrag vorgesehenen Ende der Ausbildung und verabschiedet sich am nächsten Tag in den wohlverdienten Mallorca-Urlaub. Erläutern Sie, ob Birgit dazu berechtigt ist (§ 21 BBiG).

Info 1: Auszug aus dem Berufsbildungsgesetz (BBiG)

§ 2 Lernorte der Berufsbildung
(1) Berufsbildung wird durchgeführt
  1. in Betrieben der Wirtschaft, in vergleichbaren Einrichtungen außerhalb der Wirtschaft, insbesondere des öffentlichen Dienstes, der Angehörigen freier Berufe und in Haushalten (betriebliche Berufsbildung),
  2. in berufsbildenden Schulen (schulische Berufsbildung) und
  3. in sonstigen Berufsbildungseinrichtungen außerhalb der schulischen und betrieblichen Berufsbildung (außerbetriebliche Berufsbildung). (...)
(3) Teile der Berufsausbildung können im Ausland durchgeführt werden, wenn dies dem Ausbildungsziel dient. Ihre Gesamtdauer soll ein Viertel der in der Ausbildungsordnung festgelegten Ausbildungsdauer nicht überschreiten.

§ 7 Anrechnung beruflicher Vorbildung auf die Ausbildungsdauer
(1) Die Landesregierungen können nach Anhörung des Landesausschusses für Berufsbildung durch Rechtsverordnung bestimmen, dass der Besuch eines Bildungsganges berufsbildender Schulen oder die Berufsausbildung in einer sonstigen Einrichtung ganz oder teilweise auf die Ausbildungsdauer angerechnet wird. Die Ermächtigung kann durch Rechtsverordnung auf oberste Landesbehörden weiter übertragen werden. Die Rechtsverordnung kann vorsehen, dass die Anrechnung eines gemeinsamen Antrags der Auszubildenden und Ausbildenden bedarf.

§ 7a Teilzeitberufsausbildung
(1) Die Berufsausbildung kann in Teilzeit durchgeführt werden. Im Berufsausbildungsvertrag ist für die gesamte Ausbildungszeit oder für einen bestimmten Zeitraum der Berufsausbildung die Verkürzung der täglichen oder der wöchentlichen Ausbildungszeit zu vereinbaren. Die Kürzung der täglichen oder wöchentlichen Ausbildungszeit darf nicht mehr als 50 Prozent betragen.
(2) Die Dauer der Teilzeitberufsausbildung verlängert sich entsprechend, höchstens jedoch bis zum Eineinhalbfachen der Dauer, die in der Ausbildungsordnung für die betreffende Berufsausbildung in Vollzeit festgelegt ist. Die Dauer der Teilzeitberufsausbildung ist auf ganze Monate abzurunden. § 8 Absatz 2 bleibt unberührt.

§ 8 Verkürzung oder Verlängerung der Ausbildungsdauer
(1) Auf gemeinsamen Antrag der Auszubildenden und der Ausbildenden hat die zuständige Stelle die Ausbildungsdauer zu kürzen, wenn zu erwarten ist, dass das Ausbildungsziel in der gekürzten Dauer erreicht wird.
(2) In Ausnahmefällen kann die zuständige Stelle auf Antrag Auszubildender die Ausbildungsdauer verlängern, wenn die Verlängerung erforderlich ist, um das Ausbildungsziel zu erreichen. Vor der Entscheidung über die Verlängerung sind die Ausbildenden zu hören.

§ 10 Vertrag
(1) Wer andere Personen zur Berufsausbildung einstellt (Ausbildende), hat mit den Auszubildenden einen Berufsausbildungsvertrag zu schließen. (...)

§ 11 Vertragsniederschrift
(1) Ausbildende haben unverzüglich nach Abschluss des Berufsausbildungsvertrages, spätestens vor Beginn der Berufsausbildung, den wesentlichen Inhalt des Vertrages gemäß Satz 2 schriftlich niederzulegen; die elektronische Form ist ausgeschlossen. In die Niederschrift sind mindestens aufzunehmen
   1. Art, sachliche und zeitliche Gliederung sowie Ziel der Berufsausbildung, insbesondere die, für die ausgebildet werden soll,
   2. Beginn und Dauer der Berufsausbildung,
   3. Ausbildungsmaßnahmen außerhalb der Ausbildungsstätte,
   4. Dauer der regelmäßigen täglichen Ausbildungszeit,
   5. Dauer der Probezeit,
   6. Zahlung und Höhe der Vergütung,
   7. Dauer des Urlaubs,
   8. Voraussetzungen, unter denen der Berufsausbildungsvertrag gekündigt werden kann,
   9. ein in allgemeiner Form gehaltener Hinweis auf die Tarifverträge, Betriebs- oder Dienstvereinbarungen, die auf das Berufsausbildungsverhältnis anzuwenden sind,
   10. die Form des Ausbildungsnachweises nach § 13 Satz 2 Nummer 7.
(2) Die Niederschrift ist von den Ausbildenden, den Auszubildenden und deren gesetzlichen Vertretern und Vertreterinnen zu unterzeichnen.
(3) Ausbildende haben den Auszubildenden und deren gesetzlichen Vertretern und Vertreterinnen eine Ausfertigung der unterzeichneten Niederschrift unverzüglich auszuhändigen.

Pflichten der Auszubildenden

§ 13 Verhalten während der Berufsausbildung
Auszubildende haben sich zu bemühen, die berufliche Handlungsfähigkeit zu erwerben, die zum Erreichen des Ausbildungsziels erforderlich ist. Sie sind insbesondere verpflichtet,
   1. die ihnen im Rahmen ihrer Berufsausbildung aufgetragenen Aufgaben sorgfältig auszuführen,
   2. an Ausbildungsmaßnahmen teilzunehmen, für die sie nach § 15 freigestellt werden,
   3. den Weisungen zu folgen, die ihnen im Rahmen der Berufsausbildung von Ausbildenden, von Ausbildern oder Ausbilderinnen oder von anderen weisungsberechtigten Personen erteilt werden,
   4. die für die Ausbildungsstätte geltende Ordnung zu beachten,
   5. Werkzeug, Maschinen und sonstige Einrichtungen pfleglich zu behandeln,
   6. über Betriebs- und Geschäftsgeheimnisse Stillschweigen zu wahren,
   7. einen schriftlichen oder elektronischen Ausbildungsnachweis zu führen.

Pflichten der Ausbildenden

§ 14 Berufsausbildung
(1) Ausbildende haben
   1. dafür zu sorgen, dass den Auszubildenden die berufliche Handlungsfähigkeit vermittelt wird, die zum Erreichen des Ausbildungsziels erforderlich ist, und die Berufsausbildung in einer durch ihren Zweck gebotenen Form planmäßig, zeitlich und sachlich gegliedert so durchzuführen, dass das Ausbildungsziel in der vorgesehenen Ausbildungszeit erreicht werden kann,
   2. selbst auszubilden oder einen Ausbilder oder eine Ausbilderin ausdrücklich damit zu beauftragen,
   3. Auszubildenden kostenlos die Ausbildungsmittel, insbesondere Werkzeuge, Werkstoffe und Fachliteratur zur Verfügung zu stellen, die zur Berufsausbildung und zum Ablegen von Zwischen- und Abschlussprüfungen, auch soweit solche nach Beendigung des Berufsausbildungsverhältnisses stattfinden, erforderlich sind,
   4. Auszubildende zum Besuch der Berufsschule anzuhalten,
   5. dafür zu sorgen, dass Auszubildende charakterlich gefördert sowie sittlich und körperlich nicht gefährdet werden.
(2) Ausbildende haben Auszubildende zum Führen der Ausbildungsnachweise nach § 13 Satz 2 Nummer 7 anzuhalten und diese regelmäßig durchzusehen. Den Auszubildenden ist Gelegenheit zu geben, den Ausbildungsnachweis am Arbeitsplatz zu führen.
(3) Auszubildenden dürfen nur Aufgaben übertragen werden, die dem Ausbildungszweck dienen und ihren körperlichen Kräften angemessen sind.

§ 15 Freistellung, Anrechnung
(1) Ausbildende dürfen Auszubildende vor einem vor 9 Uhr beginnenden Berufsschulunterricht nicht beschäftigen. Sie haben Auszubildende freizustellen
   1. für die Teilnahme am Berufsschulunterricht,
   2. an einem Berufsschultag mit mehr als fünf Unterrichtsstunden von mindestens je 45 Minuten, einmal in der Woche,
   3. in Berufsschulwochen mit einem planmäßigen Blockunterricht von mindestens 25 Stunden an mindestens fünf Tagen,
   4. für die Teilnahme an Prüfungen und Ausbildungsmaßnahmen, die auf Grund öffentlich-rechtlicher oder vertraglicher Bestimmungen außerhalb der Ausbildungsstätte durchzuführen sind, und
   5. an dem Arbeitstag, der der schriftlichen Abschlussprüfung unmittelbar vorangeht.

   Im Fall von Satz 2 Nummer 3 sind zusätzliche betriebliche Ausbildungsveranstaltungen bis zu zwei Stunden wöchentlich zulässig.
(2) Auf die Ausbildungszeit der Auszubildenden werden angerechnet
   1. die Berufsschulunterrichtszeit einschließlich der Pausen nach Absatz 1 Satz 2 Nummer 1,
   2. Berufsschultage nach Absatz 1 Satz 2 Nummer 2 mit der durchschnittlichen täglichen Ausbildungszeit,
   3. Berufsschulwochen nach Absatz 1 Satz 2 Nummer 3 mit der durchschnittlichen wöchentlichen Ausbildungszeit,
   4. die Freistellung nach Absatz 1 Satz 2 Nummer 4 mit der Zeit der Teilnahme einschließlich der Pausen und
   5. die Freistellung nach Absatz 1 Satz 2 Nummer 5 mit der durchschnittlichen täglichen Ausbildungszeit.
(3) Für Auszubildende unter 18 Jahren gilt das Jugendarbeitsschutzgesetz.

§ 16 Zeugnis
(1) Ausbildende haben den Auszubildenden bei Beendigung des Berufsausbildungsverhältnisses ein schriftliches Zeugnis auszustellen. Die elektronische Form ist ausgeschlossen. Haben Ausbildende die Berufsausbildung nicht selbst durchgeführt, so soll auch der Ausbilder oder die Ausbilderin das Zeugnis unterschreiben.
(2) Das Zeugnis muss Angaben enthalten über Art, Dauer und Ziel der Berufsausbildung sowie über die erworbenen beruflichen Fertigkeiten, Kenntnisse und Fähigkeiten der Auszubildenden. Auf Verlangen Auszubildender sind auch Angaben über Verhalten und Leistung aufzunehmen.

§ 17 Vergütungsanspruch und Mindestvergütung
(1) Ausbildende haben Auszubildenden eine angemessene Vergütung zu gewähren. Die Vergütung steigt mit fortschreitender Berufsausbildung, mindestens jährlich, an.
(2) Die Angemessenheit der Vergütung ist ausgeschlossen, wenn sie folgende monatliche Mindestvergütung unterschreitet:
   1. im ersten Jahr einer Berufsausbildung
      a) 515 Euro, wenn die Berufsausbildung im Zeitraum vom 1. Januar 2020 bis zum 31. Dezember 2020 begonnen wird, (...)
      d) 620 Euro, wenn die Berufsausbildung im Zeitraum vom 1. Januar 2023 bis zum 31. Dezember 2023 begonnen wird.
   2. im zweiten Jahr einer Berufsausbildung den Betrag nach Nummer 1 für das jeweilige Jahr, in dem die Berufsausbildung begonnen worden ist, zuzüglich 18 Prozent, (...)
(3) Angemessen ist auch eine für den Ausbildenden nach § 3 Absatz 1 des Tarifvertragsgesetzes geltende tarifvertragliche Vergütungsregelung, durch die die in Absatz 2 genannte jeweilige Mindestvergütung unterschritten wird. (...)
(4) Die Angemessenheit der vereinbarten Vergütung ist auch dann, wenn sie die Mindestvergütung nach Absatz 2 nicht unterschreitet, in der Regel ausgeschlossen, wenn sie die Höhe der in einem Tarifvertrag geregelten Vergütung, in dessen Geltungsbereich das Ausbildungsverhältnis fällt, an den der Ausbildende aber nicht gebunden ist, um mehr als 20 Prozent unterschreitet. (...)
(7) Eine über die vereinbarte regelmäßige tägliche Ausbildungszeit hinausgehende Beschäftigung ist besonders zu vergüten oder durch die Gewährung entsprechender Freizeit auszugleichen.

§ 20 Probezeit
Das Berufsausbildungsverhältnis beginnt mit der Probezeit. Sie muss mindestens einen Monat und darf höchstens vier Monate betragen.

§ 21 Beendigung
(1) Das Berufsausbildungsverhältnis endet mit dem Ablauf der Ausbildungsdauer. Im Falle der Stufenausbildung endet es mit Ablauf der letzten Stufe.
(2) Bestehen Auszubildende vor Ablauf der Ausbildungsdauer die Abschlussprüfung, so endet das Berufsausbildungsverhältnis mit Bekanntgabe des Ergebnisses durch den Prüfungsausschuss.
(3) Bestehen Auszubildende die Abschlussprüfung nicht, so verlängert sich das Berufsausbildungsverhältnis auf ihr Verlangen bis zur nächstmöglichen Wiederholungsprüfung, höchstens um ein Jahr.

§ 22 Kündigung

(1) Während der Probezeit kann das Berufsausbildungsverhältnis jederzeit ohne Einhalten einer Kündigungsfrist gekündigt werden.
(2) Nach der Probezeit kann das Berufsausbildungsverhältnis nur gekündigt werden
   1. aus einem wichtigen Grund ohne Einhalten einer Kündigungsfrist,
   2. von Auszubildenden mit einer Kündigungsfrist von vier Wochen, wenn sie die Berufsausbildung aufgeben oder sich für eine andere Berufstätigkeit ausbilden lassen wollen.
(3) Die Kündigung muss schriftlich und in den Fällen des Absatzes 2 unter Angabe der Kündigungsgründe erfolgen.

§ 24 Weiterarbeit

Werden Auszubildende im Anschluss an das Berufsausbildungsverhältnis beschäftigt, ohne dass hierüber ausdrücklich etwas vereinbart worden ist, so gilt ein Arbeitsverhältnis auf unbestimmte Zeit als begründet.

§ 45 Zulassung in besonderen Fällen

(1) Auszubildende können nach Anhörung der Ausbildenden und der Berufsschule vor Ablauf ihrer Ausbildungsdauer zur Abschlussprüfung zugelassen werden, wenn ihre Leistungen dies rechtfertigen.

§ 71 Zuständige Stellen

(1) Für die Berufsbildung in Berufen der Handwerksordnung ist die Handwerkskammer zuständige Stelle im Sinne dieses Gesetzes.
(2) Für die Berufsbildung in nichthandwerklichen Gewerbeberufen ist die Industrie- und Handelskammer zuständige Stelle im Sinne dieses Gesetzes.

§ 76 Überwachung, Beratung

(1) Die zuständige Stelle überwacht die Durchführung
   1. der Berufsausbildungsvorbereitung,
   2. der Berufsausbildung und
   3. der beruflichen Umschulung und fördert diese durch Beratung der an der Berufsbildung beteiligten Personen.
   Sie hat zu diesem Zweck Berater oder Beraterinnen zu bestellen.

Auszug aus der Verordnung über die Berufsausbildung zum Industriekaufmann/zur Industriekauffrau

§ 2 Ausbildungsdauer

Die Ausbildung dauert drei Jahre.

§ 7 Berichtsheft

Der Auszubildende hat ein Berichtsheft zu führen. Dabei sind regelmäßig Ausbildungsnachweise anzufertigen. Dem Auszubildenden ist Gelegenheit zu geben, das Berichtsheft während der Ausbildungszeit zu führen. Der Ausbildende hat das Berichtsheft regelmäßig durchzusehen.

Info 2: Berufsbildungsgesetz und Ausbildungsordnung

Berufsbildungsgesetz

Das **Berufsbildungsgesetz** (BBiG) regelt die berufliche Ausbildung, die Fortbildung und die Umschulung.

Der Ausbildungsvertrag
Zwischen dem Auszubildendem und dem Ausbildendem wird vor Beginn der Ausbildung ein Ausbildungsvertrag abgeschlossen.

- Derjenige, der ausgebildet wird, ist **Auszubildender**. Zum Abschluss des Ausbildungsvertrages benötigen minderjährige Auszubildende die Zustimmung des gesetzlichen Vertreters.

  Beispiel: Leonie Gremme ist Auszubildende zur Industriekauffrau bei der WFW AG.

- Derjenige, der andere zur Berufsausbildung anstellt, ist **Ausbildender**.

  Beispiel: Die WFW AG ist Ausbildender.

- Derjenige, der vom Ausbildenden mit der konkreten Durchführung der Ausbildung betraut ist, ist **Ausbilder**.

  Beispiel: Herr Lüke aus der Personalabteilung der WFW AG ist der Ausbilder von Leonie Gremme.

Die Ausbildung kann auch in Teilzeit durchgeführt werden, wobei die tägliche oder wöchentliche Ausbildungszeit um bis zu 50 % gekürzt werden kann. Die Dauer der Ausbildung verlängert sich entsprechend, maximal bis zum 1,5fachen der regulären Vollzeitausbildungsdauer.

Vor Beginn der Ausbildung muss der Ausbildungsvertrag schriftlich niedergelegt werden. Dazu wird in der Praxis meist ein Vordruck der Industrie- und Handelskammer (IHK) oder der Handwerkskammer (HWK) verwendet. Der Ausbildungsvertrag muss folgende Mindestangaben enthalten:

1. Art, sachliche und zeitliche Gliederung sowie Ziel der Berufsausbildung
2. Beginn und Dauer der Berufsausbildung
3. Ausbildungsmaßnahmen außerhalb der Ausbildungsstätte
4. Dauer der täglichen Ausbildungszeit
5. Dauer der Probezeit
6. Zahlung und Höhe der Vergütung
7. Dauer des Urlaubs
8. Voraussetzungen, unter denen der Vertrag gekündigt werden kann
9. Hinweis auf anzuwendende Tarifverträge und Betriebsvereinbarungen
10. Form des Ausbildungsnachweises

Der Ausbildungsvertrag muss der Industrie- und Handelskammer bzw. der Handwerkskammer zur Eintragung in das **Verzeichnis der Berufsausbildungsverhältnisse** vorgelegt werden.

Für den Ausbildenden und den Auszubildenden ergeben sich aus dem Ausbildungsvertrag die folgenden Pflichten, die gleichzeitig die Rechte der anderen Vertragspartei sind.

Pflichten des Ausbildenden
- Der Ausbildende hat dafür zu sorgen, dass dem Auszubildenden **die Fertigkeiten und Kenntnisse vermittelt** werden, die zum Erreichen des Ausbildungszieles erforderlich sind. Dabei können Teile der Berufsausbildung (maximal 25 %) auch im **Ausland** absolviert werden.
- Die Ausbildung muss entweder vom **Ausbildenden selbst** oder **von persönlich und fachlich geeigneten Ausbildern** durchgeführt werden.

- Dem Auszubildenden müssen die **Ausbildungsmittel kostenlos** zur Verfügung gestellt werden. Dazu zählen Berichtshefte, Fachbücher und Schreibmaterial für die Ausbildung im Ausbildungsbetrieb (nicht in der Schule). Vorgeschriebene Berufskleidung, z. B. Blaumann oder Kittel, wird vom Ausbildenden ebenfalls zur Verfügung gestellt.
- Der Auszubildende ist zum **Besuch der Berufsschule** und zum **Führen der Ausbildungsnachweise** anzuhalten. Den Auszubildenden ist Gelegenheit zu geben, den Ausbildungsnachweis am Arbeitsplatz zu führen.
- Der Ausbildende muss dafür sorgen, dass dem Auszubildenden **nur Tätigkeiten** übertragen werden, **die dem Ausbildungszweck** dienen und seinen körperlichen Kräften angemessen sind.
- Der Auszubildende muss für Ausbildungsmaßnahmen außerhalb der Ausbildungsstätte und Prüfungen **freigestellt** werden. Gleiches gilt für den Tag vor der schriftlichen Abschlussprüfung. Auch für die Teilnahme am Berufsschulunterricht ist der Auszubildende freizustellen. Er darf
  - vor einem vor 9 Uhr beginnenden Berufsschulunterricht,
  - bei einem mehr als 5-stündigen Unterricht einmal in der Woche,
  - bei Blockunterricht mit mehr als 25 Stunden an 5 Tagen

  nicht beschäftigt werden.

  Grundsätzlich wird die Unterrichtszeit einschließlich der Pausen als Arbeitszeit **angerechnet**. Ist der Auszubildende aufgrund eines mehr als 5-stündigen Unterrichtes einmal in der Woche freizustellen, wird dieser Tag mit der durchschnittlichen täglichen Arbeitszeit angerechnet. Berufsschulwochen mit mehr als 25 Stunden Blockunterricht werden mit der durchschnittlichen wöchentlichen Arbeitszeit angerechnet. Für Auszubildende unter 18 Jahren gilt weiterhin das Jugendarbeitsschutzgesetz, das in diesem Bereich allerdings identische Regelungen für minderjährige Auszubildende vorschreibt.
- Dem Auszubildenden muss bei Beendigung des Ausbildungsverhältnisses ein **Zeugnis** ausgestellt **werden**. Der Auszubildende kann dabei zwischen dem einfachen Arbeitszeugnis und dem qualifizierten Arbeitszeugnis wählen. Das einfache Arbeitszeugnis enthält Angaben über Art, Dauer und Ziel der Berufsausbildung sowie die erworbenen Fertigkeiten und Kenntnisse. Das qualifizierte Arbeitszeugnis enthält zusätzlich Angaben über Führung und Leistung.
- Dem Auszubildenden ist eine **angemessene Vergütung** zu zahlen. Die Vergütung muss mit fortschreitender Berufsausbildung, mindestens jährlich, ansteigen. Ab dem Jahr 2020 gilt für Auszubildende im ersten Ausbildungsjahr eine Mindestvergütung von 515 € monatlich, die bis zum Jahr 2023 auf 620 € ansteigt. Zudem steigt die Mindestvergütung für die Ausbildungsjahre zwei bis vier in festgelegten Stufen. Allerdings können diese Mindestwerte durch tarifvertragliche Vereinbarungen unterschritten werden. Ist ein Betrieb nicht an einen Tarifvertrag gebunden, darf die Ausbildungsvergütung nicht mehr als 20 % unter den tariflichen Sätzen liegen.

  Die Vergütung muss spätestens am letzten Arbeitstag des Monats gezahlt werden. Eine über die regelmäßige Ausbildungszeit hinausgehende Beschäftigung ist besonders zu vergüten. Erkrankt der Auszubildende, wird die Vergütung bis zur Dauer von sechs Wochen durch den Ausbildenden weitergezahlt, danach erhält er von der zuständigen Krankenversicherung **Krankengeld**.

Pflichten des Auszubildenden
Der Auszubildende muss
- sich bemühen, die **Fertigkeiten und Kenntnisse zu erwerben**, die zur Erreichung des Ausbildungsziels erforderlich sind.
- alle ihm im Rahmen der Ausbildung **aufgetragenen Tätigkeiten sorgfältig ausführen**.
- an **Ausbildungsmaßnahmen**, für die er freigestellt ist, **teilnehmen**.
- **Weisungen**, die ihm im Rahmen der Berufsausbildung erteilt werden, **befolgen**.
- die für die Ausbildungsstätte **geltende Ordnung beachten**.

- Arbeitsmittel und Einrichtungen **pfleglich behandeln**.
- über Betriebs- und Geschäftsgeheimnisse **Stillschweigen bewahren**.
- einen schriftlichen oder elektronischen **Ausbildungsnachweis führen**.

Beginn und Beendigung der Ausbildung

- Das Berufsausbildungsverhältnis beginnt mit der **Probezeit**. Sie muss mindestens einen Monat und darf höchstens vier Monate betragen. In der Probezeit prüft der Ausbildende, ob der Auszubildende für den Beruf geeignet ist und der Auszubildende, ob ihm der Beruf gefällt.

- Das Ausbildungsverhältnis **endet mit Ablauf der Ausbildungszeit**. Wird die Abschlussprüfung vor dem Ende der Ausbildungszeit vorzeitig abgelegt, so endet das Ausbildungsverhältnis bereits mit dem Bestehen der Abschlussprüfung. Sollte der Auszubildende die Abschlussprüfung nicht bestehen, so verlängert sich das Ausbildungsverhältnis auf Antrag des Auszubildenden bis zur nächstmöglichen Wiederholungsprüfung, höchstens aber um ein Jahr. Wird der Auszubildende nach Bestehen der Abschlussprüfung **stillschweigend weiterbeschäftigt**, so wird ein unbefristetes Arbeitsverhältnis begründet.

- Eine **Kündigung** des Ausbildungsverhältnisses führt zur Beendigung der Ausbildung und ist in folgenden Fällen möglich:
  - **während der Probezeit**
    - **Auszubildende** und **Ausbildende** können jederzeit ohne Einhaltung einer Frist und ohne Angabe von Gründen kündigen.
  - **nach der Probezeit**
    - Sowohl **Ausbildende** als auch **Auszubildende** können eine Kündigung aus einem **wichtigen Grund** ohne Einhaltung einer Kündigungsfrist aussprechen. Ein wichtiger Grund ist gegeben, wenn Tatsachen vorliegen, aufgrund derer dem Kündigenden unter Berücksichtigung aller Umstände des Einzelfalls und unter Abwägung der Interessen beider Vertragsteile die Fortsetzung des Ausbildungsverhältnisses bis zum Ablauf der Ausbildungsdauer nicht zugemutet werden kann. Je nach Schwere des Sachverhaltes müssen Abmahnungen durch den Ausbildungsbetrieb vorausgegangen sein. Die **fristlose Kündigung** muss spätestens zwei Wochen nach Bekanntwerden des Grundes erfolgen.
  - **Auszubildende** können **mit einer Frist von vier Wochen** kündigen, wenn sie
    a) die Berufsausbildung **aufgeben** wollen oder
    b) sich für einen **anderen Beruf** ausbilden lassen wollen.

- Die Kündigung muss **schriftlich und** nach der Probezeit **unter Angabe der Kündigungsgründe** erfolgen. Minderjährige Auszubildende benötigen für eine Kündigung die vorherige Zustimmung des gesetzlichen Vertreters.

- Sollten Ausbildender und Auszubildender in gegenseitigem Einvernehmen das Ausbildungsverhältnis beenden wollen, können sie einen **Aufhebungsvertrag** schließen. Minderjährige Auszubildende benötigen dafür die Zustimmung des gesetzlichen Vertreters.

Verkürzung und Verlängerung der Ausbildung

Das ausbildende Unternehmen und der Auszubildende können bei der Industrie- und Handelskammer bzw. bei der Handwerkskammer einen Antrag auf **Verkürzung** der Ausbildungszeit stellen, wenn zu erwarten ist, dass der Auszubildende das Ausbildungsziel in der verkürzten Zeit erreicht. Gründe für eine Verkürzung können vor allem in einer vorangegangenen beruflichen Ausbildung oder in der schulischen Vorbildung liegen.

Zudem können Auszubildende nach Anhörung ihrer Ausbildenden und der Berufsschule vor Ablauf der regulären Ausbildungszeit zur Abschlussprüfung zugelassen werden, wenn ihre Leistungen dies rechtfertigen. Die **vorzeitige Zulassung** zur Abschlussprüfung führt letztlich ebenfalls zu einer Verkürzung der Ausbildung, sofern der Auszubildende die Abschlussprüfung besteht.

Grundsätzlich ist auch eine **Verlängerung** der Ausbildung möglich, wenn diese erforderlich ist, um das Ziel der Ausbildung zu erreichen. Der Antrag auf Verlängerung kann nur vom Auszubildenden selbst gestellt werden und kann z. B. bei längerer Krankheit sinnvoll sein.

Einhaltung des Berufsbildungsgesetzes
Die Kammern, also i. d. R. die **Industrie- und Handelskammer** sowie die **Handwerkskammer,** überwachen die Ausbildung. Auszubildende können sich bei Schwierigkeiten in der Berufsausbildung an die Ausbildungsberater der Kammern wenden.

Ausbildungsordnung

Die Ausbildungsordnungen der einzelnen Ausbildungsberufe stellen neben dem Berufsbildungsgesetz eine weitere wesentliche Rechtsgrundlage für die Ausbildung dar. Sie regeln die Ausbildungsdauer, das Ausbildungsberufsbild, den Ausbildungsrahmenplan, den betrieblichen Ausbildungsplan, die Ausbildungsnachweise und die Prüfungen.

Ausbildungsdauer
Die Ausbildungsdauer beträgt in den meisten kaufmännischen Ausbildungsberufen drei Jahre.

Ausbildungsberufsbild
Fertigkeiten und Kenntnisse, die in den einzelnen Ausbildungsberufen erworben werden sollen, werden im Ausbildungsplan geregelt.

Betrieblicher Ausbildungsplan
Der **Ausbildungsrahmenplan,** der allgemein die zu erwerbenden Fertigkeiten und Kenntnisse in zeitlicher und sachlicher Hinsicht gliedert, wird für jeden Auszubildenden durch einen individuellen **betrieblichen Ausbildungsplan** umgesetzt.

Ausbildungsnachweise
Der ordnungsgemäße Ablauf der Ausbildung wird durch Ausbildungsnachweise, die der Auszubildende anfertigt, belegt. Die Form der Ausbildungsnachweise wird in den einzelnen Ausbildungsordnungen näher konkretisiert.

Prüfungen
Das Prüfungswesen wird durch die zuständigen Kammern (**Industrie- und Handelskammer, Handwerkskammer**) geregelt. In den meisten Ausbildungsberufen legt der Auszubildende eine Zwischen- und eine Abschlussprüfung vor der zuständigen Kammer ab. Die Zwischenprüfung wird in der Mitte der Ausbildung, die Abschlussprüfung zum Ende der Ausbildung durchgeführt. In manchen Ausbildungsberufen fließen die Noten der Zwischenprüfung in die Gesamtnote ein, die sonst lediglich auf Basis der Abschlussprüfung ermittelt wird.

Vertiefende Übungen

Beurteilen Sie die folgenden Fälle mithilfe des Auszugs aus dem Berufsbildungsgesetz auf den Seiten 99–102.

a) Die Auszubildende Kirsten Schorn, eine Mitschülerin von Leonie Gremme, besucht regelmäßig die Berufsschule, macht die Hausaufgaben und arbeitet im Unterricht mit. Trotzdem ist das Ergebnis der Zwischenprüfung mangelhaft. Ihr Ausbilder droht daraufhin mit Kündigung.

b) Die Berufsschule führt einmal im Jahr einen Wandertag durch. Herr Duman ist der Meinung, dies habe nichts mit der Ausbildung zu tun und verweigert Leonie die Teilnahme.

c) Leonies Cousin ist kaufmännischer Angestellter in einem Konkurrenzbetrieb. Stolz berichtet Leonie ihm, dass die WFW AG die Einführung einer neuen Produktgruppe plane.

d) Leonie ist als Auszubildende der WFW AG im Vertrieb eingesetzt. Als der Sachbearbeiter Peters sie auffordert, für sie Einkäufe zu erledigen, weigert sich Leonie.

e) Herr Peters ist über das Verhalten von Leonie verärgert. Er meint: „Wenn Sie schon nicht einkaufen möchten, dann sorgen Sie bitte dafür, dass die Prospekte herausgeschickt werden." Leonie antwortet: „Herr Peters, das mache ich nicht. Ich bin hier, um etwas zu lernen und ich bin nicht die Deutsche Post."

f) Für den Berufsschulunterricht hat Leonie Gremme von der WFW AG einen Taschenrechner zur Verfügung gestellt bekommen. Vor lauter Aufregung verliert sie diesen nach einer Klassenarbeit.

g) Silke, Leonies Klassenkameradin, behauptet in der großen Pause: „Nach der Probezeit können die mir gar nichts. Ob ich mal zu spät komme oder den Unterricht schwänze, spielt keine Rolle."

h) Walter, ebenfalls ein Mitschüler von Leonie, bedient sich fleißig in der Materialausgabe seines Ausbildungsbetriebes und betreibt über das Internet einen florierenden Handel.

i) Leonies Freund Jan macht ebenfalls eine Ausbildung zum Industriekaufmann. Um Leonie näher zu sein, möchte er seine Ausbildung bei der Bürodesign GmbH nach der Probezeit aufgeben und zur WFW AG wechseln.

j) Leonie beschwert sich bei Jan darüber, dass sie Herrn Duman monatlich das Berichtsheft vorlegen muss. „So ein Quatsch", meint Jan, „ich muss überhaupt keins führen."

k) Kirsten Schorn hat trotz aller Mühen auch die Abschlussprüfung nicht geschafft. Sie ist verzweifelt und hat keine Vorstellung, wie es weitergehen soll.

l) Der 18-jährige Erkan ist mit seiner Ausbildung zum Industriekaufmann überhaupt nicht zufrieden. Schon seit einem Jahr arbeitet er in der Zentrale, andere Unternehmensbereiche hat er noch nicht kennengelernt und Überstunden bekommt er nicht bezahlt. Sein Ausbilder meint: „Lehrjahre sind keine Herrenjahre. Was interessiert mich die Ausbildungsordnung, Sie bleiben weiterhin in der Zentrale. Überstunden machen hier alle Mitarbeiter."

m) Leonies Bruder Mike macht eine Ausbildung zum Bankkaufmann beim Bankhaus Goldschmid. Da ihm dort schon nach zwei Wochen die Ausbildung nicht mehr gefällt, möchte er die Ausbildung aufgeben und zum Bankhaus Veltrup wechseln.

n) Mike besucht dienstags und donnerstags die Berufsschule. An beiden Tagen hat er sechs Stunden Berufsschulunterricht und soll an beiden Tagen noch nach der Berufsschule arbeiten.

o) Mittlerweile wird Mike für einen Berufsschultag komplett von der Arbeit freigestellt. Er bekommt dafür fünf Stunden Arbeitszeit angerechnet, da er von 8:00 Uhr bis 13:00 Uhr in der Schule verweilt.

p) Da Mikes Lehrer erkrankt ist, beginnt sein Berufsschulunterricht in den nächsten Wochen erst um 9:45 Uhr. Er soll deshalb von 8:00 Uhr bis 9:15 Uhr am Empfang des Bankhauses Goldschmid arbeiten.

q) Mikes Schulzeit von 9:45 Uhr bis 13:00 Uhr inklusive 15 Minuten Pause wird mit drei Zeitstunden auf die Arbeitszeit angerechnet.

r) Mittlerweile steht Mike kurz vor der Abschlussprüfung, für die er um Freistellung bittet. Auch den Tag vor der Abschlussprüfung möchte er frei haben, um sich besser auf die Prüfung vorbereiten zu können.

s) Leonies Cousine Klara ist alleinerziehende Mutter und möchte eine Ausbildung zur Groß- und Außenhandelskauffrau in Teilzeit beginnen. Ihr Ausbilder schlägt vor, die wöchentliche Ausbildungszeit um 60 % zu reduzieren und dafür die Ausbildungszeit zu verdoppeln.

t) Klaras Freund Marvin hat im Jahr 2020 eine kaufmännische Ausbildung begonnen. Da er länger nicht gearbeitet hat, erhält er im ersten Jahr eine Ausbildungsvergütung von 500 €, die damit 10 % unter der tariflich vorgesehenen Ausbildungsvergütung liegt.

LERNSITUATION 10

ZUSAMMENFASSUNG

Berufsbildungsgesetz (BBiG) → Vorschriften für alle Ausbildungsberufe

Auszubildender → (§ 13)	Berufsausbildungsvertrag (§§ 10–12) _____ niederzulegen	← Auszubildender (§§ 14–19)
Pflichten: • _____ • _____ • _____ • _____ • _____ • _____	Inhalte: (§ 11 BBiG) • _____ • _____ • _____ • _____ • _____ • _____ • _____ • _____ • _____	Pflichten: • _____ • _____ • _____ • _____ • _____

Freistellung (§ 15)	Vergütung (§ 17)
Der _____ muss den Auszubildenden freistellen • für _____ • am _____ vor der schriftlichen Abschlussprüfung • für _____ außerhalb der Ausbildungsstätte • für den _____ Keine Beschäftigung möglich: • vor einem vor _____ Uhr beginnenden Berufsschulunterricht • bei einem mehr als _____ stündigen Berufsschultag, _____ in der Woche • bei _____ mit mehr als 25 Stunden	Dem Auszubildenden ist eine _____, jährliche steigende _____ zu zahlen. Eine bestimmte _____ darf nur aufgrund _____ Vorschriften unterschritten werden. Bei fehlender Tarifbindung darf die _____ nur _____ % unter den tariflichen Sätzen liegen.

Beendigung, Verkürzung und Verlängerung des Ausbildungsverhältnisses		
Beendigung (§ 21)	**Verkürzung (§ 8, § 45)**	**Verlängerung (§ 8, § 21)**
• _____ • _____	• _____ • _____	• _____ • _____

Ausbildungsverordnung → besondere Vorschriften für die jeweilige Ausbildung

SELBSTEINSCHÄTZUNG

	JA :)	MIT HILFE :|	NEIN :(
Ich kann die an der Ausbildung Beteiligten nennen.			
Ich kann die Inhalte eines Ausbildungsvertrages nennen.			
Ich kann die Pflichten eines Auszubildenden erläutern.			
Ich kann die Pflichten eines Ausbildenden erläutern.			
Ich kann die verschiedenen Möglichkeiten und Voraussetzungen erklären, unter denen ein Ausbildungsverhältnis gekündigt werden kann.			
Ich kann beschreiben, unter welchen Voraussetzungen ein Ausbildungsverhältnis beendet, verkürzt oder verlängert werden kann.			
Ich kann fallbezogene Aufgaben zu den oben genannten Punkten lösen.			
Ich kann das Berufsbildungsgesetz (BBiG) anwenden.			

Außerdem habe ich gelernt:

_____
_____
_____

HINWEIS Zur Wiederholung und Vertiefung der Inhalte der Lernsituation: Seite 156f, Aufgabe 10.

LERNSITUATION 11
Den Arbeitsschutz Jugendlicher berücksichtigen – das Jugendarbeitsschutzgesetz

Ausgangssituation: Nicht alles ist erlaubt!

Leonie Gremme, Auszubildende zur Industriekauffrau bei der WFW AG, wird für die nächsten Wochen in der Personalabteilung eingesetzt. Freudig wird sie deshalb an ihrem 17. Geburtstag vom Leiter des Personalwesens, Herrn Lüke, begrüßt.

Herr Lüke:	„Guten Morgen, Leonie – super, dass Sie uns in den nächsten Wochen unterstützen. Übrigens, Herzlichen Glückwunsch zum Geburtstag!"
Frau Gremme:	„Danke, Herr Lüke. Ich freue mich schon sehr auf die Personalabteilung."
Herr Lüke:	„Übrigens, Frau Gremme, wir arbeiten hier in der Abteilung von 8:00 bis 16:30 Uhr. Um 12:00 Uhr machen wir eine halbe Stunde Mittag. Sie müssen noch zusätzlich eine je 15-minütige Frühstückspause sowie nachmittags eine Kaffeepause einlegen."
Frau Gremme:	„Grundsätzlich kein Problem, meine gleichaltrigen Mitschüler in der Berufsschule müssen zum Teil neun Stunden am Tag arbeiten und haben nur eine halbe Stunde Mittagspause. Wobei ich sagen muss, dass ich auf Frühstücks- und Kaffeepause gerne verzichten und stattdessen eine halbe Stunde eher Feierabend machen würde."
Herr Lüke:	„Tut mir leid, Frau Gremme, das ist leider nicht möglich."

Arbeitsaufträge

1 Analysieren Sie die Ausgangssituation und überprüfen Sie mit Hilfe des Interviews mit dem Ausbildungsberater der IHK (Info 1) und Auszuges aus dem Jugendarbeitsschutzgesetz (Info 2), ob die Regelungen zu den Arbeits- und Pausenzeiten bei der WFW AG mit dem Jugendarbeitsschutz in Einklang stehen.

2 Begründen Sie, ob bei Leonies Mitschülern das Jugendarbeitsschutzgesetz korrekt angewendet wird. Beurteilen Sie in diesem Zusammenhang den Vorschlag Leonies, auf die Frühstücks- und Kaffeepause zu verzichten.

Info 1: Interview der Westfälischen Zeitung mit dem IHK-Ausbildungsberater Michael Schweers

Westfälische Zeitung:	„Herr Schweers, immer wieder beklagen junge Menschen, dass sie sich von ihren Arbeitgebern ausgenutzt fühlen. Sie monieren, dass gesetzliche Regelungen zum Schutz junger Menschen nicht eingehalten werden."
Michael Schweers:	„Dies ist in der Tat manchmal ein Problem. Für Jugendliche und Kinder gelten die besonderen Schutzvorschriften des Jugendarbeitsschutzgesetzes. Jugendliche sind Personen, die mindestens 15, aber noch keine 18 Jahre alt sind. Unter 15 Jahren ist man nach dem Gesetz Kind."
Westfälische Zeitung:	„Bitte beschreiben Sie kurz die wesentlichen Regelungen, die für Kinder gelten."
Michael Schweers:	„Kinderarbeit ist grundsätzlich verboten, es gibt aber einige Ausnahmen. Beispielsweise ist die Beschäftigung von Kindern während eines Betriebspraktikums im Rahmen der Vollzeitschulpflicht erlaubt. Dies betrifft also das Praktikum, das z. B. an der Realschule während der Schulzeit durchgeführt wird. Auch dürfen Kinder ab 13 Jahren täglich mit 2 Stunden, höchstens aber mit 10 Stunden wöchentlich beschäftigt werden, sofern die Beschäftigung leicht und für Kinder geeignet ist. Es ist demnach völlig in Ordnung, wenn 14-Jährige nachmittags für 2 Stunden Werbeprospekte austragen."
Westfälische Zeitung:	„Der weitaus größte Teil der Beschäftigungsverhältnisse, auf den das Jugendarbeitsschutzgesetz anzuwenden ist, wird wohl Jugendliche betreffen."
Michael Schweers:	„Richtig. Für Jugendliche darf die tägliche Arbeitszeit, also die Zeit vom Beginn bis zum Ende der Beschäftigung ohne die Ruhepausen, 8 Stunden täglich und höchstens 40 Stunden wöchentlich betragen."
Westfälische Zeitung:	„Dürfen Jugendliche eigentlich Überstunden machen?"
Michael Schweers:	„Verboten ist dies nicht. Die Arbeitszeit kann auf maximal 8,5 Stunden verlängert werden, wenn an anderen Tagen der Woche ein Ausgleich erfolgt und dementsprechend weniger gearbeitet wird. Die wöchentliche Höchstarbeitszeit darf nicht überschritten werden."
Westfälische Zeitung:	„Ein Problem stellen häufig auch die Anzahl und die Lage der Ruhepausen dar. Gibt es hierzu besondere Regelungen?"
Michael Schweers:	„Ja, Jugendlichen muss bei einer Arbeitszeit von 4,5 bis 6 Stunden mindestens 30 Minuten Pausenzeit und bei einer Arbeitszeit von mehr als 6 Stunden mindestens 60 Minuten Pausenzeit gewährt werden. Als Pause zählt nur eine Arbeitsunterbrechung von mindestens 15 Minuten. Zudem darf eine Pause frühestens eine Stunde nach Beginn und spätestens eine Stunde vor Ende der Arbeitszeit liegen. Jugendlich dürfen längstens viereinhalb Stunden ohne Pause beschäftigt werden."
Westfälische Zeitung:	„Die meisten jugendlichen Arbeitnehmer dürften sich wohl in einer Berufsausbildung befinden. Neben der Ausbildung im Betrieb besuchen jugendliche Auszubildende auch die Berufsschule. Welche Regelungen existieren für diesen Bereich?"
Michael Schweers:	„Nun, nach der Reform des Berufsbildungsgesetzes sind die Regelungen für erwachsene Auszubildende nach dem Berufsbildungsgesetz und jugendliche Auszubildende nach dem Jugendarbeitsschutzgesetz identisch. Grundsätzlich muss der jugendliche Auszubildende nach dem Jugendarbeitsschutzgesetz für den Berufsschulbesuch freigestellt werden. Damit der jugendliche Auszubildende am Berufsschulunterricht mit der geforderten Aufmerksamkeit teilnehmen kann, darf er 1. vor einem vor 9 Uhr beginnenden Unterricht, 2. bei einem mehr als 5-stündigen Unterricht einmal in der Woche, 3. bei Blockunterricht mit mehr als 25 Stunden an 5 Tagen nicht beschäftigt werden.

	Berufsschultage mit mehr als 5 Stunden Unterricht werden mit der durchschnittlichen täglichen Arbeitszeit und Berufsschulwochen mit mehr als 25 Stunden Blockunterricht werden mit der durchschnittlichen wöchentlichen Arbeitszeit angerechnet. Ansonsten wird die Unterrichtszeit einschließlich der Pausen als Arbeitszeit vergütet."
Westfälische Zeitung:	„Herr Schweers, Betrieb und Berufsschule bereiten als duale Partner auf die Prüfungen vor. Wie ist die Teilnahme an Prüfungen geregelt?"
Michael Schweers:	„Hier gelten für erwachsene und jugendliche Auszubildende mittlerweile die gleichen Regelungen. Für Prüfungen, also für die Zwischen- und Abschlussprüfung, ist der Auszubildende natürlich freizustellen. Dies gilt auch für den Arbeitstag vor der Abschlussprüfung. Daneben ist der Auszubildende auch für Ausbildungsmaßnahmen außerhalb der Arbeitsstätte freizustellen. Dies könnte bspw. ein Lehrgang bei einer Kammer oder Ähnliches sein."
Westfälische Zeitung:	„Der Samstag und manchmal der Sonntag ist in vielen Betrieben ein normaler Arbeitstag. Gibt es hierzu besondere Regelungen für jugendliche Arbeitnehmer?"
Michael Schweers:	„Ja, für Jugendliche gilt grundsätzlich die 5-Tage-Woche. An Samstagen, Sonntagen und Feiertagen dürfen Jugendliche nicht beschäftigt werden. Allerdings gibt es eine Reihe von Branchen, für die abweichende Regelungen bestehen."
Westfälische Zeitung:	„Gibt es eigentlich auch Einschränkungen bei der Art der Beschäftigung, die jugendliche Arbeitnehmer ausüben dürfen?"
Michael Schweers:	„Ja, die gibt es. Jugendliche dürfen u. a. nicht mit gefährlichen Arbeiten oder mit Akkordarbeit betraut werden. Unter bestimmten Bedingungen sind allerdings Ausnahmen möglich."
Westfälische Zeitung:	„Welche Aspekte müssen Arbeitgeber nach dem Jugendarbeitsschutz zur Lage der Arbeitszeit beachten."
Michael Schweers:	„Eine Beschäftigung von jugendlichen Arbeitnehmern ist nur in der Zeit von 6 bis 20 Uhr möglich, wobei wiederum für einige Branchen Ausnahmeregelungen existieren. Zudem ist bei der Planung der Arbeitszeit darauf zu achten, dass Jugendliche nach Arbeitsende mindestens 12 Stunden Freizeit haben."
Westfälische Zeitung:	„Ein sensibles Thema ist auch der zu gewährende Urlaub."
Michael Schweers:	„Auch hier werden jugendliche Arbeitnehmer besser gestellt. Der Urlaub beträgt • unter 16 Jahren: 30 Werktage, • unter 17 Jahren: 27 Werktage und • unter 18 Jahren: 25 Werktage. Maßgeblich für die Berechnung ist das Alter zu Beginn des Jahres. Jugendliche Auszubildende sollen ihren Urlaub während der Berufsschulferien nehmen. Wird ausnahmsweise der Urlaub während der Berufsschulzeit genommen und besucht der Jugendliche die Berufsschule, ist ihm hierfür ein weiterer Urlaubstag zu gewähren."
Westfälische Zeitung:	„Unterliegt die Einstellung jugendlicher Arbeitnehmer, sofern es sich um eine dauerhafte Vollzeitbeschäftigung handelt, auch einer gesundheitlichen Kontrolle?"
Michael Schweers:	„Ja, so ist es. Die Erstuntersuchung muss innerhalb von 14 Monaten vor Eintritt in das Berufsleben stattgefunden haben. Spätestens ein Jahr nach Aufnahme der Beschäftigung muss sich der Arbeitgeber eine Bescheinigung vorlegen lassen, dass der Jugendliche nachuntersucht worden ist. Die Kosten für beide Untersuchungen trägt das Land."
Westfälische Zeitung:	„Herr Schweers, vielen Dank für dieses ausführliche Interview. Sie haben uns eine Vielzahl von Regelungen genannt, die im berechtigen Interesse junger Arbeitnehmer sind und sie vor Überforderung im Berufsleben schützen sollen. Vielen Dank!"
(fiktives Interview)	

Info 2: Auszug aus dem Gesetz zum Schutz der arbeitenden Jugend (Jugendarbeitsschutzgesetz – JArbSchG)

§ 1 Geltungsbereich
(1) Dieses Gesetz gilt für die Beschäftigung von Personen, die noch nicht 18 Jahre alt sind,
   1. in der Berufsausbildung,
   2. als Arbeitnehmer oder Heimarbeiter,
   (...)

§ 2 Kind, Jugendlicher
(1) Kind im Sinne dieses Gesetzes ist, wer noch nicht 15 Jahre alt ist.
(2) Jugendlicher im Sinne dieses Gesetzes ist, wer 15, aber noch nicht 18 Jahre alt ist.
(3) Auf Jugendliche, die der Vollzeitschulpflicht unterliegen, finden die für Kinder geltenden Vorschriften Anwendung.

§ 4 Arbeitszeit
(1) Tägliche Arbeitszeit ist die Zeit vom Beginn bis zum Ende der täglichen Beschäftigung ohne die Ruhepausen (§ 11).
(2) Schichtzeit ist die tägliche Arbeitszeit unter Hinzurechnung der Ruhepausen (§ 11). (...)
(4) Für die Berechnung der wöchentlichen Arbeitszeit ist als Woche die Zeit von Montag bis einschließlich Sonntag zugrunde zu legen. Die Arbeitszeit, die an einem Werktag infolge eines gesetzlichen Feiertags ausfällt, wird auf die wöchentliche Arbeitszeit angerechnet.
(...)

§ 5 Verbot der Beschäftigung von Kindern
(1) Die Beschäftigung von Kindern (§ 2 Abs. 1) ist verboten.
(2) Das Verbot des Absatzes 1 gilt nicht für die Beschäftigung von Kindern (...)
   3. im Rahmen des Betriebspraktikums während der Vollzeitschulpflicht, (...)
(3) Das Verbot des Absatzes 1 gilt ferner nicht für die Beschäftigung von Kindern über 13 Jahre mit Einwilligung des Personensorgeberechtigten, soweit die Beschäftigung leicht und für Kinder geeignet ist. (...) Die Kinder dürfen nicht mehr als zwei Stunden täglich, in landwirtschaftlichen Familienbetrieben nicht mehr als drei Stunden täglich, nicht zwischen 18 und 8 Uhr, nicht vor dem Schulunterricht und nicht während des Schulunterrichts beschäftigt werden. Auf die Beschäftigung finden die §§ 15 bis 31 entsprechende Anwendung.
(4) Das Verbot des Absatzes 1 gilt ferner nicht für die Beschäftigung von Jugendlichen (§ 2 Abs. 3) während der Schulferien für höchstens vier Wochen im Kalenderjahr. Auf die Beschäftigung finden die §§ 8 bis 31 entsprechende Anwendung.
(...)

§ 8 Dauer der Arbeitszeit
(1) Jugendliche dürfen nicht mehr als acht Stunden täglich und nicht mehr als 40 Stunden wöchentlich beschäftigt werden.
(...)
(2a) Wenn an einzelnen Werktagen die Arbeitszeit auf weniger als acht Stunden verkürzt ist, können Jugendliche an den übrigen Werktagen derselben Woche achteinhalb Stunden beschäftigt werden.
(...)

§ 9 Berufsschule
(1) Der Arbeitgeber hat den Jugendlichen für die Teilnahme am Berufsschulunterricht freizustellen. Er darf den Jugendlichen nicht beschäftigen
   1. vor einem vor 9 Uhr beginnenden Unterricht; dies gilt auch für Personen, die über 18 Jahre alt und noch berufsschulpflichtig sind,
   2. an einem Berufsschultag mit mehr als fünf Unterrichtsstunden von mindestens je 45 Minuten, einmal in der Woche,
   3. in Berufsschulwochen mit einem planmäßigen Blockunterricht von mindestens 25 Stunden an mindestens fünf Tagen; zusätzliche betriebliche Ausbildungsveranstaltungen bis zu zwei Stunden wöchentlich sind zulässig.
(2) Auf die Arbeitszeit des Jugendlichen werden angerechnet
   1. Berufsschultage nach Absatz 1 Nr. 2 mit der durchschnittlichen täglichen Arbeitszeit,
   2. Berufsschulwochen nach Absatz 1 Nr. 3 mit der durchschnittlichen wöchentlichen Arbeitszeit,
   3. im Übrigen die Unterrichtszeit einschließlich der Pausen.
(3) Ein Entgeltausfall darf durch den Besuch der Berufsschule nicht eintreten.

§ 10 Prüfungen und außerbetriebliche Ausbildungsmaßnahmen
(1) Der Arbeitgeber hat den Jugendlichen

1. für die Teilnahme an Prüfungen und Ausbildungsmaßnahmen, die auf Grund öffentlich-rechtlicher oder vertraglicher Bestimmungen außerhalb der Ausbildungsstätte durchzuführen sind,
2. an dem Arbeitstag, der der schriftlichen Abschlussprüfung unmittelbar vorangeht,

freizustellen.

(2) Auf die Arbeitszeit des Jugendlichen werden angerechnet
1. die Freistellung nach Absatz 1 Nr. 1 mit der Zeit der Teilnahme einschließlich der Pausen,
2. die Freistellung nach Absatz 1 Nr. 2 mit der durchschnittlichen täglichen Arbeitszeit.

Ein Entgeltausfall darf nicht eintreten.

§ 11 Ruhepausen, Aufenthaltsräume

(1) Jugendlichen müssen im Voraus feststehende Ruhepausen von angemessener Dauer gewährt werden. Die Ruhepausen müssen mindestens betragen
1. 30 Minuten bei einer Arbeitszeit von mehr als viereinhalb bis zu sechs Stunden,
2. 60 Minuten bei einer Arbeitszeit von mehr als sechs Stunden.

Als Ruhepause gilt nur eine Arbeitsunterbrechung von mindestens 15 Minuten.

(2) Die Ruhepausen müssen in angemessener zeitlicher Lage gewährt werden, frühestens eine Stunde nach Beginn und spätestens eine Stunde vor Ende der Arbeitszeit. Länger als viereinhalb Stunden hintereinander dürfen Jugendliche nicht ohne Ruhepause beschäftigt werden.

(...)

§ 13 Tägliche Freizeit

Nach Beendigung der täglichen Arbeitszeit dürfen Jugendliche nicht vor Ablauf einer ununterbrochenen Freizeit von mindestens 12 Stunden beschäftigt werden.

§ 14 Nachtruhe

(1) Jugendliche dürfen nur in der Zeit von 6 bis 20 Uhr beschäftigt werden.
(2) Jugendliche über 16 Jahre dürfen
1. im Gaststätten- und Schaustellergewerbe bis 22 Uhr,
2. in mehrschichtigen Betrieben bis 23 Uhr,

(...)

beschäftigt werden.

(...)

§ 15 Fünf-Tage-Woche

Jugendliche dürfen nur an fünf Tagen in der Woche beschäftigt werden. Die beiden wöchentlichen Ruhetage sollen nach Möglichkeit aufeinander folgen.

§ 16 Samstagsruhe

(1) An Samstagen dürfen Jugendliche nicht beschäftigt werden.
(2) Zulässig ist die Beschäftigung Jugendlicher an Samstagen nur
1. in Krankenanstalten sowie in Alten-, Pflege- und Kinderheimen,
2. in offenen Verkaufsstellen, in Betrieben mit offenen Verkaufsstellen, in Bäckereien und Konditoreien, im Friseurhandwerk und im Marktverkehr, (...)

Mindestens zwei Samstage im Monat sollen beschäftigungsfrei bleiben.

(...)

§ 17 Sonntagsruhe

(1) An Sonntagen dürfen Jugendliche nicht beschäftigt werden.
(2) Zulässig ist die Beschäftigung Jugendlicher an Sonntagen nur
1. in Krankenanstalten sowie in Alten-, Pflege- und Kinderheimen,
2. in der Landwirtschaft und Tierhaltung mit Arbeiten, die auch an Sonn- und Feiertagen naturnotwendig vorgenommen werden müssen, (...)

Jeder zweite Sonntag soll, mindestens zwei Sonntage im Monat müssen beschäftigungsfrei bleiben.

(...)

§ 18 Feiertagsruhe

(1) Am 24. und 31. Dezember nach 14 Uhr und an gesetzlichen Feiertagen dürfen Jugendliche nicht beschäftigt werden.
(2) Zulässig ist die Beschäftigung Jugendlicher an gesetzlichen Feiertagen in den Fällen des § 17 Abs. 2, ausgenommen am 25. Dezember, am 1. Januar, am ersten Osterfeiertag und am 1. Mai.

(...)

§ 19 Urlaub
(1) Der Arbeitgeber hat Jugendlichen für jedes Kalenderjahr einen bezahlten Erholungsurlaub zu gewähren.
(2) Der Urlaub beträgt jährlich
1. mindestens 30 Werktage, wenn der Jugendliche zu Beginn des Kalenderjahrs noch nicht 16 Jahre alt ist,
2. mindestens 27 Werktage, wenn der Jugendliche zu Beginn des Kalenderjahrs noch nicht 17 Jahre alt ist,
3. mindestens 25 Werktage, wenn der Jugendliche zu Beginn des Kalenderjahrs noch nicht 18 Jahre alt ist.
Jugendliche, die im Bergbau unter Tage beschäftigt werden, erhalten in jeder Altersgruppe einen zusätzlichen Urlaub von drei Werktagen.
(3) Der Urlaub soll Berufsschülern in der Zeit der Berufsschulferien gegeben werden. Soweit er nicht in den Berufsschulferien gegeben wird, ist für jeden Berufsschultag, an dem die Berufsschule während des Urlaubs besucht wird, ein weiterer Urlaubstag zu gewähren.
(...)

§ 22 Gefährliche Arbeiten
(1) Jugendliche dürfen nicht beschäftigt werden
1. mit Arbeiten, die ihre physische oder psychische Leistungsfähigkeit übersteigen,
2. mit Arbeiten, bei denen sie sittlichen Gefahren ausgesetzt sind,
(...)

§ 23 Akkordarbeit, tempoabhängige Arbeiten
(1) Jugendliche dürfen nicht beschäftigt werden
1. mit Akkordarbeit und sonstigen Arbeiten, bei denen durch ein gesteigertes Arbeitstempo ein höheres Entgelt erzielt werden kann,
(...)

§ 32 Erstuntersuchung
(1) Ein Jugendlicher, der in das Berufsleben eintritt, darf nur beschäftigt werden, wenn
1. er innerhalb der letzten vierzehn Monate von einem Arzt untersucht worden ist (Erstuntersuchung) und
2. dem Arbeitgeber eine von diesem Arzt ausgestellte Bescheinigung vorliegt.
(...)

§ 33 Erste Nachuntersuchung
(1) Ein Jahr nach Aufnahme der ersten Beschäftigung hat sich der Arbeitgeber die Bescheinigung eines Arztes darüber vorlegen zu lassen, dass der Jugendliche nachuntersucht worden ist (erste Nachuntersuchung).
(...)

§ 43 Freistellung für Untersuchungen
Der Arbeitgeber hat den Jugendlichen für die Durchführung der ärztlichen Untersuchungen nach diesem Abschnitt freizustellen. Ein Entgeltausfall darf hierdurch nicht eintreten.

§ 44 Kosten der Untersuchungen
Die Kosten der Untersuchungen trägt das Land.

Vertiefende Übungen

Herr Lüke bittet Leonie, verschiedene Probleme und Anfragen der Mitarbeiter zum Jugendarbeitsschutz zu beantworten. Unterstützen Sie Leonie bei ihrer Arbeit.

1 Silke Scheller ist 14 Jahre alt. Sie hat sich auf eine Stellenanzeige der WFW AG gemeldet. Gesucht wird eine Aushilfe, die mittwochs in der Zeit zwischen 14 und 18 Uhr im Versand aushelfen soll. Prüfen Sie, ob Silke Scheller eine geeignete Kandidatin ist.

2 Leonies 17-jähriger Freund Jan Fledder möchte die tägliche Arbeitszeit auf 9 Stunden ausdehnen, damit er am Freitag schon mittags frei hat. Begründen Sie, ob dies möglich ist.

3 Jan schlägt vor, von montags bis donnerstags jeweils eine halbe Stunde länger zu arbeiten (8,5 Stunden), damit er freitags eher Feierabend machen kann. Erläutern Sie, ob eine solche Regelung nach dem Jugendarbeitsschutzgesetz denkbar ist.

4 In diesem Jahr fällt der Tag der Deutschen Einheit auf einen Mittwoch. Jörg Laumann fragt an, wie der Tag nach dem Jugendarbeitsschutzgesetz auf die wöchentliche Arbeitszeit angerechnet wird. Normalerweise hätte er 8 Stunden arbeiten müssen. Nehmen Sie Stellung.

5 Der 16-jährige Ludger Harting will folgende Arbeitszeiten und Pausenzeiten wahrnehmen:
08:00–13:00 Uhr Arbeitszeit
13:00–13:15 Uhr Pause
13:15–15:00 Uhr Arbeitszeit
15:00–15:15 Uhr Pause
15:15–16:30 Uhr Arbeitszeit
Erläutern und begründen Sie, ob die Arbeitszeiten- und Pausenregelungen mit dem Jugendarbeitsschutzgesetz vereinbar sind. Entwickeln Sie ggf. einen Vorschlag, der mit dem Jugendarbeitsschutzgesetz in Einklang steht.

6 Michaela Müller ist 17 Jahre alt und arbeitet in der Produktion, die im Moment voll ausgelastet ist. Der Produktionsleiter, Herr Schmid, fragt an, ob Michaela donnerstags von 11:00 bis 20:00 Uhr und freitags in der Zeit von 6:00 bis 15:00 Uhr beschäftigt werden darf. Zudem möchte er Michaela ausnahmsweise am Sonntag in der Zeit von 8:00 bis 16:00 Uhr beschäftigen. Herr Schmid sichert zu, dass die Höchstarbeitszeiten und die Pausenzeiten korrekt eingehalten werden. Überprüfen Sie die Zulässigkeit einer solchen Arbeitszeitregelung.

7 Um den krankheitsbedingten Ausfall eines Mitarbeiters zu kompensieren, möchte Herr Schmid den 17-jährigen Stefan Westers für eine Woche in der Nachtschicht einsetzen. Stefan ist mit dieser Regelung einverstanden, da er die Nachtschichtzulage gut gebrauchen kann. Er spart für ein Auto. Beurteilen Sie den Sachverhalt.

8 Den 16-jährigen Klaus Bisping möchte Herr Schmid von montags bis samstags in der Produktion einsetzen. Selbstverständlich sollen die Arbeitszeiten- und Pausenregelungen für Jugendliche beachtet werden. Nehmen Sie Stellung.

9 Herr Lüke bittet Leonie darzulegen, wie viel Urlaub Meike Langenscheid zu gewähren ist. Meike wird am 13. August 17 Jahre alt.

10 Jan Fledder möchte zwei Wochen vor der Zwischenprüfung Urlaub nehmen. Er besucht während seines Urlaubs an mehreren Tagen die Berufsschule für jeweils 6 Stunden. Erläutern Sie, wie die Schultage auf den Urlaub angerechnet werden.

11 Die 17-jährige Eleonore Dick besucht montags und donnerstags die Berufsschule. An beiden Tagen hat sie 6 Stunden Berufsschulunterricht. Überprüfen Sie, ob eine Beschäftigung von Eleonore an beiden Tagen nach der Schule möglich ist und wie die Schulzeit auf die Arbeitszeit angerechnet wird.

12 Für die nächste Zeit fällt Eleonores Unterricht in den ersten beiden Schulstunden (8:00–9:30 Uhr) aus, da ein Lehrer langfristig erkrankt ist. Erklären Sie, ob Eleonore in dieser Zeit in der Poststelle beschäftigt werden darf und wie die restliche Schulzeit von 9:45–13:00 Uhr inklusive 15 Minuten Pause auf die Arbeitszeit angerechnet wird.

13 Eleonore bittet Herrn Lüke um Freistellung für die schriftliche Abschlussprüfung. Auch den Tag vor der schriftlichen Abschlussprüfung möchte sie frei haben, um sich besser auf die Prüfung vorbereiten zu können. Begründen Sie, ob dem Ansinnen Eleonores stattzugeben ist.

14 Der Produktionsleiter Franz Schmid fragt an, ob Jugendlichen der Umgang mit gefährlichen Chemikalien erlaubt ist. Gelegentlich werden diese bei der WFW AG in der Produktion verwendet. Nehmen Sie Stellung.

15 Auch im nächsten Jahr sollen minderjährige Auszubildende eingestellt werden. Herr Lüke bittet Leonie, kurz die wichtigsten Punkte zur gesundheitlichen Betreuung der Jugendlichen zusammenzustellen.

Ergänzende Übungen

Sie sind bei der Schmitz KG mit Sitz in Münster in der Personalabteilung eingesetzt. Als verantwortlicher Ausbilder werden Sie mit folgenden Fällen und Fragen zum Jugendarbeitsschutzgesetz konfrontiert.

1 Mirko Korte und Erkan Sahin sind Auszubildende zum Kaufmann für Büromanagement. Die beiden 17-Jährigen haben Blockunterricht, der von Montag bis Freitag stattfindet. An den ersten vier Wochentagen haben Sie sechs Stunden Unterricht, am Freitag nur fünf Stunden. Deshalb sollen die beiden nächsten Freitag am Nachmittag in der Poststelle für zwei Stunden aushelfen. Nehmen Sie Stellung.

2 Die 16-jährige Julia Wolter ist in der Produktion an einer Verpackungsmaschine tätig. Sie erhält nur einen geringen Stundenlohn und möchte gerne mehr Geld verdienen. Deshalb schlägt der Schichtleiter Horstmann vor, dass Julia im Akkord arbeiten solle. Prüfen Sie, ob dies möglich ist.

3 Auch am 1. Weihnachtstag möchte Julia gerne arbeiten, da für diesen Tag von der Geschäftsleitung hohe Zuschläge gezahlt werden.

ZUSAMMENFASSUNG

Geltungsbereich § 1, § 2, § 5	Arbeitszeit § 8	Urlaub § 19
• Personen unter _____ • Jugendlicher ist man zwischen _____ Jahren. • Für Kinder (Personen unter _____) gilt mit Ausnahmen ein _____ verbot.	• Tägliche Arbeitszeit: max. _____, verlängerbar auf _____, wenn Ausgleich erfolgt. • Wöchentliche Arbeitszeit: max. _____	• unter 16: _____ Werktage • unter 17: _____ Werktage • unter 18: _____ Werktage Maßgeblich ist das _____ zu _____ des Kalenderjahres.

LERNSITUATION 11

Pausen § 11	Berufsschulbesuch § 9	Prüfungen § 10
Dauer: • mind. _____ bei einer Arbeitszeit von _____ • mind. _____ bei einer Arbeitszeit von mehr als _____ Lage: • frühestens _____ nach _____, spätestens _____ Stunde _____ • Jugendliche dürfen längstens _____ ohne Pause arbeiten.	Der _____ muss für den Berufsschulunterricht _____ werden. Keine Beschäftigung • vor einem vor _____ Uhr beginnenden Unterricht, • bei einem mehr als _____ Berufsschultag, _____ in der Woche, • bei _____ mit mehr als 25 Stunden.	Der _____ muss den Jugendlichen freistellen • für _____, • für _____ _____ außerhalb der Ausbildungsstätte, • am _____ vor der schriftlichen Abschlussprüfung.

Beschäftigungsverbote §§ 15–18, §§ 22–23	Freizeit und Nachtruhe § 13, § 14	Gesundheitliche Betreuung § 32, § 33
An Samstagen, _____ und _____ dürfen Jugendliche nicht beschäftigt werden. Grundsätzlich gilt die ___-Tage-Woche. Jugendliche dürfen nicht mit _____ Arbeiten oder _____ beschäftigt werden.	Nach _____ haben Jugendliche mind. _____ Freizeit. Eine _____ von Jugendlichen ist (abgesehen von einigen _____) nur in der Zeit von _____ möglich.	_____: innerhalb der letzten 14 Monate vor Eintritt in das Berufsleben _____: spätestens nach _____ Jahr Vorlage einer Bescheinigung über die Nachuntersuchung

LERNSITUATION 11

SELBSTEINSCHÄTZUNG	JA 😊	MIT HILFE 😐	NEIN 😞
Ich kann den Geltungsbereich des Jugendarbeitsschutzgesetzes beschreiben.			
Ich kann die einzuhaltenden Pausenzeiten für Jugendliche erläutern.			
Ich kann die wesentlichen Arbeitszeitregelungen für Jugendliche darlegen.			
Ich kann die Urlaubsdauer für Jugendliche bestimmen.			
Ich kann die Regelungen für den Berufsschulbesuch von Jugendlichen erklären.			
Ich kann die Freistellungspflichten von Arbeitgebern für Jugendliche bei Prüfungen beschreiben.			
Ich kann die Beschäftigungsverbote für Jugendliche beschreiben.			
Ich kann die grundsätzlichen Bestimmungen zur Einhaltung der Freizeit und der Nachtruhe wiedergeben.			
Ich kann die Regelung zur gesundheitlichen Betreuung von Jugendlichen darlegen.			
Ich kann die richtige Anwendung von Jugendarbeitsschutzvorschriften fallbezogen prüfen.			
Ich kann relevante Informationen aus Gesetzestexten herausarbeiten			

Außerdem habe ich gelernt:
_____
_____
_____
_____
_____
_____

HINWEIS Zur Wiederholung und Vertiefung der Inhalte der Lernsituation: Seite 157 f., Aufgabe 11.

LERNSITUATION 12
Im Betrieb mitbestimmen

Ausgangssituation: Der Betriebsrat als wichtiger Vertreter der Arbeitnehmerinteressen

Maik Balster besucht mit seiner Berufsschulklasse die Textil-Design AG in Köln. Ihre Mitschülerin Anja Fritsche hat zusammen mit der Ausbilderin der Textil-Design AG, Jutta Harlang, eine Führung durch den Betrieb organisiert. Im Aufenthaltsraum der Fertigung bemerkt Maik einen Aushang am Schwarzen Brett der Textil-Design AG:

Bekanntmachung:
Betriebsratswahlen der Textil-Design AG

Am 10.05.20(0) findet die Wahl des Betriebsrates statt!

Ort: Konferenzraum K07 und Aufenthaltsraum A002
Zeit: 6:00 bis 18:00 Uhr

Details werden durch einen gesonderten Aushang bekannt gegeben.

Ihr Betriebsratsvorsitzender

Halil Altinas

Während die Gruppe ihre Führung durch die Textil-Design AG fortsetzt, beginnen Maik und Anja eine Diskussion über den Aushang:

Maik: „Das ist ja interessant. Wir wählen im Mai auch einen neuen Betriebsrat."
Anja: „Ja, das scheint in vielen Betrieben der Fall zu sein. Aber eigentlich interessiert mich das nicht so."
Maik: „Das sollte es aber! Mitbestimmen zu können, finde ich wichtig. Der Betriebsrat als Vertretung der Arbeitnehmer setzt er sich sehr für die Belange der Belegschaft ein. Deshalb möchte ich auch für die Jugend- und Auszubildendenvertretung kandidieren."
Anja: „Ich halte mich da lieber raus. Der Halil Altinas, der diesen Aushang gemacht hat, ist unser Betriebsratsvorsitzender. Man sieht ihn ständig mit unserem Chef und anderen wichtigen Leuten zusammenstehen. Dabei ist er ‚nur' Werkzeugmechaniker."
Maik: „Gerade das macht die Sache doch interessant. Auch die sogenannten ‚kleinen Leute' müssen an betrieblichen Entscheidungen beteiligt werden!"

Arbeitsaufträge

1 Maik und Anja haben über die Möglichkeiten der betrieblichen Mitbestimmung gesprochen. Begründen Sie, warum Arbeitnehmer über den Betriebsrat an betrieblichen Entscheidungen beteiligt werden sollten und geben Sie einen Überblick über die grundsätzlichen Aufgaben des Betriebsrates.

2 Dieter Schumacher, der Vorstandsvorsitzende und Mehrheitsgesellschafter der Textil-Design AG, vertritt folgende These:

> „In meinem Betrieb benötigen wir keinen Betriebsrat. Ich nehme alle Sorgen und Probleme meiner Arbeiter ernst und wir haben gute Arbeitsbedingungen. Zu meinen Mitarbeitern habe ich ein vertrauensvolles und fürsorgliches Verhältnis."

Diskutieren Sie die Notwendigkeit der betrieblichen Mitbestimmung.

3 Das Gespräch mit Maik hat Anja neugierig gemacht, sie möchte mehr über den Betriebsrat wissen. Zunächst möchte sie in Erfahrung bringen, unter welchen Voraussetzungen in Betrieben ein Betriebsrat zu wählen ist und ob jeder wahlberechtigte Arbeitnehmer (= aktives Wahlrecht) auch wählbar ist (= passives Wahlrecht). Unterstützen Sie Anja bei der Klärung dieser Frage.

4 Bei der Wahl des Betriebsrates bei der Textil-Design AG hat der Wahlvorstand die nachfolgende Altersstruktur ermittelt:

Mitarbeiter	Anzahl
unter 18 Jahre	16
18–24 Jahre	79
25–40 Jahre	301
41–50 Jahre	251
über 50 Jahre	257
Gesamt	904

In der Aufstellung sind 43 volljährige Arbeitnehmer enthalten, die über eine Personalvermittlungsagentur beschäftigt sind. Von den 43 Arbeitnehmern sind 23 Arbeitnehmer sieben Monate, die restlichen 20 Arbeitnehmer einen Monat im Betrieb beschäftigt. Ermitteln Sie die Anzahl der wahlberechtigten Arbeitnehmer unter Beachtung der Vorschriften des Betriebsverfassungsgesetzes.

5 Maik hat es im Gespräch mit Anja überrascht, dass die Betriebsratswahlen in beiden Unternehmen im Mai stattfinden. Erläutern Sie, warum es kein Zufall ist, dass die Betriebsratswahlen bei der WFW AG ebenfalls im Mai stattfinden.

6 Da der Vorstandsvorsitzende Schumacher die Einrichtung des Betriebsrates nicht verhindern konnte, ist er der Meinung, dass die Belegschaft die Kosten selbst tragen solle und die Arbeitszeit nachholen müsse. Begründen Sie, ob er sich im Recht befindet.

7 Auf einem Plakat vor dem Büro des Betriebsratsvorsitzenden Halil Altinas liest Anja die Schlagworte „Informationsrecht – Vorschlagsrecht – Anhörungsrecht – Beratungsrecht – Zustimmungsverweigerungsrecht – Widerspruchsrecht – ‚volles' Mitbestimmungsrecht". Das Plakat trägt hat die Überschrift „UNSER GUTES RECHT". Erläutern Sie, was man unter diesen Rechten des Betriebsrates versteht.

8 Entscheiden Sie, welche Art von Mitwirkungs- und Mitbestimmungsrechten dem Betriebsrat in den folgenden Fällen eingeräumt wird.
   a) Die Textil-Design AG plant, die Lage der täglichen Arbeitszeit zu verändern.
   b) Einem Mitarbeiter der Textil-Design AG wird eine ordentliche Kündigung ausgesprochen.
   c) Die Arbeitsplätze in der Produktion werden unter ergonomischen Aspekten optimiert.
   d) Ein neuer Mitarbeiter wird in der Buchhaltung beschäftigt.

e) Der Betriebsrat verlangt Auskunft über die allgemeine wirtschaftliche Lage der Textil-Design AG.
f) Um die Qualifikation der Mitarbeiter zu erhalten, verlangt der Betriebsrat eine Fortbildungsplanung.
g) Der Vorstand plant die Anschaffung einer vollautomatischen Fertigungsstraße.
h) Für die Sommerferien soll ein Urlaubsplan aufgestellt werden.
i) Die Kriterien für die Zuordnung der Mitarbeiter zu unterschiedlichen Lohngruppen werden geändert.
j) Der Betriebsrat bittet um eine Beteiligung an der langfristigen Personalplanung der Textil-Design AG.

9 Der Betriebsrat hält regelmäßige Sitzungen ab. Herr Schumacher vertritt die Meinung, dass diese Sitzungen außerhalb der Arbeitszeit stattfinden sollten, um den betrieblichen Ablauf nicht zu stören. Anja kann diese Haltung nicht nachvollziehen. Nehmen Sie Stellung.

10 Auch bei der Textil-Design AG wird eine Jugend- und Auszubildendenvertretung (JAV) eingerichtet. Stellen Sie anhand des Auszuges aus dem Betriebsverfassungsgesetz und der folgenden Übersicht fest, wie viele Personen für die Wahl der Jugend- und Auszubildendenvertretung wahlberechtigt und wie viele wählbar sind. Ermitteln Sie zudem die Anzahl der Mitglieder der JAV bei der Textil-Design AG.

Auszubildende		Übrige Mitarbeiter und Mitarbeiterinnen	
Alter	Anzahl	Alter	Anzahl
16 Jahre alt	6	16 Jahre alt	1
17 Jahre alt	7	17 Jahre alt	2
18 Jahre alt	7	18 Jahre alt	2
19 Jahre alt	12	19 Jahre alt	8
20 Jahre alt	9	20 Jahre alt	11
21 Jahre alt	10	21 bis 24 Jahre alt	18
22 Jahre alt	---		
23 Jahre alt	2		
24 Jahre alt	---		
25 Jahre alt	3		
26 Jahre alt	4		
Summe	60	Summe	42

11 Anja fragt sich, welchen Sinn es ergibt, eine JAV einzurichten, wenn doch der Betriebsrat die Interessen aller Mitarbeiter vertritt. Erläutern Sie die Aufgaben der JAV.

Info 1: Auszug aus dem Betriebsverfassungsgesetz (BetrVG)

Allgemeine Vorschriften

§ 1 Errichtung von Betriebsräten
(1) In Betrieben mit in der Regel mindestens fünf ständigen wahlberechtigten Arbeitnehmern, von denen drei wählbar sind, werden Betriebsräte gewählt. Dies gilt auch für gemeinsame Betriebe mehrerer Unternehmen.
(...)

§ 2 Stellung der Gewerkschaften und Vereinigungen der Arbeitgeber
(1) Arbeitgeber und Betriebsrat arbeiten unter Beachtung der geltenden Tarifverträge vertrauensvoll und im Zusammenwirken mit den im Betrieb vertretenen Gewerkschaften und Arbeitgebervereinigungen zum Wohl der Arbeitnehmer und des Betriebs zusammen.
(...)

Erster Abschnitt
Zusammensetzung und Wahl des Betriebsrats

§ 7 Wahlberechtigung
Wahlberechtigt sind alle Arbeitnehmer des Betriebs, die das 18. Lebensjahr vollendet haben. Werden Arbeitnehmer eines anderen Arbeitgebers zur Arbeitsleistung überlassen, so sind diese wahlberechtigt, wenn sie länger als drei Monate im Betrieb eingesetzt werden.

§ 8 Wählbarkeit
(1) Wählbar sind alle Wahlberechtigten, die sechs Monate dem Betrieb angehören oder als in Heimarbeit Beschäftigte in der Hauptsache für den Betrieb gearbeitet haben. Auf diese sechsmonatige Betriebszugehörigkeit werden Zeiten angerechnet, in denen der Arbeitnehmer unmittelbar vorher einem anderen Betrieb desselben Unternehmens oder Konzerns (§ 18 Abs. 1 des Aktiengesetzes) angehört hat. Nicht wählbar ist, wer infolge strafgerichtlicher Verurteilung die Fähigkeit, Rechte aus öffentlichen Wahlen zu erlangen, nicht besitzt.
(...)

§ 9 Zahl der Betriebsratsmitglieder
Der Betriebsrat besteht in Betrieben mit in der Regel
5 bis 20 wahlberechtigten Arbeitnehmern aus einer Person,
21 bis 50 wahlberechtigten Arbeitnehmern aus 3 Mitgliedern,
51 wahlberechtigten Arbeitnehmern
bis 100 Arbeitnehmern aus 5 Mitgliedern,
101 bis 200 Arbeitnehmern aus 7 Mitgliedern,
201 bis 400 Arbeitnehmern aus 9 Mitgliedern,
401 bis 700 Arbeitnehmern aus 11 Mitgliedern,
701 bis 1 000 Arbeitnehmern aus 13 Mitgliedern,
1 001 bis 1 500 Arbeitnehmern aus 15 Mitgliedern,
(...)

§ 13 Zeitpunkt der Betriebsratswahlen
(1) Die regelmäßigen Betriebsratswahlen finden alle vier Jahre in der Zeit vom 1. März bis 31. Mai statt.
(...)

§ 20 Wahlschutz und Wahlkosten
(...)
(3) Die Kosten der Wahl trägt der Arbeitgeber. Versäumnis von Arbeitszeit, die zur Ausübung des Wahlrechts, zur Betätigung im Wahlvorstand oder zur Tätigkeit als Vermittler (§ 18a) erforderlich ist, berechtigt den Arbeitgeber nicht zur Minderung des Arbeitsentgelts.

Betriebliche Jugend- und Auszubildendenvertretung

§ 60 Errichtung und Aufgabe
(1) In Betrieben mit in der Regel mindestens fünf Arbeitnehmern, die das 18. Lebensjahr noch nicht vollendet haben (jugendliche Arbeitnehmer) oder die zu ihrer Berufsausbildung beschäftigt sind und das 25. Lebensjahr noch nicht vollendet haben, werden Jugend- und Auszubildendenvertretungen gewählt.
(2) Die Jugend- und Auszubildendenvertretung nimmt nach Maßgabe der folgenden Vorschriften die besonderen Belange der in Absatz 1 genannten Arbeitnehmer wahr.

§ 61 Wahlberechtigung und Wählbarkeit
(1) Wahlberechtigt sind alle in § 60 Abs. 1 genannten Arbeitnehmer des Betriebs.

> (2) Wählbar sind alle Arbeitnehmer des Betriebs, die das 25. Lebensjahr noch nicht vollendet haben; § 8 Abs. 1 Satz 3 findet Anwendung. Mitglieder des Betriebsrats können nicht zu Jugend- und Auszubildendenvertretern gewählt werden.
>
> **§ 62 Zahl der Jugend- und Auszubildendenvertreter, Zusammensetzung der Jugend und Auszubildendenvertretung**
> (1) Die Jugend- und Auszubildendenvertretung besteht in Betrieben mit in der Regel
> 5 bis 20 der in § 60 Abs. 1 genannten Arbeitnehmer aus einer Person,
> 21 bis 50 der in § 60 Abs. 1 genannten Arbeitnehmer aus 3 Mitgliedern,
> 51 bis 150 der in § 60 Abs. 1 genannten Arbeitnehmer aus 5 Mitgliedern,
> (...)
>
> **§ 70 Allgemeine Aufgaben**
> (1) Die Jugend- und Auszubildendenvertretung hat folgende allgemeine Aufgaben:
> 1. Maßnahmen, die den in § 60 Abs. 1 genannten Arbeitnehmern dienen, insbesondere in Fragen der Berufsbildung (...), beim Betriebsrat zu beantragen;
> (...)
> 2. darüber zu wachen, dass die zugunsten der in § 60 Abs. 1 genannten Arbeitnehmer geltenden Gesetze, Verordnungen, Unfallverhütungsvorschriften, Tarifverträge und Betriebsvereinbarungen durchgeführt werden;
> 3. Anregungen von den in § 60 Abs. 1 genannten Arbeitnehmern, insbesondere in Fragen der Berufsbildung entgegenzunehmen und, falls sie berechtigt erscheinen, beim Betriebsrat auf Erledigung hinzuwirken. (...)

Info 2: Der Betriebsrat

Der Betriebsrat ist das Interessenvertretungsorgan der Arbeitnehmer. Dem Betriebsrat fallen zahlreiche Aufgaben zu, z. B. die Interessenvertretung der Arbeitnehmer im Betrieb. Daneben hat er auch zahlreiche Mitwirkungs- und Mitbestimmungsrechte. Die gesetzliche Grundlage für den Betriebsrat ist das **Betriebsverfassungsgesetz (BetrVG)**.

Wahl des Betriebsrates

Ein **aktives Wahlrecht** und somit **wahlberechtigt** sind alle Arbeitnehmer, die das 18. Lebensjahr vollendet haben. Zur Wahl stellen (**wählbar**) können sich alle Wahlberechtigten, die mindestens sechs Monate dem Betrieb angehören (= **passives Wahlrecht**). Die **leitenden Angestellten** sind weder wahlberechtigt noch wählbar. Die **Zusammensetzung** des Betriebsrates ist gesetzlich geregelt. Danach sollen alle Unternehmensbereiche und die verschiedenen Beschäftigungsarten in ihm vertreten sein. Zudem müssen Männer und Frauen entsprechend ihrem zahlenmäßigen Verhältnis repräsentiert werden. Spätestens zehn Wochen vor Ablauf seiner Amtszeit (**4 Jahre**) bestellt der Betriebsrat einen Wahlvorstand, der die Wahlen vorbereitet und durchführt. Der Betriebsrat wird in geheimer und unmittelbarer Wahl gewählt. Die Betriebsratsmitglieder wählen aus ihren Reihen einen **Vorsitzenden**. Mitglieder des Betriebsrates sind für die ordnungsgemäße Wahrnehmung ihrer Aufgaben von ihrer beruflichen Tätigkeit zu befreien. Ab einer Betriebsgröße von **200 Arbeitnehmern** sind je nach Anzahl der Arbeitnehmer **ein** oder **mehrere Betriebsratsmitglieder** ganz von ihrer beruflichen Tätigkeit **freizustellen**.

Allgemeine Aufgaben, Einrichtungen und Rechtsstellung des Betriebsrates

Der Betriebsrat hat folgende **allgemeine Aufgaben**:
- Vertretung der Interessen der Arbeitnehmer im Betrieb
- Kontrolle der Einhaltung von Gesetzen (z. B. Kündigungsschutzgesetz), Verordnungen, Unfallverhütungsvorschriften und Tarifverträgen
- spezielle Förderung von Jugendlichen, älteren und ausländischen Arbeitnehmern und sonstigen besonders schutzbedürftigen Personen
- Durchsetzung der Gleichstellung von Mann und Frau sowie Förderung der Vereinbarkeit von Familie und Beruf
- Integration ausländischer Arbeitnehmer
- Förderung und Sicherung der Beschäftigung im Betrieb

Vierteljährlich muss der Betriebsrat außerdem eine **Betriebsversammlung** einberufen. An dieser nehmen die Mitarbeiter des Betriebes teil, die Leitung übernimmt der Betriebsratsvorsitzende. Aufgabe der Betriebsversammlung ist die Aussprache zwischen Betriebsrat und Belegschaft sowie die Information der Belegschaft über wesentliche, sie betreffende Fragen. Der Arbeitgeber muss zu den Betriebsversammlungen eingeladen werden und darf dort sprechen. Betriebsversammlungen finden nach Möglichkeit während der Arbeitszeit statt. Die Teilnahme ist als Arbeitszeit zu vergüten.

Der Betriebsratsvorsitzende beruft die **Sitzungen** des Betriebsrates ein. Diese finden in der Regel während der Arbeitszeit statt. Grundsätzlich fasst der Betriebsrat seine Beschlüsse mit der Mehrheit der Stimmen der anwesenden Mitglieder (einfache Mehrheit). Zudem kann der Betriebsrat **Sprechstunden** einrichten.

Bei möglichen Meinungsverschiedenheiten kann eine **Einigungsstelle** eingerichtet werden, um zwischen Betriebsrat und Unternehmensleitung zu schlichten. Sie besteht zu gleichen Teilen aus Vertretern des Betriebsrates und der Arbeitgeberseite. Beide Seiten einigen sich auf einen unparteiischen Vorsitzenden. Entscheidungen der Einigungsstelle werden mit Stimmenmehrheit getroffen und sind in Mitbestimmungsfragen laut Betriebsverfassungsgesetz bindend.

Einigungen zwischen Arbeitgeber und Betriebsrat können auch in einer **Betriebsvereinbarung** dokumentiert werden. Inhalte einer Betriebsvereinbarung können etwa notwendige Einigungen in Mitbestimmungsfällen (z. B. betriebliche Ordnung oder Arbeitszeitregelung) sowie freiwillige Vereinbarungen (z. B. die Errichtung von Sozialeinrichtungen oder zusätzliche Leistungsprämien) sein. Betriebsvereinbarungen müssen schriftlich niedergelegt und an geeigneter Stelle im Betrieb auslegt werden. Dabei dürfen Betriebsvereinbarungen den Bestimmungen des Tarifvertrages nicht widersprechen, sondern sollen diesen an die besonderen Gegebenheiten des Betriebes anpassen.

In Betrieben mit mehr als 100 beschäftigten Arbeitnehmern muss zudem ein **Wirtschaftsausschuss** eingerichtet werden. Die Mitglieder des Wirtschaftsausschusses werden vom Betriebsrat bestellt und sollen monatlich tagen. Der Unternehmer oder sein Vertreter hat den Wirtschaftsausschuss umfassend über die wirtschaftlichen Angelegenheiten des Unternehmens zu unterrichten und diese mit ihm zu beraten. Der Wirtschaftsausschuss berichtet dem Betriebsrat über die Sitzungen des Wirtschaftsausschusses. Bestehen in einem Unternehmen mehrere Betriebsräte oder ist das Unternehmen ein Konzern, sind (ab einer gewissen Größe) **Gesamtbetriebsräte** bzw. **Konzernbetriebsräte** einzurichten.

Mitglieder des Betriebsrates genießen einen **besonderen Kündigungsschutz**. Amtierenden Betriebsratsmitgliedern kann während ihrer Amtszeit und ein Jahr danach nicht gekündigt werden. Hiervon ausgenommen ist lediglich die außerordentliche Kündigung.

Mitwirkungs- und Mitbestimmungsrechte des Betriebsrates
Neben den allgemeinen Aufgaben hat der Betriebsrat konkrete Mitwirkungs- und Mitbestimmungsrechte.

Mitwirkungsrechte:
- **Informationsrechte** sind die schwächste Form der Beteiligung. Der Betriebsrat ist vom Arbeitgeber zu unterrichten. Informationsrechte bilden häufig die Vorstufe für weitere Beteiligungsrechte.
- Im Rahmen der **Vorschlagsrechte** kann der Betriebsrat selbst die Initiative ergreifen. Die Vorschläge sind vom Arbeitgeber zu prüfen, einen Anspruch auf Umsetzung gibt es jedoch nicht (z. B. bei Teilnehmern an beruflichen Bildungsmaßnahmen).
- **Anhörungsrechte** geben dem Betriebsrat Gelegenheit, zu bestimmten Sachverhalten Stellung zu nehmen. Der Arbeitgeber ist dazu angehalten, vor einer Entscheidung die Meinung des Betriebsrates einzuholen (z. B. Kündigung eines Arbeitnehmers).
- **Beratungsrechte** verpflichten den Arbeitgeber, bei Entscheidungen über betrieblichen Angelegenheiten die Meinung des Betriebsrates einzuholen und die Angelegenheit mit dem Betriebsrat zu erörtern

(z. B. Arbeitsplatzgestaltung, Personalplanung, Berufsausbildung, Einführung neuer Techniken, vor geplanten Betriebsänderungen).

Mitbestimmungsrechte:
- Durch **Zustimmungsverweigerungs- und Widerspruchsrechte** kann der Betriebsrat Entscheidungen des Arbeitgebers blockieren. Allerdings besteht für den Arbeitgeber die Möglichkeit, die fehlende Zustimmung des Betriebsrates durch eine arbeitsgerichtliche Entscheidung zu ersetzen (z. B. bei Einstellung, Eingruppierung, Versetzung und Kündigung eines Mitarbeiters).
- Bei „**vollen**" **Mitbestimmungsrechten** ist der Arbeitgeber auf die Zustimmung des Betriebsrates angewiesen, ohne sie durch eine arbeitsgerichtliche Entscheidung ersetzen zu können. Sollte keine Einigung zwischen Arbeitsgeber und Betriebsrat möglich sein, trifft die Einigungsstelle eine verbindliche Entscheidung (z. B. Lage der Arbeitszeit, Urlaubsplan, Ordnung des Betriebes, Ausgestaltung der Personalfragebögen, Beurteilungsgrundsätze für Mitarbeiter, personelle Auswahlrichtlinien, Aufstellung eines Sozialplanes bei Betriebsänderungen).

Info 3: Die Jugend- und Auszubildendenvertretung (JAV)

In Betrieben mit mindestens **fünf** Arbeitnehmern unter 18 Jahren oder Auszubildenden unter 25 Jahren kann eine **Jugend- und Auszubildendenvertretung** gewählt werden. **Wahlberechtigt** sind alle jugendlichen Arbeitnehmer (also unter 18 Jahren) und alle Auszubildenden unter 25 Jahren. Passiv wahlberechtigt und somit **wählbar** sind alle Arbeitnehmer, die das 25. Lebensjahr noch nicht vollendet haben. Wird ein Jugend- und Auszubildendenvertreter während seiner Amtszeit 25 Jahre, bleibt er bis zum Ende der Wahlperiode im Amt. Die Jugend- und Auszubildendenvertreter werden für **zwei Jahre** gewählt.

Wesentliche **Aufgabe** der Jugend- und Auszubildendenvertretung ist es nach **§ 70 BetrVG**, Maßnahmen beim Betriebsrat zu beantragen und auf deren Erledigung hinzuwirken, die den Jugendlichen und Auszubildenden dienen. Die Jugend- und Auszubildendenvertretung ist **kein eigenständiges Organ**. Sie kann zu allen Betriebsratssitzungen Vertreter entsenden. Diese haben im Betriebsrat **Stimmrecht**, wenn die Beschlüsse überwiegend die Belange der Jugendlichen und Auszubildenden betreffen. Während seiner Amtszeit und ein Jahr danach ist die **Kündigung** eines Jugend- und Auszubildendenvertreters unzulässig. Wird einem Auszubildenden, der Mitglied der JAV ist, nicht spätestens drei Monate vor Beendigung der Ausbildung mitgeteilt, dass er nicht in ein unbefristetes Arbeitsverhältnis übernommen wird, muss er auf Antrag nach bestandener Prüfung unbefristet weiterbeschäftigt werden.

Vertiefende Übungen

1 Claudia Neu, 22 Jahre alt, wird seit 1. September 20(0) bei der Müller Maschinenbau GmbH zur Industriekauffrau ausgebildet. Erläutern Sie, welche Rechte Claudia bei der im November 20(0) stattfindenden Wahl zur Jugend- und Auszubildendenvertretung zustehen.

2 Bei der Müller Maschinenbau GmbH sind folgende Mitarbeiter beschäftigt:

- 155 volljährige, nicht zu ihrer Berufsausbildung beschäftigte Arbeiter
- 45 volljährige, nicht zu ihrer Berufsausbildung beschäftigte Angestellte
- 8 Auszubildende zwischen 19 und 23 Jahren
- 9 jugendliche Arbeitnehmer, die dort eine Berufsausbildung machen
- 2 jugendliche nicht zu ihrer Berufsausbildung beschäftigte Arbeitnehmer

Bei der Müller Maschinenbau GmbH wird erstmalig ein Betriebsrat gewählt. Ermitteln Sie, aus wie vielen Mitgliedern der zu wählende Betriebsrat laut Betriebsverfassungsgesetz bestehen soll.

3 Die nachfolgenden Schritte zur Wahl des Betriebsrates sind in falscher Reihenfolge angegeben. Bringen Sie diese Schritte in die richtige Reihenfolge und ergänzen Sie dazu die Zahlen 1 bis 6 in den Kästchen hinter den einzelnen Schritten.

- 15 Mitarbeiter bewerben sich als Kandidaten.
- Das Wahlergebnis wird veröffentlicht.
- Am 1. Juni 20(0) findet die erste Betriebsratssitzung statt.
- Die Wahlberechtigten geben ihre Stimme in geheimer Wahl ab.
- Die Wählbarkeit der Kandidaten wird geprüft.
- Die abgegebenen Stimmen werden ausgezählt.

4 Dem Betriebsrat der Müller Maschinenbau GmbH werden die nachfolgenden Sachverhalte vorgelegt. Entscheiden Sie, ob der Betriebsrat ein „volles" Mitbestimmungsrecht, ein Widerspruchsrecht, ein Informations-/Beratungsrecht oder keines der genannten Rechte hat.

a) Die Geschäftsleitung möchte neue Technologien in der Fertigung einführen.
b) Einem Werkzeugmechaniker wird gekündigt.
c) Die Personalbedarfsplanung für das kommende Geschäftsjahr wird vorgenommen.
d) Urlaubsregelungen für die Sommerferien werden neu festgelegt.
e) Die Gesellschafter der Müller Maschinenbau GmbH erhöhen ihre Kapitaleinlagen.
f) Bei der Müller Maschinenbau GmbH muss ein Sozialplan aufgestellt werden.

Ergänzende Übungen

1 Da die Textil-Design AG über mehr als 100 Arbeitnehmer verfügt, wird ein Wirtschaftsausschuss eingerichtet. Erläutern Sie die Aufgaben und Zusammensetzung des Wirtschaftsausschusses.

2 Nachdem der neue Betriebsrat gewählt worden ist, plant er sogleich die Einberufung einer Betriebsversammlung, um die Arbeitnehmer über die geplanten Maßnahmen des Betriebsrates zu unterrichten und die Vorgehensweise des Betriebsrates zu beraten. Der Vorstandsvorsitzende Dieter Schumacher ist dagegen und will die Betriebsversammlung während der Arbeitszeit verhindern. Wenn dies nicht möglich sein sollte, verlangt er, auf der Betriebsversammlung sprechen zu können. Nehmen Sie Stellung.

3 In Fragen der Lage der täglichen Arbeitszeit sowie in Bezug auf Regelungen für die Raucher konnte der Betriebsrat Einigung mit dem Vorstand erzielen. Die entsprechenden Regelungen wurden in einer Betriebsvereinbarung dokumentiert. Nennen Sie die Vertragspartner und legen Sie mögliche Inhalte einer solchen Vereinbarung dar.

4 Herr Schumacher hält den Betriebsratsvorsitzenden, Herrn Altinas, für einen Querulanten. Sollte die Auftragslage schlechter werden, werde er Herrn Altinas sofort kündigen. Begründen Sie, ob dies möglich ist.

5 Beurteilen Sie, ob die „Zusammenarbeit" zwischen Herrn Schumacher und dem Betriebsrat im Sinne des Betriebsverfassungsgesetzes verläuft.

ZUSAMMENFASSUNG

Das _____ ist die gesetzliche Grundlage zur Mitwirkung und Mitbestimmung des _____.

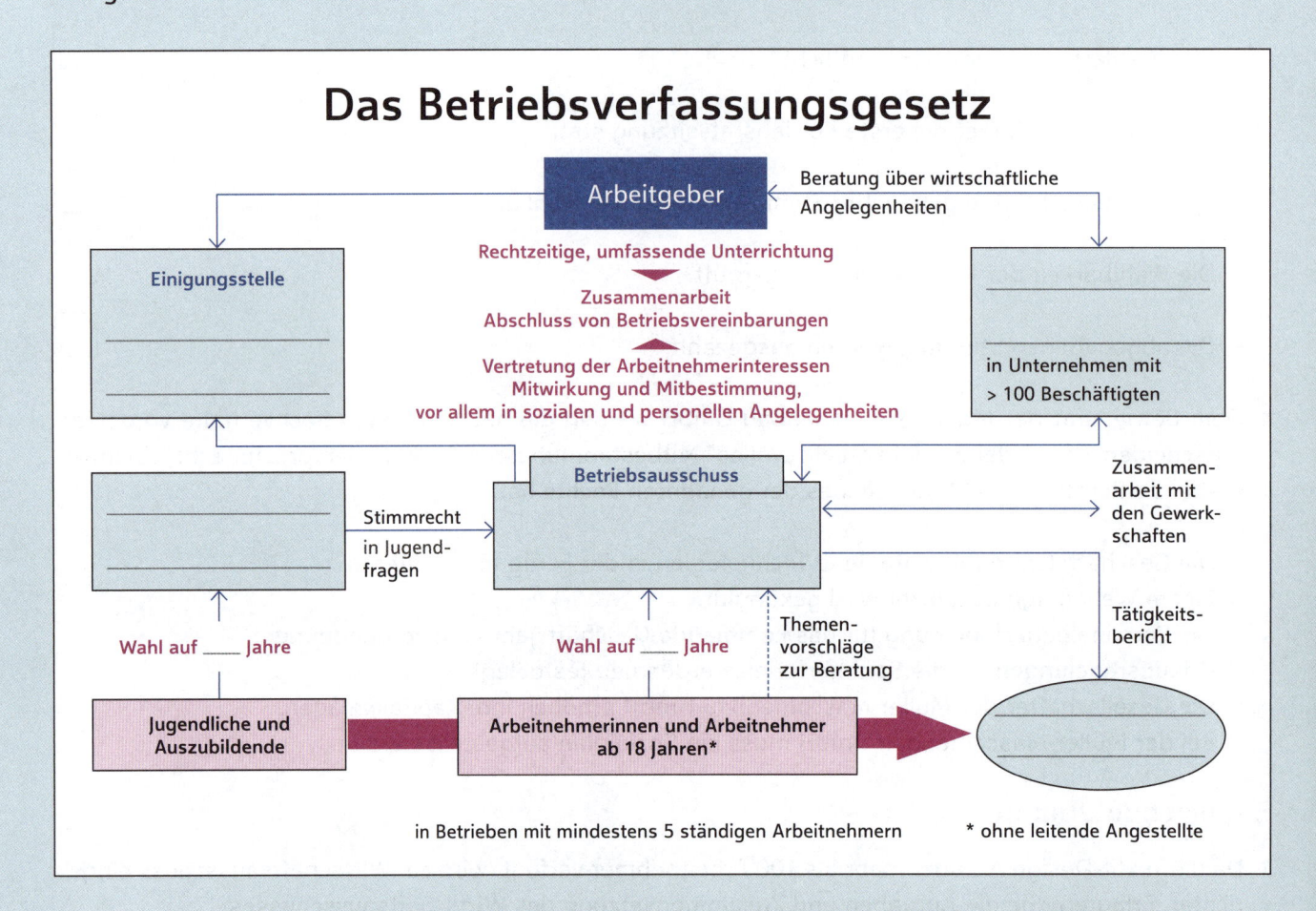

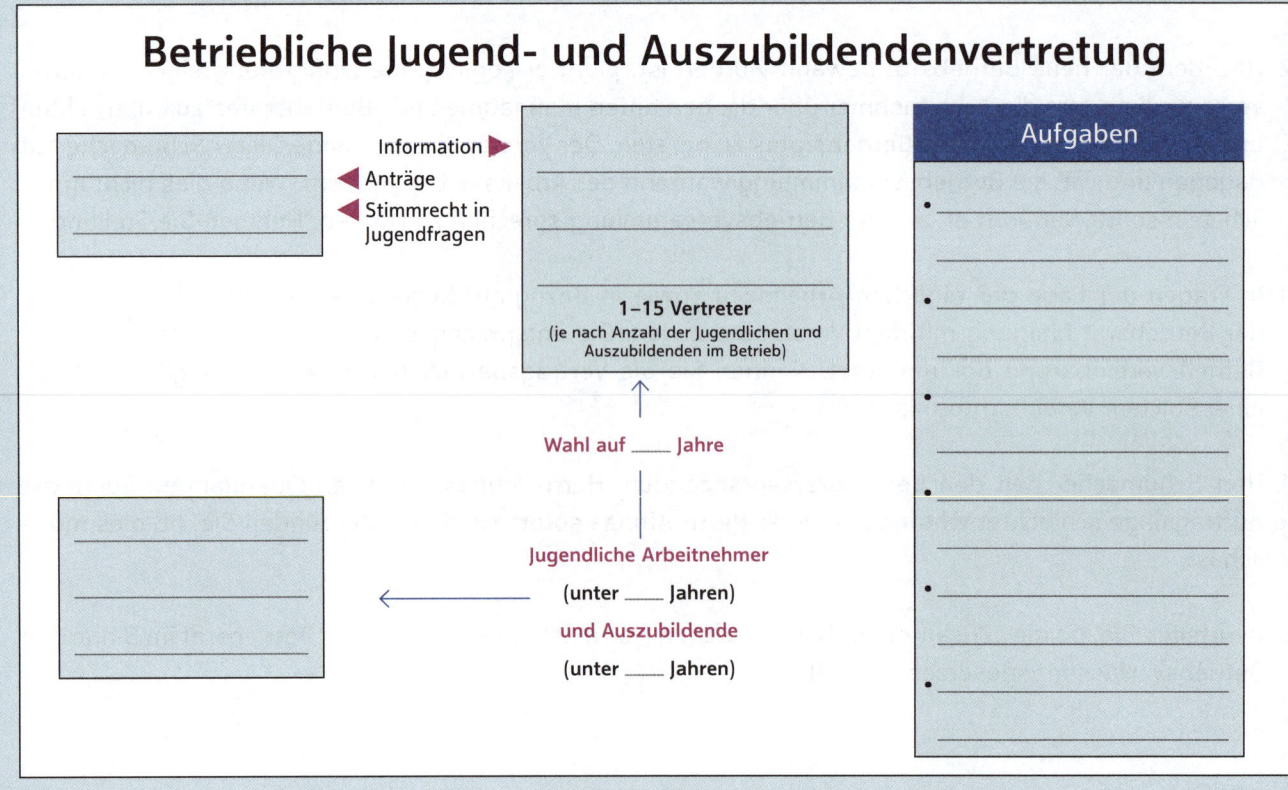

Das Betriebsverfassungsgesetz

Arbeitgeber — Beratung über wirtschaftliche Angelegenheiten

Rechtzeitige, umfassende Unterrichtung
Zusammenarbeit
Abschluss von Betriebsvereinbarungen
Vertretung der Arbeitnehmerinteressen
Mitwirkung und Mitbestimmung,
vor allem in sozialen und personellen Angelegenheiten

- Einigungsstelle
- _____ in Unternehmen mit > 100 Beschäftigten
- Betriebsausschuss
- Zusammenarbeit mit den Gewerkschaften
- Tätigkeitsbericht

Stimmrecht in Jugendfragen

Themenvorschläge zur Beratung

Wahl auf ___ Jahre — **Jugendliche und Auszubildende**

Wahl auf ___ Jahre — **Arbeitnehmerinnen und Arbeitnehmer ab 18 Jahren***

in Betrieben mit mindestens 5 ständigen Arbeitnehmern

* ohne leitende Angestellte

Betriebliche Jugend- und Auszubildendenvertretung

Information ▶
◀ Anträge
◀ Stimmrecht in Jugendfragen

1–15 Vertreter
(je nach Anzahl der Jugendlichen und Auszubildenden im Betrieb)

Wahl auf ___ Jahre

Jugendliche Arbeitnehmer
(unter ___ Jahren)
und Auszubildende
(unter ___ Jahren)

Aufgaben
- _____
- _____
- _____
- _____
- _____
- _____

SELBSTEINSCHÄTZUNG

	JA 😊	MIT HILFE 😐	NEIN ☹
Ich kann erklären, warum die Einrichtung eines Betriebsrates im Unternehmen sinnvoll und richtig ist.			
Ich kann das aktive und passive Wahlrecht bei Betriebsratswahlen unterscheiden und die Anzahl der wahlberechtigten Arbeitnehmer ermitteln.			
Ich kann Aufgaben des Betriebsrates erläutern.			
Ich kann die verschiedenen Mitwirkungs- und Mitbestimmungsrechte des Betriebsrates unterscheiden.			
Ich kann das aktive und passive Wahlrecht bei der Wahl der Jugend- und Auszubildendenvertretung unterscheiden und die Anzahl der wahlberechtigten Auszubildenden ermitteln.			
Ich kann die Aufgaben der Jugend- und Auszubildendenvertretung beschreiben.			
Ich kann die Vertragspartner und Regelungsbereiche von Betriebsvereinbarungen benennen.			
Ich kann das Betriebsverfassungsgesetz interpretieren.			

Außerdem habe ich gelernt:

_____
_____
_____
_____
_____
_____
_____
_____

HINWEIS Zur Wiederholung und Vertiefung der Inhalte der Lernsituation: Seite 158 f., Aufgabe 12.

LERNSITUATION 13
Einen Tarifvertrag verhandeln und abschließen

Ausgangssituation: Ein passender Abschluss? – Der neue Tarifvertrag wird vorgestellt

Anja Fritsche, Auszubildende bei der Textil-Design AG, erscheint am heutigen Morgen sichtlich nervös im Büro ihrer Ausbilderin Jutta Harlang. Das Gespräch mit ihrem Mitschüler Maik Balster hat ihr Interesse an betrieblicher Mitbestimmung geweckt. Sensibilisiert für die Thematik ist ihr aufgefallen, dass seit einigen Wochen mehrere Plakate an den Infowänden der Textil-Design AG hängen. Von Frau Harlang hat Anja erfahren, dass sich Herr Altinas nicht nur als Betriebsratsvorsitzender engagiert, sondern sich auch als Gewerkschaftsmitglied bei der IG-TEX für die Belange der Mitarbeiter einsetzt. Das Plakat zeigt die Forderungen der Gewerkschaft zu Beginn der aktuellen Tarifvertragsverhandlungsrunde.

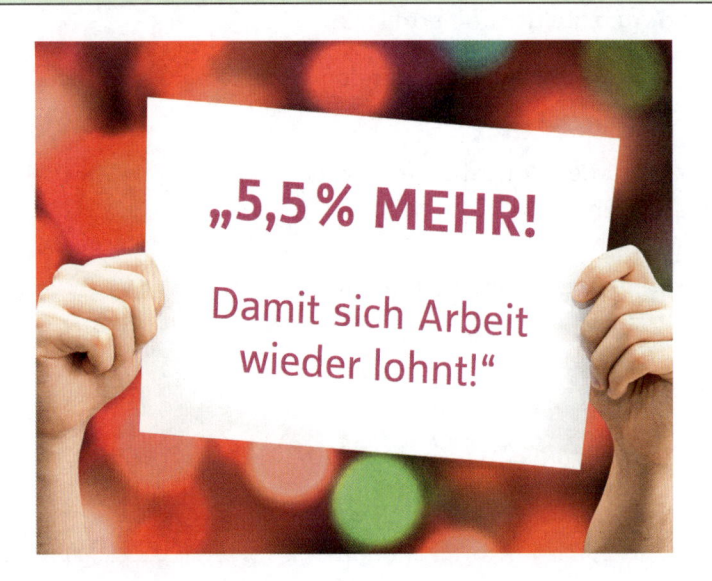

„5,5 % MEHR!

Damit sich Arbeit wieder lohnt!"

Unsere Forderungen:

→ Erhöhung der Löhne, Gehälter und Ausbildungsvergütungen um 5,5 % ab 01. Juli 20(0), Laufzeit: 12 Monate

→ Vereinbarung zur Verhandlungsverpflichtung über tarifvertragliche Förderung der Altersteilzeit

→ Übernahmeverpflichtung nach der beruflichen Erstausbildung, mindestens 6 Monate

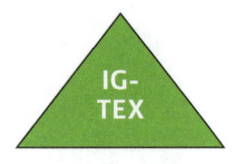

IG-TEX

Heute steht die dritte und vermutlich letzte Verhandlungsrunde mit den Vertretern des Arbeitgeberverbandes AVDTEX an. Aufgeregt besucht Anja immer wieder die Homepage der Gewerkschaft, auf der heute der neue Lohn- und Gehaltstarifvertrag veröffentlich werden soll.

Um 14:30 Uhr ist es soweit, auf der Website der IG-TEX wird der neue Tarifabschluss für die Textilindustrie veröffentlicht:

> Der **Tarifabschluss 20(0)** – Das wichtigste auf einen Blick:
> - 3 Nullmonate (Juli bis September 20(0))
> - je 50,00 € mehr für die Monate Oktober bis Dezember 20(0) (Azubis: 25,00 €)
> - 1,5 % mehr Lohn, Gehalt und Ausbildungsvergütung ab Januar 20(1)
> - 1,5 % mehr Urlaubsgeld ab 20(1)
> - Vertragslaufzeit: 24 Monate
>
> <u>EIN PASSENDER ABSCHLUSS!</u>
>
> IHRE IG-TEX

Fassungslos informiert Anja ihre Ausbilderin über den Tarifabschluss. Diese reagiert zu Anjas Entsetzen völlig gelassen auf das Ergebnis der Tarifverhandlungen.

Jutta Harlang: „Womit haben Sie denn gerechnet, Frau Fritsche – dass die Arbeitgeber uns tatsächlich 5,5 % mehr zahlen? In der momentanen wirtschaftlichen Situation unserer Branche ist das undenkbar."

Anja Fritsche: „Okay, aber das soll ein ‚passender Abschluss' sein? Da hätte ich von unserer Gewerkschaft mehr erwartet. Wozu bin ich denn überhaupt Gewerkschaftsmitglied geworden, wenn ‚die' so wenig für uns erreichen?"

Arbeitsaufträge

1 Beurteilen Sie die unterschiedlichen Reaktionen von Frau Harlang und Anja Fritsche und nennen Sie mögliche Gründe dafür. Erläutern Sie, warum der Tarifvertrag auf der Website der Gewerkschaft als „passend" bezeichnet wird.

2 Tarifverträge werden von den Tarifvertragspartnern vereinbart. Erläutern Sie, wer die Tarifvertragspartner in der Ausgangsituation sind und welche Vorteile die Tarifvertragspartner durch den Abschluss eines Tarifvertrages haben.

3 Der Tarifvertrag hat einen räumlichen, fachlichen und persönlichen Geltungsbereich. Erklären Sie am Beispiel der Textil-Design AG (Köln), was man unter den verschiedenen Bereichen versteht.

4 Erläutern Sie, unter welchen Voraussetzungen die Vertragspartner an den Tarifvertrag gebunden sind. Gehen Sie in diesem Zusammenhang auch auf die Allgemeinverbindlichkeitserklärung ein.

5 Die wichtigsten Tarifverträge sind der Manteltarifvertrag, der Lohn- und Gehaltsrahmentarifvertrag und der Lohn- und Gehaltstarifvertrag. Beschreiben Sie die unterschiedlichen Regelungsbereiche der einzelnen Tarifverträge.

6 Erklären Sie, inwiefern durch den Abschluss eines neuen Tarifvertrages zusätzliche Arbeit auf die Personalabteilung der Textil-Design AG zukommt.

LERNSITUATION 13

7 Die Textil-Design AG legt auch für nicht tarifgebundene Arbeitnehmer die Regelungen des Tarifvertrages zugrunde. Begründen Sie diese Vorgehensweise.

8 Während der Laufzeit eines Tarifvertrages gilt die sogenannte Friedenspflicht. Erläutern Sie, was darunter zu verstehen ist.

9 In einer überregionalen Tageszeitung wird am nächsten Morgen über den neuen Tarifvertrag berichtet. Darin heißt es: „Nach zähen Verhandlungen konnte schließlich doch ein Abschluss erzielt werden." Stellen Sie den Ablauf der Tarifverhandlungen im nachfolgenden Schaubild dar.

Der Ablauf von Tarifverhandlungen

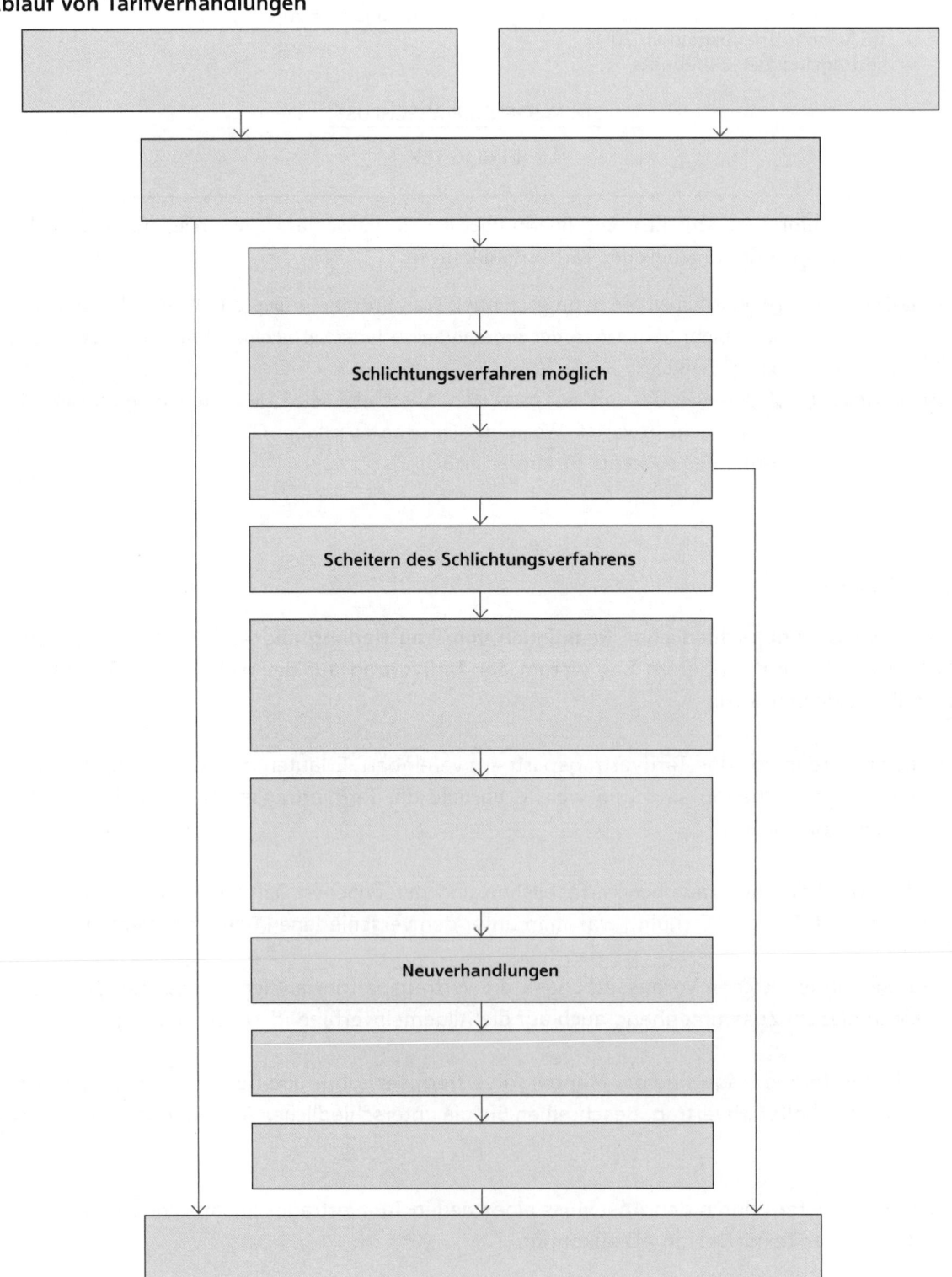

(Schaubild mit leeren Feldern; vorgegebene Beschriftungen: „Schlichtungsverfahren möglich", „Scheitern des Schlichtungsverfahrens", „Neuverhandlungen")

Info 1: Der Tarifvertrag

Wesentliche rechtliche Bestimmungen, die das Verhältnis zwischen Arbeitgeber und Arbeitnehmer regeln, finden sich im Arbeitsvertrag, im Tarifvertrag und in Betriebsvereinbarungen. Während der Einzelarbeitsvertrag eine individuelle, d.h. einzelvertragliche Vereinbarung zwischen Arbeitnehmer und Arbeitgeber darstellt, legen Tarifverträge und Betriebsvereinbarungen gemeinsame **Regelungen** für ganze Gruppen von Arbeitnehmern und Arbeitgebern **kollektiv** fest.

Basis des Tarifvertragswesens ist die **Tarifautonomie,** welche in Artikel 9 Abs. 3 des Grundgesetzes garantiert wird. Die Tarifvertragsparteien dürfen danach Vereinigungen bilden und in eigener Verantwortung Tarifverträge abschließen.

> **Artikel 9 GG**
> (...)
> (3) Das Recht, zur Wahrung und Förderung der Arbeits- und Wirtschaftsbedingungen Vereinigungen zu bilden, ist für jedermann und für alle Berufe gewährleistet. Abreden, die dieses Recht einschränken oder zu behindern suchen, sind nichtig, hierauf gerichtete Maßnahmen sind rechtswidrig. (...)

Die **Sozialpartner (Tarifvertragsparteien)** sind die Gewerkschaften (Arbeitnehmerseite) und die Arbeitgeberverbände oder einzelne Arbeitgeber (Arbeitgeberseite). Sie schließen einen **Verbandstarifvertrag** (Arbeitgeberverband und Gewerkschaft) oder einen **Haustarifvertrag** (einzelner Arbeitgeber und Gewerkschaft). Der Geltungsbereich eines Tarifvertrages regelt, auf welche Arbeitsverhältnisse ein Tarifvertrag anzuwenden ist.

Geltungsbereich des Tarifvertrages	räumlich	Region bzw. Tarifgebiet, z.B. Flächentarifvertrag für Bayern
	fachlich/betrieblich	Branche oder Betrieb, z.B. Branchentarifvertrag für die Holzindustrie
	persönlich	Personenkreis, z.B. Tarifvertrag für alle Beschäftigten oder Auszubildendentarifvertrag

An den Tarifvertrag sind nur die Mitglieder der Tarifvertragsparteien gebunden. Der Bundesminister für Arbeit und Soziales kann einen Tarifvertrag für **allgemein verbindlich** erklären. Danach gilt der Tarifvertrag für alle Arbeitgeber und Arbeitnehmer. Die getroffenen Regelungen müssen von den Tarifvertragsparteien erfüllt werden (**Erfüllungspflicht**). Streiks der Arbeitsnehmer oder Aussperrungen durch die Arbeitgeber sind als Kampfmaßnahmen während der Laufzeit des Vertrages nicht zulässig (**Friedenspflicht**).

Die wichtigsten Tarifverträge sind der Manteltarifvertrag und der Vergütungstarifvertrag. Darüber hinaus gibt es noch Tarifverträge über die Höhe vermögenswirksamer Leistungen, Vorruhestandstarifverträge, Tarifverträge über Sonderzahlungen (z.B. Weihnachtsgeld) usw. Grundsätzliche Arbeitsbedingungen (z.B. Regelungen bezüglich Einstellungen und Entlassungen, Arbeitszeit, Mehrarbeit, Arbeitsunterbrechung und -versäumnis, Urlaub und Unfallschutz) werden in **Manteltarifverträgen** geregelt. Diese werden meist für **mehrere Jahre** abgeschlossen. Ein **Vergütungstarifvertrag** beinhaltet einen **Gehaltstarifvertrag** (für kaufmännische/technische Angestellte), einen **Lohntarifvertrag** (für gewerbliche Arbeitnehmer) und einen **Tarifvertrag über die Ausbildungsvergütung**. In einem Tarifgruppenverzeichnis werden die Arbeitnehmer entsprechend ihrer verrichteten Tätigkeit in Lohn- und Gehaltsgruppen eingeteilt, diesen werden anschließend die entsprechenden Tarifgehälter zugeordnet. Lohn- und Gehaltstarifverträge haben zumeist eine Laufzeit von **einem Jahr**.

Info 2: Die Tarifverhandlungen

Tarifverträge haben eine zeitlich begrenzte Laufzeit und werden nach dem Ende der Vertragslaufzeit neu verhandelt. **Tarifverhandlungen** könnten folgendermaßen ablaufen, wobei eine fristgerechte **Kündigung** des Tarifvertrages zum angegebenen Termin erfolgen muss.

Die Gewerkschaften stellen zu Beginn der **Tarifverhandlungen** ihre Forderungen auf. Die Arbeitgeber, vertreten durch den Arbeitgeberverband, unterbreiten ein erstes Angebot, das niedriger ist als die Gewerkschaftsforderungen. Im Laufe der Verhandlungen versucht man, einen Kompromiss zu finden, dem beide Tarifparteien zustimmen können.

Kommt es zunächst zu keiner Einigung, können die Tarifparteien das Scheitern der Tarifverhandlungen erklären. Lässt eine der Tarifparteien die Verhandlungen scheitern, kann es anschließend zu einem Schlichtungsverfahren kommen, aber nur dann, wenn ein solches Schlichtungsverfahren zwischen den Tarifparteien zuvor in einem Abkommen vereinbart worden ist.

Vertreter der Gewerkschaft und der Arbeitgeber nehmen, in gleicher Anzahl und unter Leitung eines unparteiischen Vorsitzenden, am **Schlichtungsverfahren** teil. Ergebnis des Verfahrens ist ein mehrheitlich gefasster Einigungsvorschlag, dem die Tarifparteien zustimmen können, wodurch der Einigungsvorschlag zum neuen Tarifvertrag wird. Wird der Einigungsvorschlag von einer der beiden Tarifparteien abgelehnt, beginnt entweder eine neue Schlichtungsrunde oder es kommt zum Arbeitskampf.

Die Arbeitskampfmaßnahme der Gewerkschaften ist der **Streik**, bei dem die gewerkschaftlich organisierten Arbeitnehmer für einen vorübergehenden Zeitraum die Arbeit niederlegen. Bevor die Gewerkschaft einen Streik erklärt, wird die Streikbereitschaft durch eine Abstimmung unter ihren Mitgliedern festgestellt. Diese Abstimmung wird auch **Urabstimmung** genannt. Die Gewerkschaft kann erst offiziell zum Streik aufrufen, wenn mindestens **75 % der Gewerkschaftsmitglieder** für einen Streik gestimmt haben. Ein Streik kann auf einzelne Betriebe beschränkt sein, aber auch ganze Wirtschaftszweige, z. B. alle Betriebe der Textil- und Bekleidungsindustrie, umfassen. Ziel des Streiks ist es, durch Produktionsausfälle oder Umsatzeinbußen die Arbeitgeber zu zwingen, auf die Forderungen der Gewerkschaften einzugehen. Die Arbeitskampfmaßnahme der Arbeitgeber ist die **Aussperrung**. Als Reaktion auf einen Streik verweigern die Arbeitgeber allen Mitarbeitern, gewerkschaftlich organisierten und nicht organisierten, die Möglichkeit zu arbeiten.

Während des Arbeitskampfes „ruhen" die Arbeitsverhältnisse. Dadurch erhalten die Arbeitnehmer weder Gehalt, Urlaub noch Gehaltsforderung im Krankheitsfall. Die gewerkschaftlich organisierten Arbeitnehmer erhalten jedoch Streikgeld von ihrer Gewerkschaft. Die Höhe des **Streikgeldes** richtet sich nach dem monatlichen Gewerkschaftsbeitrag des Einzelnen. Arbeitnehmer, die nicht in einer Gewerkschaft organisiert sind, bekommen kein Streikgeld. Die bestreikten Arbeitgeber werden aus dem Arbeitskampffonds ihres Arbeitgeberverbandes unterstützt.

Der Arbeitskampf endet, wenn sich die beiden Tarifparteien in neuen Verhandlungen oder im Rahmen eines besonderen Schlichtungsverfahrens einigen. Es kommt zu einem **neuen Tarifvertrag**, wenn beide Seiten der erzielten Einigung zustimmen. Aufseiten der Gewerkschaft müssen dazu in einer erneuten Urabstimmung mindestens 25 % der Gewerkschaftsmitglieder zustimmen.

Tarifverhandlungen werden häufig nur für einzelne Länder oder Bezirke durchgeführt. Oft wird dieser Abschluss (**Pilotabschluss**) danach für die anderen Bezirke übernommen.

Vertiefende Übungen

1 Auch für die WFW AG wurde ein neuer Tarifvertrag ausgehandelt. Bringen Sie die nachfolgenden Schritte, die zum neuen Tarifvertrag geführt haben, in die richtige Reihenfolge.
   a) Die Urabstimmung über das Ergebnis der neuen Tarifverhandlungen hat zur Beendigung des Streiks geführt. ☐
   b) Die Tarifvertragsparteien treffen sich zu Verhandlungen. ☐
   c) Die Gewerkschaft führt eine Urabstimmung durch, aufgrund einer 80 %-igen Zustimmung kommt es anschließend zum Streik. ☐
   d) Bei neuen Verhandlungen kommt es zu einer Einigung. ☐
   e) Nach mehreren Tarifrunden erklärt die Gewerkschaft die Verhandlungen für gescheitert. ☐

2 Das erfolgreiche Ende der Tarifverhandlungen hat einen neuen Entgelttarifvertrag zur Folge. Welche Regelungen sind in diesem Vertrag enthalten und welche Laufzeit wird der Vertrag i. d. R. haben?

3 In der Tageszeitung lesen Sie, dass der Tarifvertrag für allgemein verbindlich erklärt wurde. Welche Bedeutung hat eine solche Allgemeinverbindlichkeitserklärung?

4 Im Tarifvertrag wurde festgelegt, dass alle Löhne und Gehälter um einen Festbetrag von monatlich 50,00 € steigen. Entscheiden Sie, in welcher der nachfolgenden Aussagen diese Veränderung für die Mitarbeiter Siggi Maier (bisheriges Bruttogehalt: 2 500,00 €) und Klaus Kinnen (bisheriges Bruttogehalt: 1 250,00 €) richtig dargestellt wird.
   a) Das Bruttoentgelt von Herrn Maier und Herrn Kinnen steigt jeweils um 60 %.
   b) Das Bruttoentgelt von Herrn Maier steigt um 2 % und das Bruttoentgelt von Herrn Kinnen steigt um 4 %.
   c) Das Nettoentgelt von Herrn Maier und Herrn Kinnen steigt jeweils um 60,00 €.
   d) Das Nettoentgelt von Herrn Maier steigt um 2 % und das Nettoentgelt von Herrn Kinnen steigt um 4 %.

5 Aufgrund erweiterter Serviceangebote einigen sich der Betriebsrat der WFW AG und der Arbeitgeber schriftlich darauf, das Arbeitsende an Freitagen auf 17:00 Uhr zu verlängern. Begründen sie, wie man eine solche, schriftlich festgehaltene Einigung zwischen Gewerkschaft und Arbeitgeber nennt.

LERNSITUATION 13

ZUSAMMENFASSUNG

Die _____ (Tarifvertragsparteien) sind die _____ (Arbeitnehmerseite) und die _____ oder _____ (Arbeitgeberseite).

Tarifverträge

| _____ _____ Arbeitgeber | (Arbeitnehmer _____) |

Tarifvertrag — regelt: _____

Mantel- oder Rahmentarifvertrag — regelt: _____ Laufzeit: _____

Vergütungstarifvertrag — regelt: _____ Laufzeit: _____

SELBSTEINSCHÄTZUNG

	JA 😊	MIT HILFE 😐	NEIN ☹
Ich kann den Ablauf von Tarifverhandlungen und das Zustandekommen von Tarifverträgen beschreiben und nachvollziehen.			
Ich kann die Tarifautonomie, Erfüllungspflicht und Friedenspflicht erklären.			
Ich kann die Bedeutung eines Pilotabschlusses bei Tarifverträgen erklären.			

SELBSTEINSCHÄTZUNG

	JA 🙂	MIT HILFE 😐	NEIN ☹
Ich kann die Vorteile von Tarifverträgen für Arbeitgeber und Arbeitnehmer erklären.			
Ich kann Manteltarifverträge von Lohn- und Gehaltstarifverträgen unterscheiden.			

Außerdem habe ich gelernt:

___

HINWEIS Zur Wiederholung und Vertiefung der Inhalte der Lernsituation: Seite 160, Aufgabe 13.

LERNSITUATION 14
Personal freisetzen – die Kündigung

Ausgangssituation: Kündigung und Kündigungsschutz

Markus Lüke kehrt gut gelaunt von der Abteilungsleiterkonferenz zurück. Die Geschäftsführung hat berichtet, dass die Auftragsbücher voll sind und der Expansionskurs fortgesetzt wird. Allerdings wird es vor allem in der Produktion strukturelle Veränderungen geben. So wird im nächsten Monat eine neue Schweißmaschine in Betrieb genommen, die in der Schweißerei zu einem Personalüberhang führen wird. Als er seine E-Mails prüft, erblickt er die folgende Nachricht.

Personalüberhang in der Schweißerei
WFW AG, Franz Schmid
Gesendet: Montag, 05.07.20(0), 8:12
An: Luke, Markus

Eine Kopie dieser Nachricht befindet sich auf dem Server. [Vom Server löschen]

Sehr geehrter Herr Lüke,

Sie haben sicherlich schon gehört, dass wir in der Schweißerei aufgrund der Anschaffung einer neuen Schweißmaschine einen Personalüberhang haben werden. Zum Glück sind die anderen Abteilungen nach wie vor bestens ausgelastet.

Deshalb habe ich gestern der Mitarbeiterin Heike Temmen mündlich die Kündigung zum 31.07.20(0) ausgesprochen. Frau Temmen ist 40 Jahre alt, seit zwei Jahren im Unternehmen und alleinerziehende Mutter. Aufgrund einer chronischen Erkrankung ihres Kindes kommt es hin und wieder zu Fehlzeiten. Eine verlässliche Personaleinsatzplanung ist deshalb mitunter schwierig. Des Weiteren ist Frau Temmen weniger leistungsfähig als einige jüngere Mitarbeiter in der Abteilung. An die Zahlen des 24-jährigen Kollegen Gerd Bosse reicht sie nicht heran. Herr Bosse hat seinerzeit zusammen mit Frau Temmen angefangen. Er ist ungebunden, konzentriert sich ganz auf die Arbeit und überzeugt durch tadellose Leistungen.

Bitte verfassen Sie aus Gründen der Beweisbarkeit noch ein schriftliches Kündigungsschreiben. Sie haben da sicherlich mehr Erfahrung als ich.

Franz Schmid

WFW AG

PS: Denken Sie bitte daran, dass wir in der Montage noch einen Mitarbeiter suchen, und leiten Sie das Bewerbungsverfahren ein.

Nachdem Herr Lüke die Hausmitteilung sorgfältig gelesen hat, muss er schmunzeln: „Von Fertigungssteuerung, da versteht der Schmid was, aber von unserer Unternehmensphilosophie und vom Arbeitsrecht hat er keine Ahnung."

Arbeitsaufträge

1 Erläutern Sie, ob die von Herrn Schmid ausgesprochene Kündigung formgerecht ist.

2 Begründen Sie, ob es sich im vorliegenden Fall um eine ordentliche oder außerordentliche Kündigung handelt.

3 Erklären Sie, zu welchem Zeitpunkt eine Kündigung Frau Temmens frühestens möglich wäre.

4 Erläutern Sie die Mitbestimmungsrechte des Betriebsrates im Fall einer Kündigung und nehmen Sie Stellung, wie der Betriebsrat reagieren wird.

5 Prüfen Sie, ob das Kündigungsschutzgesetz in diesem Fall Anwendung findet.

6 Unterscheiden Sie die verschiedenen Arten der Kündigung nach dem Kündigungsgrund und legen Sie dar, um welche Art einer Kündigung es sich in diesem Fall handelt.

7 Beurteilen Sie, ob die vorliegende Kündigung sozial gerechtfertigt ist.

8 Begründen Sie, wie Sie anstelle von Frau Temmen reagieren würden, wenn Herr Lüke die Kündigung tatsächlich vornimmt.

9 Da es in der Vergangenheit schon häufiger zu übereilten Kündigungen gekommen ist, hat Herr Lüke eine Checkliste „Ordentliche Kündigung" erarbeitet, die den Personalverantwortlichen als Leitfaden zur Verfügung gestellt wird. Ergänzen Sie die folgende Liste.

Checkliste „Ordentliche Kündigung"

I. Ordentliche Kündigung.		
A _____ Kündigungsschutz nach verschiedenen Gesetzen		
Existiert für den zu kündigenden Mitarbeiter ein _____ Kündigungsschutz?	ja	nein
B. Allgemeiner Kündigungsschutz: Begründung der Kündigung nach dem ersten Abschnitt des Kündigungsschutzgesetzes		
Mit welcher Begründung nach dem Kündigungsschutzgesetz soll gekündigt werden?		
– _____ Kündigung:	Grund:	
– verhaltensbedingte Kündigung: Sind notwendige _____ erfolgt?	Grund: ja nein Anzahl:	
– betriebsbedingte Kündigung: Hat eine _____ unter den Mitarbeitern stattgefunden?	Grund: ja	nein
Bei allen Kündigungen zu berücksichtigen		
Ist eine _____ an einem anderen Arbeitsplatz möglich?	ja	nein
C. Kündigungstermin		
Zu welchem Termin soll gekündigt werden?	Datum:	
D. Beteiligung des Betriebsrates		
Ist der Betriebsrat vor der Kündigung _____ worden?	ja	nein
Hat der Betriebsrat der Kündigung innerhalb _____ schriftlich _____?	ja	nein

Wenn ja, wie lautet die Begründung des Betriebsrates für den Widerspruch? (Zutreffendes bitte ankreuzen)		
– _____ Gesichtspunkte sind nicht oder nicht ausreichend berücksichtigt.	☐	
– **Die** Kündigung verstößt gegen eine Auswahlrichtlinie.	☐	
– **Der** Mitarbeiter kann an einem anderen _____ beschäftigt werden.	☐	
– **Eine** Weiterbeschäftigung ist nach Umschulungs- oder _____ möglich.	☐	
– Eine Weiterbeschäftigung unter _____ Vertragsbedingungen ist möglich, da der Mitarbeiter einverstanden ist.	☐	
E. Form der Kündigung		
Ist die Kündigung _____ erfolgt?	ja	nein
F. Kündigungsschutzklage		
Wurde innerhalb von _____ Wochen ab Zugang der Kündigung Klage vor dem Arbeitsgericht erhoben?	ja	nein
Ist der Mitarbeiter aufgrund eines Widerspruchs des Betriebsrates bis zum Ende des Verfahrens _____?	ja	nein

Info: Kündigung

Ein Arbeitsverhältnis kann durch Erreichen der Altersgrenze, Tod des Arbeitnehmers, Vertragsablauf, Aufhebungsvertrag oder Kündigung beendet werden.

Sind sich Arbeitgeber und Arbeitnehmer einig, dass das Arbeitsverhältnis in gegenseitigem Einvernehmen beendet werden soll, schließen sie einen **Aufhebungsvertrag**. Geht der Wunsch auf Beendigung des Arbeitsverhältnisses nur von einer Vertragspartei, also vom Arbeitnehmer oder Arbeitgeber aus, wird das Arbeitsverhältnis **gekündigt** (einseitige, empfangsbedürftige Willenserklärung). Sowohl bei einem Aufhebungsvertrag als auch bei einer Kündigung ist die Schriftform zu wahren.

Kündigungsarten und Kündigungsfristen

Bei einer Kündigung unterscheidet man zwischen einer ordentlichen und einer außerordentlichen Kündigung. Die **ordentliche Kündigung** erfolgt unter Einhaltung einer **Kündigungsfrist**, die im Arbeitsvertrag, im Tarifvertrag oder gesetzlich festgelegt ist. Ist die Kündigungsfrist weder im Arbeitsvertrag noch im Tarifvertrag geregelt, gilt die gesetzliche Kündigungsfrist. Sie beträgt nach § 622 BGB 4 Wochen zum 15. oder zum Ende eines Monats für sämtliche Arbeitnehmer (Arbeiter und Angestellte). Ist der Arbeitnehmer länger als zwei Jahre im Betrieb oder Unternehmen beschäftigt, verlängern sich die Kündigunsfristen bei einer Kündigung durch den Arbeitgeber. Zudem kann nur noch zum Ende eines Monats gekündigt werden.

Gesetzliche Kündigungsfristen

Die Grundkündigungsfrist für Arbeiter und Angestellte beträgt **4 Wochen** zum 15. oder zum Ende eines Monats.

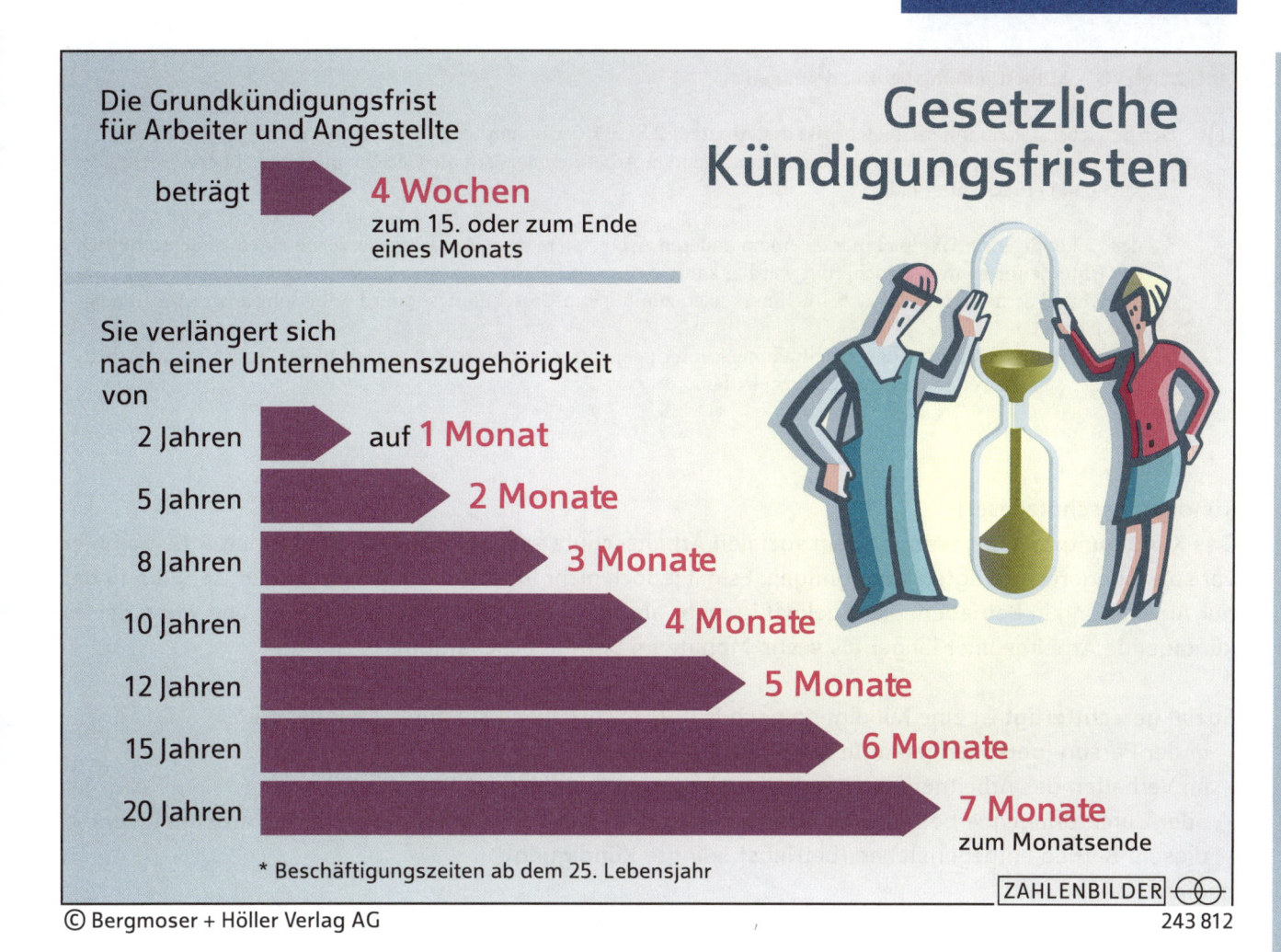

Sie verlängert sich nach einer Unternehmenszugehörigkeit von
- 2 Jahren auf **1 Monat**
- 5 Jahren auf **2 Monate**
- 8 Jahren auf **3 Monate**
- 10 Jahren auf **4 Monate**
- 12 Jahren auf **5 Monate**
- 15 Jahren auf **6 Monate**
- 20 Jahren auf **7 Monate**

zum Monatsende

* Beschäftigungszeiten ab dem 25. Lebensjahr

© Bergmoser + Höller Verlag AG — ZAHLENBILDER 243 812

Zu beachten ist, dass die verlängerten Kündigungsfristen nur gelten, sofern der **Arbeitgeber** die Kündigung ausspricht. Der **Arbeitnehmer** kann nach wie vor mit der gesetzlichen Grundkündigungsfrist von vier Wochen zum 15. oder Ende eines Monats kündigen.

Im Gegensatz zur ordentlichen Kündigung muss bei einer **außerordentlichen Kündigung** keine Kündigungsfrist eingehalten werden. Sie erfolgt **fristlos** und ist nur möglich, wenn ein **wichtiger Grund** vorliegt und es den Vertragsparteien nicht zugemutet werden kann, das Arbeitsverhältnis bis zum Ende der ordentlichen Kündigungsfrist fortzusetzen. Auf Verlangen des Vertragspartners ist der Grund der Kündigung unverzüglich mitzuteilen. Die außerordentliche Kündigung kann nur innerhalb von zwei Wochen nach Bekanntgabe des Grundes erfolgen. Wichtige Kündigungsgründe sind z. B.:

Für den Arbeitgeber	Für den Arbeitnehmer
• beharrliche Arbeitsverweigerung • Tätlichkeiten oder grobe Beleidigungen • sexuelle Belästigungen durch den Arbeitnehmer • Betrug und Diebstahl • Vortäuschung einer Arbeitsunfähigkeit	• grobe Verletzungen der Fürsorgepflicht • Tätlichkeiten oder grobe Beleidigungen • sexuelle Belästigungen des Arbeitnehmers • keine Lohn- und Gehaltszahlung • Mobbing des Arbeitnehmers

Beteiligung des Betriebsrates bei Kündigungen
Sowohl vor einer außerordentlichen als auch einer ordentlichen Kündigung muss der **Betriebsrat angehört** werden. Dabei hat der Arbeitgeber den Betriebsrat über die wesentlichen Umstände der Kündigung zu unterrichten. Nach dem Betriebsverfassungsgesetz (§ 102 Abs. 2 Satz 1 BetrVG) kann der Betriebsrat bei einer ordentlichen Kündigung innerhalb einer Woche und bei einer außerordentlichen Kündigung innerhalb von drei Tagen schriftlich **Widerspruch** erheben. Äußert sich der Betriebsrat nicht, gilt seine Zustimmung als erteilt.

INFOBOX

§ 102 BetrVG – Mitbestimmung bei Kündigungen
(...)
(3) Der Betriebsrat kann innerhalb der Frist des Absatzes 2 Satz 1 der ordentlichen Kündigung widersprechen, wenn
1. der Arbeitgeber bei der Auswahl des zu kündigenden Arbeitnehmers soziale Gesichtspunkte nicht oder nicht ausreichend berücksichtigt hat,
2. (...)
3. der zu kündigende Arbeitnehmer an einem anderen Arbeitsplatz im selben Betrieb oder in einem anderen Betrieb des Unternehmens weiterbeschäftigt werden kann,
4. die Weiterbeschäftigung des Arbeitnehmers nach zumutbaren Umschulungs- oder Fortbildungsmaßnahmen möglich ist oder
5. eine Weiterbeschäftigung des Arbeitnehmers unter geänderten Vertragsbedingungen möglich ist und der Arbeitnehmer sein Einverständnis hiermit erklärt hat.

(...)

Kündigungsschutzgesetz

Das **Kündigungsschutzgesetz** ist dem sozialen Arbeitsschutz zuzuordnen und schützt den Arbeitnehmer vor sozial ungerechtfertigten Kündigungen. Es gilt jedoch nicht für sämtliche Arbeitnehmer, sondern findet nur Anwendung in Betrieben, die regelmäßig mehr als zehn Arbeitnehmer beschäftigen und wenn der zu kündigende Arbeitnehmer länger als sechs Monate im Betrieb beschäftigt ist.

Sozial gerechtfertigt ist eine Kündigung nach § 1 (2) KSchG, wenn sie durch Gründe, die
- in der Person (**personenbedingte Kündigung**),
- im Verhalten des Arbeitnehmers (**verhaltensbedingte Kündigung**),
- oder durch dringende betriebliche Erfordernisse, die einer Weiterbeschäftigung des Arbeitnehmers in diesem Betrieb entgegenstehen (**betriebsbedingte Kündigung**),

bedingt ist.

Beispiel:

Kündigungsgründe	personenbedingt	<ul><li>fehlende Fahrerlaubnis</li><li>fehlende Arbeitserlaubnis</li><li>mangelnde Eignung</li><li>dauernde krankheitsbedingte Unfähigkeit, die Arbeitsleistung zu erbringen</li></ul>
	verhaltensbedingt	<ul><li>wiederholte Unpünktlichkeit</li><li>Minderleistung</li><li>Beleidigung</li><li>Verstöße gegen Gehorsams- und Verschwiegenheitspflicht</li></ul>
	betriebsbedingt	<ul><li>Änderung der Arbeits- oder Produktionsmethoden</li><li>Stilllegungen</li><li>Absatzprobleme</li><li>Rohstoffmangel</li></ul>

Bei **verhaltensbedingten** ordentlichen Kündigungen sind grundsätzlich zuvor eine oder mehrere erfolglose **Abmahnungen** des Mitarbeiters erforderlich, bevor gekündigt werden kann. Es gilt der Grundsatz: keine verhaltensbedingte Kündigung ohne vorherige Abmahnung.

Im Unterschied zur verhaltensbedingten Kündigung setzt die **personenbedingte Kündigung** kein Verschulden des Arbeitnehmers und damit keine Abmahnung voraus. In diesem Fall liegen Gründe in der Person des Arbeitnehmers vor, die ihn daran hindern, die geschuldete Arbeitsleistung vertragsgemäß zu erbringen.

Im Fall einer **betriebsbedingten Kündigung** hat der Arbeitgeber eine **Sozialauswahl** unter den in Betracht kommenden Mitarbeitern vorzunehmen. Kriterien sind die Dauer der Betriebszugehörigkeit, das Lebensalter, Unterhaltspflichten und eine Schwerbehinderung des Arbeitnehmers. Wie die vier Kriterien im

Verhältnis untereinander zu gewichten und zu bewerten sind, kann in einer Auswahlrichtlinie nach § 95 Betriebsverfassungsgesetz (Betriebsvereinbarung) oder durch den Tarifvertrag festgelegt werden.

Verzichtet der Arbeitnehmer bei einer betriebsbedingten Kündigung auf eine Kündigungsschutzklage, hat er Anspruch auf eine **Abfindung** in Höhe von 0,5 Monatsverdiensten für jedes Beschäftigungsjahr. Dies setzt allerdings voraus, dass der Arbeitgeber in seiner Kündigung auf diesen Umstand hinweist.

Beispiel: Die TSM AG kündigt Herrn Krüger betriebsbedingt. Sie weist ihn darauf hin, dass er bei Verzicht auf Kündigungsschutzklage eine Abfindung beanspruchen kann. Herr Krüger verzichtet auf eine Klage und erhält für seine 6-jährige Betriebszugehörigkeit eine Abfindung von drei Monatsgehältern.

Abfindungen können sich nicht nur aus den Regelungen des Kündigungsschutzgesetzes, sondern auch aus Sozialplänen, aufgrund von Betriebsänderungen, einer Vereinbarung (Vergleich) oder einer freiwilligen Leistung ergeben.

Bei allen Kündigungen muss der **Grundsatz der Verhältnismäßigkeit** beachtet werden. Demnach kommt eine Kündigung nur dann in Betracht, wenn der Arbeitnehmer **nicht** in einem anderen Bereich des Betriebes oder in einem anderen Betrieb des Unternehmens **beschäftigt werden kann**. Dafür sind auch zumutbare Umschulungs- oder Qualifizierungsmaßnahmen seitens des Arbeitgebers durchzuführen. Zudem ist eine Fortsetzung des Arbeitsverhältnisses zu geänderten Bedingungen (Änderungsvertrag), mit denen der Arbeitnehmer einverstanden ist, in Erwägung zu ziehen.

Ist der Arbeitnehmer der Meinung, dass seine Kündigung nicht durch soziale Gründe zu rechtfertigen ist, kann er beim Betriebsrat binnen einer Woche **Einspruch** erheben sowie beim Arbeitsgericht binnen drei Wochen **Klage** erheben. Er sollte der Klage die Stellungnahme des Betriebsrates hinzufügen.

Erhebt der Betriebsrat Widerspruch und reicht der Arbeitnehmer im Falle einer ordentlichen Kündigung Arbeitsschutzklage ein, ist er i. d. R. bis zum rechtskräftigen Abschluss des Verfahrens weiterzubeschäftigen.

Besonderer Kündigungsschutz
Neben den allgemeinen Kündigungsschutzvorschriften nach dem Kündigungsschutzgesetz existieren für besonders schutzbedürftige Personengruppen und Personen in besonderen Funktionen ergänzende gesetzliche Regelungen:

Personengruppe	Rechtsgrundlage	Regelung
Schwerbehinderte Menschen	§ 168 Sozialgesetzbuch (SGB IX)	Eine Kündigung des Arbeitnehmers ist nur mit Zustimmung des Integrationsamtes wirksam.
Arbeitnehmer während der Pflegezeit	§ 5 Pflegezeitgesetz (PflegeZG)	Der Arbeitgeber darf das Arbeitsverhältnis während der Pflegezeit nicht kündigen.
Auszubildende	§ 22 Berufsbildungsgesetz (BBiG)	Nach der Probezeit ist eine ordentliche Kündigung durch den Arbeitgeber nicht möglich.
Wehrdienstleistende	§ 2 Arbeitsplatzschutzgesetz (ArbPlSchG)	Eine Kündigung ist dem Arbeitgeber von der Zustellung des Einberufungsbescheides bis zur Beendigung des Grundwehrdienstes nicht gestattet.
Schwangere und Mütter	§ 17 Mutterschutzgesetz (MuschG)	Ab dem Zeitpunkt der Schwangerschaft bis zum Ablauf von vier Monaten nach der Entbindung ist eine Kündigung unzulässig.
Arbeitnehmer während der Elternzeit	§ 18 Bundeselterngeld- und Elternzeitgesetz (BEEG)	Während der Elternzeit darf das Arbeitsverhältnis nicht ordentlich gekündigt werden.
Betriebsratsmitglieder und Mitglieder der Jugend- und Auszubildendenvertretung	§ 15 Kündigungsschutzgesetz (KSchG)	Während und bis zu einem Jahr nach der Beendigung ihrer Amtszeit darf den Mitgliedern nicht ordentlich gekündigt werden.

LERNSITUATION 14

Vertiefende Übungen

1 Erläutern Sie, welche Kündigungsfristen in den folgenden Sachverhalten eingehalten werden müssen. Es gelten die gesetzlichen Regelungen.
   a) Dimitri Bulert ist seit elf Jahren bei der Sommerfeld Bürosysteme GmbH beschäftigt. Er hat ein besseres Angebot eines anderen Arbeitgebers erhalten und möchte deshalb kündigen.
   b) Christian Kulüke ist seit sechs Jahren bei der Wollux GmbH beschäftigt. Ihm soll betriebsbedingt gekündigt werden.
   c) Die Buchhalterin Gerda Schulz hat eine Unterschlagung begangen und soll deshalb gekündigt werden.
   d) Marina Dressmann ist seit 13 Jahren im Einkauf der TSM AG beschäftigt. Aufgrund wiederholter Arbeitsverweigerung soll ihr ordentlich verhaltensbedingt gekündigt werden.

2 Dieter Nentwig ist Auslieferungsfahrer bei der Mtek GmbH, die zwölf Mitarbeiter beschäftigt. Die Auftragslage der Mtek GmbH ist momentan angespannt. Da Dieter Nentwig seinen Führerschein aufgrund von Alkoholmissbrauch verloren hat, wird ihm als ungelernter Kraft fristgerecht gekündigt. Begründen Sie, ob die Kündigung sozial gerechtfertigt ist.

3 Martina Dressmann ist bei der TSM AG im Einkauf beschäftigt und hat bereits zwei Abmahnungen wegen Arbeitsverweigerung erhalten. Als der Einkaufsleiter, Herr Tiller, ihr aufträgt, die Post aus der Poststelle zu holen und zu verteilen, weil die Poststelle aufgrund mehrerer Erkrankungen hoffnungslos unterbesetzt ist, verweigert sie dies. Daraufhin wird Martina Dressmann durch die TSM AG gekündigt. Erläutern Sie, ob die Kündigung sozial gerechtfertigt ist.

4 Björn Bender ist seit sechs Jahren in der Montage der Zweiradwerke Münsterland GmbH beschäftigt. Aufgrund von Rationalisierungsmaßnahmen in der Montage wird dem gelernten Metallbauer betriebsbedingt gekündigt. Erläutern Sie, unter welchen Voraussetzungen die Kündigung sozial gerechtfertigt ist.

5 Beurteilen Sie die folgenden Rechtsfälle:
   a) Miriam Andexel ist seit zwei Jahren bei der Wedio AG beschäftigt. Eintragungen in ihrer Personalakte gibt es bisher nicht. In letzter Zeit ist es häufig zu Verspätungen gekommen. Der Personalchef Rammes schickt ihr deshalb eine außerordentliche Kündigung, da er ein solches Verhalten nicht tolerieren möchte. Auch der Betriebsrat ist vorher gehört worden. Er äußert jedoch Bedenken, woraufhin Miriam Andexel sofort Klage beim Arbeitsgericht einreicht.
   b) Rieke Schuller ist Mitarbeiterin der Peter Nicko GmbH. Da die Auftragslage im Moment in ihrem Bereich schlecht ist, wird sie betriebsbedingt gekündigt. Der Betriebsrat widerspricht dieser Maßnahme fristgemäß mit der Begründung, dass Rieke Schuller problemlos in eine andere Abteilung versetzt werden könne. Dieser Sachverhalt entspricht der Tatsache. Nach einem Monat reicht Frau Schuller Kündigungsschutzklage ein.
   c) Auch Natalie Wagner soll bei der Peter Nicko GmbH gekündigt werden. Natalie Wagner leidet in letzter Zeit häufiger an verschiedenen Krankheiten. Peter Nicko spricht deshalb eine personenbedingte Kündigung aus. Zuvor war der Betriebsrat gehört worden, der sich nicht äußerte. Daraufhin reicht Natalie Wagner Klage beim Arbeitsgericht ein.

Ergänzende Übungen

1 Marcel Schoppe ist Mitarbeiter des Bürofachhandels Ergoline GmbH, der 120 Mitarbeiter beschäftigt. Im Moment leistet er seinen freiwilligen Wehrdienst ab. Da seine Stelle unbesetzt ist, stellt der Personalleiter Karl Wenkers Jürgen Veltrup ein. Karl Wenkers kündigt daraufhin Marcel Schoppe schriftlich zum nächstmöglichen Termin betriebsbedingt mit der Begründung, dass Marcel Schoppe nach seiner

Rückkehr nicht mehr ausreichend beschäftigt werden könne. Der Betriebsrat hat dieser Maßnahme zuvor widersprochen. Daraufhin reicht Marcel Schoppe nach zwei Wochen Klage beim Arbeitsgericht ein.

2 Peter Kenning, der Marketingleiter der Latex AG, befindet sich in Elternzeit. Da die Stelle dringend besetzt werden soll, stellt man den Dipl.-Kaufmann Martin Koers ein und kündigt Peter Kenning betriebsbedingt. Nehmen Sie Stellung.

3 Karl-Uwe Brömmelhaus erhält eine betriebsbedingte Kündigung mit dem Hinweis auf eine Abfindungsregelung, falls er auf eine Klage verzichtet. Erläutern Sie die Höhe seiner Abfindung, wenn Karl-Uwe Brömmelhaus dem Betrieb seit acht Jahren angehört.

ZUSAMMENFASSUNG

Kündigungsarten	
Ordentliche Kündigung	Außerordentliche Kündigung
Kündigung unter Einhaltung einer _____ _____	_____ Kündigung aus einem _____ Grund

Gesetzliche Kündigungsfristen bei einer ordentlichen Kündigung	
Grundkündigungsfrist	Verlängerte Kündigungsfristen für Arbeitgeber
_____ Wochen zum _____ oder _____ des Monats	je nach Betriebszugehörigkeit zwischen _____ und _____ Monaten zum _____

Kündigungsgründe bei einer außerordentlichen Kündigung	
für den Arbeitgeber	für den Arbeitnehmer
Beispiele: • _____ • _____	Beispiele: • _____ • _____

Beteiligung des Betriebsrates bei Kündigungen
Der _____ muss sowohl vor einer ordentlichen als auch bei einer außerordentlichen Kündigung _____ werden. Unter gewissen Umständen kann er _____ erheben.

Anwendung des Kündigungsschutzgesetzes
Der Betrieb beschäftigt regelmäßig mehr als _____ Arbeitnehmer _____ der zu kündigende Arbeitnehmer ist länger als _____ Monate im Betrieb beschäftigt.

LERNSITUATION 14

Kündigungsgründe nach dem Kündigungsschutzgesetz		
→ _____ Rechtfertigung der Kündigung		
_____ Kündigung	_____ Kündigung	_____ Kündigung
Beispiel: fehlende Arbeitserlaubnis	Beispiel: Beleidigungen	Beispiel: Absatzprobleme

Klage beim Arbeitsgericht

Der Arbeitnehmer kann binnen _____ Wochen nach der Kündigung _____ beim _____ erheben, wenn er der Meinung ist, dass seine Kündigung nicht _____ gerechtfertigt ist.

Besonderer Kündigungsschutz

_____ Kündigungsschutz nach ergänzenden gesetzlichen Regelungen erhalten z. B.
_____
_____
_____

SELBSTEINSCHÄTZUNG	JA 😊	MIT HILFE 😐	NEIN ☹
Ich kann eine ordentliche und außerordentliche Kündigung unterscheiden.			
Ich kenne die gesetzlichen Grundkündigungsfristen für Arbeitsgeber und Arbeitnehmer.			
Ich kann Kündigungsgründe für eine außerordentliche Kündigung nennen.			
Ich kann die Beteiligungsrechte des Betriebsrates bei Kündigungen erläutern.			
Ich kann den Anwendungsbereich des Kündigungsschutzgesetzes beschreiben.			
Ich kann erläutern, unter welchen Voraussetzungen eine Kündigung sozial gerechtfertigt ist.			
Ich kann Personen nennen, für die ein besonderer Kündigungsschutz gilt.			
Ich kann die Rechtmäßigkeit einer Kündigung fallbezogen prüfen.			

SELBSTEINSCHÄTZUNG

| | JA 😊 | MIT HILFE 😐 | NEIN ☹ |

Außerdem habe ich gelernt:

HINWEIS — Zur Wiederholung und Vertiefung der Inhalte der Lernsituation: Seite 161 f., Aufgabe 14.

Aufgaben zur Vertiefung, Wiederholung und Klausur- bzw. Prüfungsvorbereitung

Aufgabe 1: Die Kaufmannseigenschaft bestimmen

Als Betriebsberater einer renommierten Wirtschaftskanzlei sind Sie damit befasst, die Kaufmannseigenschaften von verschiedenen Unternehmen zu klären.

a) Begründen Sie, ob bzw. welche Kaufmannseigenschaft in den folgenden Fällen vorliegt und erläutern Sie, ob die Eintragung in das Handelsregister konstitutive oder deklaratorische Wirkung hat.

aa) Theo Meier, Betreiber von 25 Imbissstuben, 90 Mitarbeiter

ab) Silke Altmann, Ärztin für Radiologie, 800 000,00 € Jahresumsatz, 4 Mitarbeiterinnen

ac) Novi Software AG, 75 000,00 € Umsatz, 2 Mitarbeiter

ad) Kuhn & Yaygin KG, Elektrogroßhandel mit 8 000 000,00 € Umsatz

ae) Landwirt Alfred Brinkmann e. K., 25 Angestellte, 1 200 ha Land

af) Michael Oehm, Kiosk-Betreiber, eine Angestellte, 150 000,00 € Jahresumsatz ag) Robert Bosch GmbH

ah) Louis de Friese, Angestellter bei der Deutschen Bank AG

b) Erläutern Sie drei Vorteile, die mit der Kaufmannseigenschaft verbunden sind.

Aufgabe 2: Eine Firma auswählen

Frau Dr. Anna Mohl und Herr Ding Liu haben ein Unternehmen der Möbelindustrie gegründet und lassen es unter der Firma Trend-Systemmöbel AG in das Handelsregister eintragen.

a) Erläutern Sie, was man unter einer Firma versteht.

b) Begründen Sie, welche Firmenart bei der Trend-Systemmöbel AG vorliegt.

c) Erklären Sie drei Firmengrundsätze, die zu beachten sind.

150 AUFGABEN ZUR VERTIEFUNG, WIEDERHOLUNG UND KLAUSUR- BZW. PRÜFUNGSVORBEREITUNG

Aufgabe 3: Eine Firma in das Handelsregister eintragen

Heinz Karlich betreibt ein Büromöbelcenter in 44787 Bochum. Seine Firma heißt laut Handelsregistereintrag vom 24. April „Heinz Karlich Büromöbelcenter e. K.". Herr Karlich, geb. am 23. Mai 1980, wohnhaft in Düsseldorf, hat einen Prokuristen namens Peter Weiß. Dieser wurde am 20. August 1980 geboren, wohnt in Düsseldorf und hat Einzelprokura.

a) Ergänzen Sie den nachfolgenden Registerauszug des „Heinz Karlich Büromöbelcenter e. K."

Handelsregister A des Amtsgerichts Essen		Ausdruck Abruf vom 30.04.2... 11:11		Nummer der Firma: HR A 123 – 456 Seite 1 von 1	
Nummer der Eintragung	a) Firma b) Sitz, Niederlassung, Zweigniederlassungen	a) Allgemeine Vertretungsregelung b) Inhaber, persönlich haftende Gesellschafter (...)	Prokura	a) Rechtsform, Beginn, Satzung oder Gesellschaftsvertrag	a) Tag der Eintragung b) Bemerkungen (...)
1	2	3	4	5	6
1	a) b)	a) b)		a)	a)

b) Begründen Sie, warum Heinz Karlich in Abteilung A einzutragen ist.

_____
_____
_____

c) Erläutern Sie die Öffentlichkeitswirkung der erfolgten Eintragung.

_____
_____
_____
_____

Aufgabe 4: Vollmachten erteilen – Prokura und Handlungsvollmacht

Thomas Gebert und Jens Thalmann sind Mitarbeiter der Zweiradwerke Münsterland GmbH. Thomas Gebert hat als Vertriebsleiter Einzelprokura und Jens Thalmann als Leiter der Produktion allgemeine Handlungsvollmacht erhalten. Im Innenverhältnis wurden beide Vollmachten auf die jeweilige Abteilung begrenzt. Ansonsten gelten für den Umfang der Vollmachten die normalen gesetzlichen Bestimmungen.

a) Grenzen Sie den Umfang der beiden Vollmachten voneinander ab.

_____
_____
_____

b) Erläutern Sie die Erteilung und das Erlöschen der beiden Vollmachten.

c) Thomas Gebert hat für sich einen neuen Firmenwagen gekauft. Eigentlich wäre ein solcher Vorgang in den Zuständigkeitsbereich des Beschaffungsleiters Müller gefallen. Erläutern Sie, ob der Kauf des Firmenwagens für die Zweiradwerke Münsterland GmbH bindend ist.

d) Die Zweiradwerke Münsterland GmbH möchte ihre Kreditlinie bei der örtlichen Sparkasse erweitern. Begründen Sie, welchen der beiden Mitarbeiter Sie mit der Kreditaufnahme betrauen würden.

e) Zur Besicherung des Kredites verlangt die Bank die Eintragung einer Grundschuld. Erläutern Sie, ob Thomas Gebert und/oder Jens Thalmann die Belastung des Grundstücks durch die Eintragung einer Grundschuld herbeiführen können.

Aufgabe 5: Ein Unternehmen gründen – Die Einzelunternehmung

Dimitrios Vollacis spielt mit dem Gedanken, sich selbstständig zu machen und ein Zweiradfachgeschäft zu betreiben. Er hat gerade seinen Meister als Zweiradmechatroniker gemacht und verfügt über gute Kontakte zu potenziellen Kunden.

a) Erläutern Sie, über welche Persönlichkeitsmerkmale Dimitrios Vollacis als Unternehmer verfügen sollte.

b) Um sich Klarheit über die Chancen und Risiken seiner Geschäftstätigkeit zu verschaffen, stellt Dimitrios Vollacis einen Businessplan auf. Erläutern Sie fünf Punkte, die ein solcher Plan erhalten sollte.

c) Dimitrios Vollacis möchte zunächst eine Einzelunternehmung gründen. Charakterisieren Sie die Unternehmensform anhand von 5 Merkmalen.

d) Erläutern Sie zwei Vor- und Nachteile, die mit einer Einzelunternehmung verbunden sind.

Aufgabe 6: Einen neuen Gesellschafter aufnehmen – die offene Handelsgesellschaft (OHG)

Die SummerGarden OHG ist ein Hersteller von Gartenmöbeln mit Sitz in Köln. An der OHG sind die Gesellschafter Stolz und Quest mit folgenden Kapitaleinlagen beteiligt:
Stolz: 880 000,00 €
Quest: 580 000,00 €
Es wurde festgelegt, dass Stolz die kaufmännische Leitung und Quest die technische Leitung übernimmt.

a) Begründen Sie, ob Quest das Unternehmen wirksam gegenüber Banken vertreten kann.

b) Angenommen, die Gesellschaft macht einen Verlust von 63 000,00 €. Nehmen Sie die Verteilung dieses Verlustes vor.

c) Da die Geschäfte gut gehen, möchte Quest, ohne mit Stolz Rücksprache zu halten, ein Zweigwerk in Düsseldorf errichten. Erläutern Sie, ob er dazu berechtigt ist.

d) Quest möchte eine neue EDV-Einheit (PC, Drucker, Scanner) erwerben. Legen Sie dar, ob er in diesem Fall die Zustimmung von Quest einholen muss.

e) Herr Stolz möchte den Gesellschaftsvertrag abändern. Er ist der Meinung, dass er dies alleine tun kann, da er über die Mehrheit der Stimmen verfügt. Nehmen Sie Stellung.

Aufgabe 7: Die Haftung teilweise begrenzen – die Kommanditgesellschaft (KG)

An der Andreas Schneider Holzwerke KG sind der persönlich haftende Gesellschafter Andreas Schneider und Paul Minnerup als Kommanditist beteiligt.

a) Schneider will einen größeren Posten Eichenholz günstig von einem bisher unbekannten Lieferanten kaufen. Minnerup widerspricht dem Kauf, da er dem neuen Lieferanten nicht traut. Begründen Sie, ob Minnerup den Kauf verhindern kann.

b) Aus Verärgerung über den Lieferantenwechsel wird Minnerup tätig und bestellt einen Posten Eichenholz bei dem bisherigen Lieferanten. Erläutern Sie, ob die Andreas Schneider Holzwerke KG an den Vertrag gebunden sind.

c) Minnerup möchte sich als Vollhafter bei der Müller Holzwerke OHG beteiligen. Schneider ist strikt dagegen. Erklären Sie, ob er Minnerup die Beteiligung verbieten kann.

d) Aufgrund einer günstigen Entwicklung der Börse möchte Schneider überschüssige liquide Mittel der Andreas Schneider Holzwerke KG in Aktien anlegen und für 100 000,00 € Aktien der VW AG kaufen Begründen Sie, ob Minnerup das Geschäft verhindern kann.

e) Trotz des Widerspruchs erwirbt Andreas Schneider für die Andreas Schneider Holzwerke KG die Aktien. Nehmen Sie Stellung zur Wirksamkeit des Vertrages.

Aufgabe 8: Die Haftung aller Gesellschafter beschränken – die Gesellschaft mit beschränkter Haftung (GmbH)

Hennes Geiger und Erhan Sert möchten einen Kunststoff verarbeitenden Betrieb in Form einer GmbH gründen, um Haushaltwaren und Blumentöpfe für den Gartenbereich zu produzieren.

a) Nennen Sie das Mindestkapital, das die beiden für die Gründung des Betriebes aufbringen müssen.

b) Neben Hennes Geiger soll auch sein Sohn Ralf Geiger Gesellschafter des Unternehmens werden. Erläutern Sie, mit welchem Betrag Ralf Geiger sich mindestens beteiligen muss.

c) Schlagen Sie eine Firma für das neu zu gründenden Unternehmen vor.

d) Hennes Geiger und Erhan Sert werden zu Geschäftsführern des Unternehmens bestellt. Sie erhalten jeweils Einzelvertretungsmacht. Hennes Geiger mietet sogleich Geschäftsräume für das Unternehmen an. Begründen Sie, ob der Mietvertrag gültig ist.

e) Erläutern Sie, wie Dritte (Kunden, Lieferanten, Banken usw.) sich über die Vertretungsbefugnisse der GmbH informieren können.

f) Das Stammkapital der GmbH entspricht dem gesetzlichen Mindestkapital. Hennes Geiger ist mit 12 500,00 €, Erhan Sert mit 10 000,00 € und Ralf Geiger mit dem Rest beteiligt. Erklären Sie die Stimmverteilung in der Gesellschafterversammlung.

AUFGABEN ZUR VERTIEFUNG, WIEDERHOLUNG UND KLAUSUR- BZW. PRÜFUNGSVORBEREITUNG 155

g) Im ersten Jahr macht die Gesellschaft einen Gewinn von 60 000,00 €. Berechnen Sie den Gewinnanteil der einzelnen Gesellschafter, wenn im Gesellschaftsvertrag keine besonderen Regelungen getroffen wurden.

Aufgabe 9: Viele Eigentümer beteiligen – die Aktiengesellschaft (AG)

Die VEKUMA AG ist ein Hersteller von Kunststoffteilen und liefert insbesondere Griffe und Kettenschutze an die Westfälischen Fahrradwerke AG. Die VEKUMA AG verfügt über ein Grundkapital von 750 000,00 €, das in Stammaktien ausgegeben worden ist. Der Vorstand besteht aus drei Personen, wobei Dr. Büchter zum Vorsitzenden des Vorstandes bestellt wurde. Besondere Regelungen zur Vertretungsmacht wurden nicht getroffen.

a) Stellen Sie fest, ob das Unternehmen das vorgeschriebene Mindestkapital hat.

b) Die Gesellschaft wird in das Handelsregister eingetragen. Erläutern Sie die Wirkung der Eintragung und geben Sie die entsprechende Abteilung des Handelsregisters an.

c) Unterscheiden Sie zwischen einer Vorzugs- und einer Stammaktie und nennen Sie die Rechte, die mit einer Vorzugsaktie verbunden sind.

d) Dr. Büchter möchte ein Grundstück für die VEKUMA AG erwerben. Die anderen Vorstandsmitglieder sind dagegen. Prüfen Sie, ob Dr. Büchter sich durchsetzen wird.

e) Erläutern Sie die Aufgaben des Aufsichtsrates der VEKUMA AG.

f) Der Aktionär Meier verfügt über 30 Aktien zu 5,00 € Nennwert. Berechnen Sie, wie viele Stimmen er in der Hauptversammlung hat.

g) Dr. Gellert ist Vertreter der Großaktionäre, die 74,5 % der Aktien halten. Dr. Gellert möchte entgegen dem Willen der Kleinaktionäre keine Dividende zahlen. Begründen Sie, ob er sich durchsetzen wird.

h) Aus Kostengründen möchte Dr. Gellert den Sitz der AG ins Ausland verlegen lassen. Begründen Sie, ob er dies gegen den Willen der Kleinaktionäre erreichen kann.

Aufgabe 10: Einen Ausbildungsvertrag schließen – das Berufsbildungsgesetz

Die Meyer-Werke AG ist ein Zulieferer von Reifen für die Automobilindustrie mit Sitz in Münster. Zurzeit sind Sie in der Personalabteilung eingesetzt und sollen dem Personalleiter Dieter Hermeling bei der Bearbeitung der folgenden Fälle und Fragen unterstützen.

a) Die 17-jährige Auszubildende Martina Bisping weigert sich, ihr Berichtsheft vorzulegen. Sie ist der Meinung, dass das Führen des Berichtsheftes nur eine Schikane des Ausbildungsbetriebes ist. Erläutern Sie, ob Martina recht hat.

b) Claudia Cromme ist 16 Jahre alt und Auszubildende im 2. Ausbildungsjahr. Seit über einem Jahr wird sie in der Zentrale eingesetzt. Auch im nächsten halben Jahr soll sie dort eingesetzt werden, da sie dort gute Arbeit geleistet hat und schon alle anfallenden Arbeiten ausführt. Claudia beschwert sich und möchte auch andere Abteilungen des Unternehmens kennenlernen. Erläutern Sie, ob Claudias Beschwerde begründet ist.

AUFGABEN ZUR VERTIEFUNG, WIEDERHOLUNG UND KLAUSUR- BZW. PRÜFUNGSVORBEREITUNG 157

c) Mareike Fromm wird seit drei Monaten bei der Meyer AG zur Kauffrau für Büromanagement ausgebildet. Im Ausbildungsvertrag ist die höchstmögliche Dauer der Probezeit eingetragen. Sie meint: „Endlich ist die Probezeit rum, wenn ich jetzt morgens mal eine Stunde später komme, interessiert das keinen mehr." Nehmen Sie Stellung.

d) Marko Müller ist Auszubildender zum Industriekaufmann im 3. Ausbildungsjahr. In der Berufsschule hat er bisher hervorragende Ergebnisse erzielt. Ein Konkurrent der Meyer-Werke AG möchte Marko Müller abwerben. Kurzerhand kündigt er das Ausbildungsverhältnis bei der Meyer-Werke AG und möchte das Ausbildungsverhältnis beim Konkurrenzbetrieb fortsetzen. Begründen Sie, ob die Kündigung rechtens ist.

e) Max Goldschmid hat die Abschlussprüfung nicht bestanden. Erklären Sie, welche Möglichkeiten Max Goldschmid hat, falls er die Ausbildung fortsetzen möchte.

f) Daniel hat am 15. Juli erfolgreich die IHK-Prüfung bestanden und wurde in ein festes Arbeitsverhältnis übernommen. Am Ende des Monats betrachtet er erstaunt seine Gehaltsabrechnung. Ihm wurde für den Monat Juli lediglich die Ausbildungsvergütung berücksichtigt. Von der Personalabteilung erfährt er, dass seine Ausbildungszeit laut Ausbildungsvertrag erst am 30. August ende, sodass er erst danach Anspruch auf ein Angestelltengehalt habe. Daniel ist verärgert! Beurteilen Sie die Rechtslage.

Aufgabe 11: Den Arbeitsschutz Jugendlicher berücksichtigen – das Jugendarbeitsschutzgesetz

Beurteilen Sie folgende Fälle mithilfe des Jugendarbeitsschutzgesetzes:

a) Martina Bisping ist 17 Jahre alt. In Martina Bispings Abteilung sind im Moment mehrere Mitarbeiter wegen Krankheit ausgefallen. Martina soll deshalb an den ersten drei Tagen der Woche neun Stunden arbeiten, dafür wird die Arbeitszeit donnerstags und freitags auf sieben Stunden reduziert.

b) Julia Goldschmid, Marta Müller und Claudia Fromme sind Auszubildende zur Groß- und Außenhandelskauffrau. Die 18-jährigen Auszubildenden Julia Goldschmid und Marta Müller müssen an beiden sechsstündigen Berufsschultagen noch arbeiten. Die 17-jährige Claudia Fromme hat dagegen einen Nachmittag frei.

c) Der 16-jährige Ludger Harting will folgende Arbeitszeiten und Pausenzeiten wahrnehmen:
07:00 Uhr–12:00 Uhr Arbeitszeit
12:00 Uhr–12:30 Uhr Pause
12:30 Uhr–14:15 Uhr Arbeitszeit
14:15 Uhr–14:30 Uhr Pause
14:30 Uhr–16:15 Uhr Arbeitszeit

d) Silvia Kappelhoff wird am 01.06.20(1) 17 Jahre alt. Sie bekommt 25 Werktage Urlaub.

Aufgabe 12: Im Betrieb mitbestimmen

Im November 20(0) wird in der Kleinmann GmbH & Co. KG eine neue Jugend- und Auszubildendenvertretung gewählt. Als Mitglied des Wahlausschusses haben Sie bei der Belegschaft folgende Altersstruktur ermittelt:

16 bis unter 18 Jahre:	20 Mitarbeiter, davon 19 Auszubildende
18 bis unter 25 Jahre:	45 Mitarbeiter, davon 32 Auszubildende
25 bis unter 40 Jahre:	310 Mitarbeiter, davon 2 Auszubildende
40 bis unter 50 Jahre:	389 Mitarbeiter
50 bis unter 65 Jahre:	114 Mitarbeiter

a) Bringen Sie die folgenden Schritte bei der Wahl der Jugend- und Auszubildendenvertretung der Kleinmann GmbH & Co. KG in die richtige Reihenfolge.

- In geheimer Wahl geben die Wahlberechtigten ihre Stimme ab. ☐
- Die erste Sitzung der neu gewählten Jugend- und Auszubildendenvertretung der Kleinmann GmbH & Co. KG findet statt. ☐
- Die Wählbarkeit der Kandidaten wird geprüft. ☐
- Das Wahlergebnis wird bekanntgegeben. ☐
- Die abgegebenen Stimmzettel werden ausgezählt. ☐
- Mehrere Auszubildende und Mitarbeiter bewerben sich als Kandidaten. ☐

b) Die Auszählung der Stimmzettel hat 47 gültige Stimmen ergeben. Ermitteln Sie, wie viele Mitarbeiter der Kleinmann GmbH & Co. KG maximal hätten an der Wahl aktiv teilnehmen können.

c) Rafael Jürgens, 22 Jahre alt, seit Oktober 20(0) als Mitarbeiter in der Konfektionierung der Kleinmann GmbH & Co. KG beschäftigt, wurde im April 20(1) in den Betriebsrat gewählt. Nun möchte er auch für die anstehende Wahl der Jugend- und Auszubildendenvertretung kandidieren. Wie beurteilen Sie sein Vorhaben?

d) In der Zwischenzeit wurde ein neuer Betriebsrat gewählt. Im Büro des neuen Betriebsratsvorsitzenden stapeln sich schon diverse Anliegen, die in nächster Zeit abgearbeitet werden müssen. Entscheiden Sie, ob der Betriebsrat bei den nachfolgenden Sachverhalten ein „volles" Mitbestimmungsrecht, ein Widerspruchsrecht, ein Informations-/Beratungsrecht oder kein Recht hat.

da)	Aus Kostengründen soll die Werkskantine geschlossen werden.	
db)	Der Personalbedarf für das kommende Geschäftsjahr wird geplant.	
dc)	Die Gesellschafter der Kleinmann GmbH & Co. KG erhöhen ihre Kapitaleinlagen.	
dd)	Kündigung eines Facharbeiters durch die Kleinmann GmbH & Co. KG.	
de)	Bei der Kleinmann GmbH & Co. KG findet eine Software-Schulungsmaßnahme für die Mitarbeiter der Buchhaltung statt.	
df)	Einführung neuer Technologien in der Fertigung.	
dg)	Festlegung der Betriebsferien für das kommende Geschäftsjahr.	
dh)	Stilllegung des Betriebes.	

Aufgabe 13: Einen Tarifvertrag verhandeln und abschließen

a) Bei der Kleinmann GmbH & Co. KG müssen diverse Sachverhalte, die die Mitarbeiter des Unternehmens betreffen, geregelt werden. Entscheiden Sie, ob die nachfolgenden Sachverhalte im Arbeitsvertrag, in einer Betriebsvereinbarung oder im Tarifvertrag festgelegt werden.

aa)	Der Betriebsratsvorsitzende handelt mit dem Unternehmensleiter, Herrn Kleinmann, eine Regelung bezüglich Beginn und Ende der täglichen Arbeitszeit für alle Beschäftigten aus.	
ab)	Mit Frau Tietze wird eine erlaubte Nebentätigkeit vereinbart. Außerdem erhält sie eine besondere Provisionsregelung für ihre Außendiensttätigkeit.	
ac)	Es wurde ein Ecklohn in Höhe von 16,20 € vereinbart.	
ad)	Ein Ergebnis der Verhandlungen ist eine unternehmensübergreifende Rationalisierungsschutzvereinbarung.	
ae)	Die besondere Rechtsbeziehung zwischen einem einzelnen Arbeitnehmer und der Kleinmann GmbH & Co. KG wird festgelegt.	
af)	Für die Branche, in der die Kleinmann GmbH & Co. KG tätig ist, werden Arbeitsbedingungen von den Vertretern der Arbeitgeber und der Arbeitnehmer ausgehandelt.	
ag)	Belegschaftsvertreter der Kleinmann GmbH & Co. KG und Herr Kleinmann vereinbaren Regelungen bezüglich der Arbeitsbedingungen im Unternehmen.	

b) Der für die Kleinmann GmbH & Co. KG zuständige Arbeitgeberverband und die zuständige Gewerkschaft verhandeln über einen neuen Entgelttarifvertrag. Der Tarifvertrag lief zum 31. Dezember 20(0) aus. Mitte Januar kommen die Tarifverhandlungen ins Stocken und die Gewerkschaftsmitglieder unter den Mitarbeitern der Kleinmann GmbH & Co. KG fordern dazu auf, den Betrieb zu bestreiken. Kann der Betriebsrat daraufhin rechtswirksam zu einem Streik aufrufen? Begründen Sie Ihre Entscheidung.

AUFGABEN ZUR VERTIEFUNG, WIEDERHOLUNG UND KLAUSUR- BZW. PRÜFUNGSVORBEREITUNG

Aufgabe 14: Personal freisetzen – die Kündigung

Bei der Besis GmbH, einem Hersteller von Büromöbeln, sind durch die Personalleitung zahlreiche Kündigungen ausgesprochen worden, die in rechtlicher Hinsicht zu hinterfragen sind.

a) Der 22-jährige Walter Bormann ist seit acht Monaten bei der Besis GmbH als Sachbearbeiter im Einkauf beschäftigt. Walter Bormann ist Single und hat einen unbefristeten Arbeitsvertrag erhalten. Bei der Besis GmbH, die zwölf Mitarbeiter beschäftigt, existiert kein Betriebsrat. Aufgrund von Umstrukturierungen im Einkauf ist Walter Bormann mittlerweile nicht mehr voll ausgelastet. Eine Weiterbeschäftigung von Walter Bormann an einem anderen Arbeitsplatz ist nur unter der Voraussetzung möglich, dass er eine EDV-Fortbildung erhält. Der Personalchef Lukas Pott kündigt Walter Bormann daraufhin schriftlich zum Ende des nächsten Monats. Walter Bormann überlegt, ob er eine Kündigungsschutzklage einreichen soll.

aa) Begründen Sie, ob das Kündigungsschutzgesetz anzuwenden ist.

ab) Erläutern Sie, ob es sich in diesem Fall um eine ordentliche oder außerordentliche Kündigung handelt.

ac) Überprüfen Sie, ob die notwendigen Kündigungsfristen eingehalten worden sind.

ad) Beurteilen Sie die Aussichten Walter Bormanns in einem Kündigungsschutzprozess.

ae) Erläutern Sie, innerhalb welcher Frist Walter Bormann Kündigungsschutzklage einreichen muss.

b) Lisa Hanke ist seit zehn Jahren bei der Besis GmbH beschäftigt. Sie hat bisher immer zuverlässig gearbeitet, sodass es keine Eintragungen in ihrer Personalakte gibt. In ihren Zuständigkeitsbereich fällt auch die Verwaltung der Kasse. Aufgrund einer Scheidung und damit verbundenen finanziellen Problemen lässt sie sich dazu hinreißen, 1 000,00 € aus der Kasse zu entwenden. Ihr wird daraufhin schriftlich fristlos gekündigt, woraufhin der Betriebsrat Bedenken äußert. Lisa Hanke sei immer zuverlässig gewesen und hier handele es sich um einen einmaligen Fall. Zudem sei die notwendige Kündigungsfrist nicht eingehalten worden und Lisa Hanke habe noch keine Abmahnung erhalten, die für eine verhaltensbedingte Kündigung notwendig sei.

Nehmen Sie zu den vom Betriebsrat geäußerten Bedenken Stellung.

c) In welchem Fall wird ein Mitarbeiter der Besis GmbH **nicht** erfolgreich vor dem Arbeitsgericht Klage erheben können. Begründen Sie.

1. Vor der Kündigung ist der Betriebsrat nicht gehört worden.

2. Der Mitarbeiter, dem gekündigt wird, könnte an einem anderen Arbeitsplatz beschäftigt werden.

3. Aufgrund einer fehlerhaften Sozialauswahl reicht ein Mitarbeiter nach 23 Tagen Klage gegen seine betriebsbedingte Kündigung ein.

4. Bei einer betriebsbedingten Kündigung ist keine Sozialauswahl erfolgt.

5. Ein Mitarbeiter erhält eine ordentliche Kündigung, die in seinem Verhalten begründet ist. Der Mitarbeiter hat vorher noch keine Abmahnung erhalten.